Beate Reinecker

Leuchte durch dein Leben!

Band 1

Reihe: Leben mit Verantwortung 1 bis 7

Beate Reinecker

Leuchte durch dein Leben!

Band 1

Reihe: Leben mit Verantwortung 1 bis 7

Ermutigungen für ein selbstbestimmtes Leben.

Ein aktuelles philosophisches Werk über Schein und Wirklichkeit im Fokus einer ethischen Vernunft

Bibliografische Information der Deutschen Nationalbibliothek: Die Deutsche Nationalbibliothek verzeichnet diese Publikation in der Deutschen Nationalbibliografie; detaillierte bibliografische Daten sind im Internet über http://dnb.dnb.de abrufbar.

Kopien und Auszüge nur mit ausdrücklicher Genehmigung des Verlages

2016 Pro-Phil-Verlag Münster in Westfalen

Herstellung und Verlag:
BoD - Books on Demand, Norderstedt
ISBN 978-3-7431-4971-7

Inhaltsverzeichnis Band 1

Biografie 13
Einleitung: 16
Leuchte durch dein Leben 16
Deine Leuchtkraft ist in Gefahr 17
Der Leuchtturm 19
Du wolltest ans Licht 21
Die Indianerin im Großstadtdschungel 23
Aus dem Zentrum deines Ichs 24
Leuchten in Freiheit 25
Deine Sprache 26
Deine Enttäuschung 30
Deine Befreiung 34
Deine Chance auf Freiheit 35
Dein Bücherregal 39
Deine Strahlkraft 40
Gegen die Gier 42
Dein innerer Kern 43
Deine Strahlkraft – Dein Überleben 45
Dein Lebenstisch 48
Die Strahlkraft des Künstlers 48
Die Verantwortung 49

Das Spiel mit dem Feuer 50
Deine Wahrhaftigkeit 52
Lebe gesund 53
Leuchte für die anderen 53
Du bleibst mein Leuchtturm 54
Dein Ziel – deine Hoffnung 55
Alleine leuchten 55
All inklusive 57
Supernova I 59
Die Fesseln deiner Gier 60
Willst du zum Geizzombie mutieren? 61
Verschanz dich nicht 63
Supernova II 64
Der Kettenhund 65
Der Rudeltanz 66
Wer mit den Wölfen heult 68
Das Alphatier 69
Die Meute 70
Der Verkümmerer 72
Das laute Heulen 75
Deine heißgeliebte Materie 78
Die Stärke aus deinem Herzen 79

Der Tarnkappenbomber	80
Der Tarnkappenbomber II	81
Der isolierte Stratege	83
Raum und Zeit, Lebenszeit	85
Der Leid – Vermeidungsstratege	86
Die Kugeln fliegen	89
Aus der Tiefe deiner selbst	90
Geboren um zu sterben	92
Dein Kreativzentrum	93
Ich weiß, was ich will	95
Du wirst dich an mich erinnern.	96
Deine inneren Filme	97
Die Lebenspflanze	99
Du wollest fehlerlos sein.	101
Der große Abschied	103
Der Traumtänzer	105
Der Spekulant	107
Notsignale	109
Kreativer Hexenkessel	111
Gute Gedanken, gute Worte, gute Taten	111
Dein Gleichgewicht	112
Die Untergangsstimmung	114

Der Fackelmensch	116
Dein innerer Leuchtturm	118
Deine subtilen Energien	119
Dein stilles Leuchten	120
Du legst die Füße hoch	121
Du wirst aufgeladen	122
Das Gold, die Intuition	123
Deine Dollarzeichen in den Augen	124
Drohender Selbstverlust	125
Alles hängt mit allem zusammen	126
Du hast alles gegeben	129
Das Glühen einer ungezähmten Energie	131
Die Dunstglocke	132
Am Ende deines Lebens	133
Dein Mut, frei zu sein	135
Frischer Wind in deinem Kopf	138
Der Erfinder	139
Die Verzettelung	140
Es ist wie eine Krankheit	143
Gib dich nicht auf!	144
Lass dich nicht verhärten	146
Wenn du dich selbst verlierst	147

Dein fehlendes Bewusstsein 150
Deine Kritiklosigkeit 152
Suchtfaktor: Unmündigkeit 153
Finde deine Leuchtkraft wieder 156
Du küsst den Tod 157
Dein Über-Ich 162
Die Globalität, die Gerechtigkeit, die Transzendenz 165
Ethik und globales Bewusstsein 166
Keine Rettung ohne globales Bewusstsein 168
Nachplapperer kennen keine Ethik 169
Die Bruchlandung 172
Wenn die Leichen stören 173
Das Künstlersein 176
Die letzte Fahrt 180
Der Künstler ohne Federn 182
Dein Zentrum – dein Kapital 183
Dein Idyll 185
Deine Demokratie – dein Schutzraum 186
Der Tunnel, deine Autoritätshörigkeit 187
Der kalte Wind 189
Künstler sein und frei sein 191
Zurück zu den Wurzeln 194

Die gefährliche Eigendynamik 197
Die Frömmelei 200
Die Scheinheiligkeit 202
Die Verblendung 203
Das Chamäleon 206
Die Fremdbestimmung 209
Trennung, Tod, Abschied 213

**Die Fortsetzung finden Sie im Band 2 mit demselben Titel:
«Leuchte durch dein Leben!» Band 2**
Reihe: Leben mit Verantwortung 8 - 12

Biografie

Die ersten acht Jahre meiner Kindheit verbrachte ich in Essen. Die authentischen Menschen faszinierten mich bereits in meinen ersten Lebensjahren. Meine Oma las mir täglich aus Märchenbüchern vor und ich tauchte somit in die Welt der unterschiedlichen Figuren ein. Gleichzeitig verbrachte ich ab dem vierten Lebensjahr nach unserem Umzug in eine ruhigere Gegend jede freie Stunde beim Spiel mit Kindern im Hinterhof. Es wurden neue Spiele entwickelt und beim täglichen Diskutieren die Kommunikation trainiert. Das Gefühl der Freiheit außerhalb der verplanten Lebenskontexte lebt immer noch in mir, ist somit präsent, und es hat mich nachhaltig geprägt. Die kleinen Banden der Hinterhöfe im Ruhrgebiet waren erfinderisch und konnten ohne viel Spielzeug den Tag optimal nutzen. Das Malen mit Kreide, Versteckspiel, Wettrennen und viele andere Spiele an der frischen Luft förderten die Kreativität und das Sozialverhalten. Gleichzeitig beobachtete ich den erfinderischen, geselligen Ruhrgebietsmenschen, der frei und sehr direkt über alle Belange des Lebens diskutierte. Die Menschen sprachen auf den Bürgersteigen, in den Hinterhöfen und Schrebergärten miteinander. Die drängenden Alltagsprobleme wurden unverhohlen diskutiert und es galt keinesfalls die Richtlinie: »Über Geld, Religion und Politik spricht man nicht!« Es war die Zeit des Wirtschaftswunders. Der Krieg war bereits eine Weile vorbei und die Menschen wollten nun voller Energie den Aufschwung leben, genießen, und sie freuten sich ihres Lebens. Wochenendausflüge mit dem ersten Auto standen genauso auf dem Programm wie kleine spontane Feiern im Wohnzimmer, bei denen getanzt und gesungen wurde. Diese Stimmung saugte ich in mir auf. Es war eine Aufbruchsstimmung. Mir war es als Kind bereits sehr wichtig, selbst neue Spiele zu erfinden. Nichts war mir mehr zuwider, als ordentlich herausgeputzt etwas Vorgeschriebenes zu konsumieren und seien es auch nur irgendwelche

Gesellschaftsspiele, die den Konkurrenzgedanken anheizten. Ich kann mich noch sehr genau an Situationen erinnern, in denen die Erwachsenen das Gewinnen als unbedingtes Muss forderten. Das Anheizen eines Konkurrierens störte und verstörte mich emotional. Das freie Spiel dagegen förderte meine Fantasie und mein körperliches und seelisches Wohlbefinden. Die Menschen, die wild gestikulierend, engagiert und offen sprachen, faszinierten mich. Diese Menschen brannten für etwas, sie vertraten eine Meinung, sie hatten sich einen Standpunkt erarbeitet.

Ich war acht Jahre alt, als meine Familie aufs Land zog. Meine geliebte Umgebung musste ich verlassen und mir neue Freunde suchen. Die Mentalität des Ruhrgebiets ist eine völlig andere als im Münsterland, und es brauchte eine Zeit der Eingewöhnung, um zu Recht zu kommen. Auch hier suchte ich mir Kinder, mit denen ich frei und selbstbestimmt meine Freizeit gestalten konnte. Ich malte und diskutierte weiterhin in jeder freien Minute. Das Aufbaugymnasium in Warendorf forderte von mir sehr viel Zeit, Kraft und Einsatz, da ich einen täglichen, langen Weg mit dem Bus und jede Menge Hausaufgaben zu absolvieren hatte. Dennoch, trotz aller Mühen, ging ich gern zum Gymnasium, weil sich mir dort unter anderem die Welt der Dichter und Denker erschloss. Ich spürte sehr schnell, dass ich bewusster denken und handeln konnte. Die Diskusionen in der Schule, die Textarbeiten im Deutsch- und Philosophieunterricht faszinierten mich genauso wie der Religions- und Kunstunterricht. Jeder Lehrer forderte uns auf seine Weise. Ich begriff sehr schnell, dass sich mir nun ganz andere Welten eröffneten. Ich entdeckte neue Leidenschaften und ich war als Klassensprecherin gefordert, mir politische Kontexte bewusst zu erarbeiten. Ich diskutierte viel mit den Mitschülern und ich schloss mich einer freiwilligen Philosophie-AG an. Nun verbrachte ich noch mehr Zeit mit dem Lesen und schrieb parallel eigene Gedanken auf. Außerdem wählte ich

Kunst als Abiturfach und malte viel in der Freizeit. Die Kunst, die Literatur und die Philosophie im Besonderen waren nun ausschlaggebend.

Nach dem Abitur im Jahre 1977 wählte ich sehr bewusst das Studium der Germanistik und Philosophie, hatte ich doch schon viele Jahre mit den Werken der Dichter und Denker verbracht. Mein Innenleben war schon von den Inspirationen der Künstler geprägt, der Philosophen und der Dichter im Allgemeinen. Ich erkannte, dass diese Menschen für etwas brannten, dass sie anderen etwas von sich mitgaben. Sie leuchteten über ihren Tod hinaus. Sie hatten etwas zu sagen und wollten auch für die Nachwelt etwas erarbeiten. Die Künstler und die Philosophen waren meine täglichen inneren Begleiter und ich lebte in mir mit ihnen. Ich übertrug ihre Botschaften auf mein Leben, auf mein Umfeld, auf meine Existenz.

Nach dem erfolgreichen Abschluss meines Studiums an der Westfälischen-Wilhelms-Universität zu Münster bereicherten die Geburten meiner Kinder mein Leben. Nun wollte ich ihnen möglichst viel Freiraum schenken, um sich selbstbestimmt entwickeln zu können. Sie sollten viel an der frischen Luft toben und zu selbstbewussten, kreativen Menschen heranwachsen. Ich wollte ihnen die Chance auf eine gelungene Persönlichkeitsentfaltung geben. Gleichzeitig sollten kaum Verbote und lieber konstruktive Angebote ihre Kindheit und Jugend begleiten. Eine freie Entwicklung wurde angestrebt. Das bedeutete für mich, immer wieder von neuem ein möglichst positives Umfeld zu suchen und dementsprechend die Kinder an Plätze des freien Spiels mit anderen heranzuführen. Sie sollten im engen Austausch ein positives Sozialverhalten entwickeln dürfen.

Beide Kinder absolvierten ein Studium ihrer Wahl. Parallel arbeitete ich an meiner Kunst und Literatur. Ich malte viele Bilder, schuf Collagen, schrieb Texte und auch längere Abhandlungen. Ich hatte immer die anderen Künstler vor Augen, an deren Werken ich partizipieren durfte. Ich wollte mein Innenleben, meine Überzeugungen in meiner Kunst und Literatur ebenso deutlich und nachvollziehbar werden lassen. Ich wollte über meinen Tod hinaus lesbar, sichtbar bleiben, hatten doch so manche Erkenntnisse viel Schweiß und Tränen gekostet. Wenn die Betrachter und Leser sich in meiner Kunst spiegeln können, so habe ich mein Ziel erreicht. Der Leser möge in Freiheit meine Texte lesen und diese als ein Angebot betrachten. Ich brenne für meine Kunst und hoffe, dass ich den einen oder anderen Leser anstecken kann.

Einleitung:

Leuchte durch dein Leben

Wir alle werden ins Leben geworfen. Wir sind in den ersten Lebensjahren, genau genommen bis zu dem Erwachsenenalter, auf Hilfe, Förderung und Unterstützung in allen Lebensbereichen angewiesen. Das Leuchten, Strahlen, die volle Blüte und Entfaltung unserer Persönlichkeit bedeuten für uns eine besondere Herausforderung, eine Arbeit an uns selbst. Die Leuchtkraft, die Strahlkraft, bedarf besonderer Voraussetzungen. Viele Faktoren spielen eine Rolle auf dem Weg zu uns. Dieser Weg zu unserem Ich, zu unserem tieferen inneren Kern, ist gleichzeitig auch der Weg zum Du. Ein erfüllter, ein erblühter Mensch, eine leuchtende Persönlichkeit kann faszinieren, andere beeindrucken und ein Wegweiser sein. Die Menschen, die erblühen durften, können andere berühren, mitreißen und mit ihrer Energie anstecken. Die Funken des Ichs springen auf das Du über. Positive Impulse können transportiert und Inhalte vermittelt werden. Ein leuchtender Mensch kann für andere eine Fackel in dunklen Tagen sein. Ein erblühter Mensch kann als Vorbild für andere dienen und zeigen, wie man sich entfalten und zu seiner Persönlichkeit stehen kann. Der Kampf um die eigene Natur dient als Vorbild für die anderen. Dabei geht es um den Bewusstwerdungsprozess eines jeden von uns, um zu verstehen, wer wir sind und was wir hier auf dieser Erde wollen. Wir sind ins Leben geworfen worden und es geht darum, über den Regenerationsprozess hinaus unser Leben mit unseren Leidenschaften, Fähigkeiten und Interessen zu gestalten. Dafür gilt es einzutreten. Wir können nur eine Leuchtkraft entwickeln, wenn wir zu uns selbst einen engen Kontakt pflegen und uns unsere Vorlieben eingestehen, um in einem weiteren Schritt als erfüllter Mensch für andere hilfreich und leuchtend sein zu können. Zu leuchten heißt, sichtbar, strahlend und wegweisend zu sein. Menschen mit Strahlkraft agieren aus dem Zentrum ihres Ichs. Sie haben den Bezug zu sich selbst nicht verloren, sie haben sich nicht aufgegeben. Sie sind nicht auf Scheinvorteile und fremdbestimmte Pfade hereingefallen. »Lasst uns zu leuchtenden Persönlichkeiten werden, die Licht in die Dunkelheit und in die Orientierungslosigkeit bringen!«

Deine Leuchtkraft ist in Gefahr

Immer, wenn du nicht du selbst sein darfst, ist deine Leuchtkraft in Gefahr. Immer, wenn du dich verleugnest und wenn du dein Ich wegsperrst, wirst du an Leuchtkraft verlieren. Die Wege deiner Desorientierung können sehr unterschiedlich sein, ebenso wie die Ablenkungen von deinem inneren Kern. Auch die möglichen Manipulationen haben immer wieder neue Gesichter. »Hüte dich vor den ansteckenden Viren einer Fremdbestimmung!« Eine solche Vergiftung deines Blutkreislaufes infolge des Anschlusses an die der Vergifteten, entzieht dir deine Selbstbestimmung. Es sind die Kreisläufe einer scheinbar intakten Lebensweise, die aus immer mehr Konsum, Gier, Geiz und Betäubung besteht, die dich von deinem Kern entfremdet. Du willst dich spüren und glaubst, im Ansehen der anderen gespiegelt zu werden. Doch es ist nicht dein Ich, das die Menschen wahrnehmen. Es ist eine aufgetakelte Hülle, die du in deiner Fremdbestimmung den anderen anbietest, wenn du zu einer unauthentischen Figur verkommst. »Was zeigst du den anderen von dir? Wie präsentierst du dich deinem Gegenüber? Was gibst du Preis?« In einer Welt der Shows, des Konsums und der Fremdbestimmung ist es in der Tat nicht leicht, das eigene Ich zu fördern, zu bewahren und auch nach außen zu tragen. Angst und Ohnmacht machen sich breit, wenn die Mauern, die scheinbar nicht zu überwindenden Missstände, Fehlleitungen und Fehleinschätzungen wüten.

In einer Gesellschaft, in der der Konsum, die Materie, die Konkurrenz und das Übervorteilen allgegenwärtig sind, triffst du die menschlichen Charaktere eher selten an. »Wer setzt sich für die Ethik, die Menschlichkeit ein? Wer ist mutig genug, vor der Gier und dem Geiz zu warnen? Wer mahnt die Solidarität in einer Zeit an, in der die Gesellschaft von innen ausgehöhlt wird?«

Wenn der Mensch in seiner Gier nicht mehr nach links und rechts schaut, wenn er nur um sich selbst kreist und dabei zusehend an Menschlichkeit einbüßt, so kann er weder auf sich, noch auf das Du, noch auf eine humane Gesellschaft achten. An dieser inneren Haltung wird deutlich, dass hier ethische Ausrichtungen nie erarbeitet worden sind. Inhalte fehlen, es existiert kein Kompass.

Der Leuchtturm

»Gehörst du zum Club des Verdrängens? Triffst du dich mit jenen, die bereits ahnen, dass sie auf der falschen Spur durchs Leben rasen? Gehe in dich und suche den Kontakt zu deinem tiefen, inneren Kern!« Die Verdrängenden nicken und prosten sich zu und wollen sich mit aller Macht einflößen, dass sie richtig liegen, die Welt richtig sehen und diese präzise einschätzen können. Der Wohlstand und die vielen bürgerlichen Attribute, das Geschmeide und die Äußerlichkeiten sollen über die Hohlheit, über die Lügen und das Verdrängte hinwegtäuschen. Es ist kein Zufall, dass sie dich meiden, denn du willst den Geranien keine Beachtung schenken. Du liebst die Blumen, Bäume und Sträucher, doch du magst keine vergewaltigten Gehirne und keine überdüngten Blumen, die in all der Chemie und den gezirkelten Beeten vegetieren. Du bist manchmal für die anderen wie ein Leuchtturm, der den Weg weisen könnte, doch die Bequemen schauen weg. Sie sind eingenordet, eingelullt und sie schippern dahin, eingeschüchtert auf dem Kurs des Verdrängens. Sie sind zwar noch nicht zerschellt, doch in ihnen wüten die Lügenmodelle und Verdrängungsstrukturen. Es ist ein Höllenritt und jeder einzelne befindet sich kurz vor dem Zerschellen. Sie treffen sich, sie nicken sich zu. Sie bestätigen sich gegenseitig, den richtigen Kurs gefunden zu haben. Sie loben sich und zeigen sich nicht, wie sie wirklich sind. Vor langer Zeit sind sie zur Maske geworden. Du könntest weiterhin der Leuchtturm sein, doch du weißt, ganz tief in dir, dass du sie nicht retten kannst, wenn sie weiterhin verdrängen wollen. Du bist und bleibst der Leuchtturm, die Orientierung, die Warnung und deshalb wirst du immer unbequem bleiben. Sie werden wieder wegschauen, wenn sie dich sehen. Sie werden sich wieder zuprosten. Deine Ansprüche an die Wahrheit verschrecken jeden einzelnen des Clubs des perfekten Verdrängens. Von ferne betrachten sie dich gern, wenn du nichts sagen kannst, wenn du weit genug entfernt bist, wenn du sie nicht aufrütteln und betroffen machen kannst. Du leuchtest von ferne, du gibst Signale. Du bleibst der Leuchtturm. Du kannst Orientierung spenden. Sie schauen kurz mal herüber, sie schauen wieder weg. Die Signale schmerzen in ihren Augen. Es sind Augen des Wegschauens, des Verdrängens. Sie wollen dich trotzdem manchmal ansehen, doch sie fürchten sich vor dir und sie fürchten sich vor der Wahrheit. Sie wollen ihre Lügengebäude nicht aufgeben. Zu lange haben Sie die Lügensteine aufeinandergestapelt. In ihren Kellern, und hinter den Geranien des Verdrängens stinkt es gewaltig. Der faulige Geruch sucht sich neue Wege. Auch das intensivste Parfüm, die Düfte der großen weiten Welt können den Gestank nicht überdecken. Der Club des Verdrängens lebt voller Angst. Er kauft neue Produkte der Blendung und des Überlagerns. Doch die Luft in den Räumen, in den Kreuzfahrtschiffen und den Elfenbeintürmen des Verdrängens wird immer dünner. Jeder hat Angst vor dem Scheitern, vor der Enttarnung. Man prostet sich zu und suggeriert eine Gemeinschaft. Es handelt sich jedoch um eine Scheingemeinschaft, in der jeder schnell das Weite sucht, wenn irgendetwas unbequem wird. Ein wahrer, ernstgemeinter Zusammenhalt sieht anders aus. Jeder der Betroffenen wird auf seine spezielle Art und Weise scheitern, und sei es nur dadurch, dass das ungelebte Leben ein Bereuen zur Folge hat. Der Lebenskahn wackelt und verfehlt alle entscheidenden Lebenshäfen. Der stinkende Kahn geht nur noch dort vor Anker, wo es bereits faulig riecht. Es ist eine nie endende Irrfahrt, denn jegliche, ernstgemeinte Orientierung wird nicht zugelassen. Du sendest zaghafte Signale, du leuchtest. Sie gucken zaghaft hin und schauen wieder weg. Sie schämen sich und wollen nicht erkannt werden. Sie wollen dir nicht folgen. Sie folgen ihrer Verdrängung. Sie fühlen sich unwohl und wagen nicht den Sprung vom stinkenden Kahn. Sie trauen sich nicht in das klare Meer der Erkenntnis.

Du wolltest ans Licht

Du wolltest schon lange kein Maulwurf mehr sein. Du wolltest mitbestimmen, frei und verantwortungsbewusst handeln können. Das war dir als dicker, gefräßiger, ungelenker Maulwurf nicht möglich. Du kamst nicht an die frische Luft und nicht zum Zug, zum Zug mitzubestimmen. Irgendwann hatte man dich nach unten in eine Falle der Katakomben gedrückt. Man hatte dich mit vielen Versprechungen locken können. Die Aussicht auf große Gewinne hatte dich gierig werden lassen. Du bist erblindet. Du suchtest nach den süßen Wurzeln, nach Früchten, nach Knollen und irgendwelchen Scheinsicherheiten. Später schlug dir die Verachtung entgegen. Du wurdest verspottet. Man nannte dich einen Schmarotzer und einen Zerstörer der Wurzeln. Du wurdest gejagt. Diese Missachtung war für dich unerträglich. Dein Selbst wurde schwächer. Deine Muskelkraft konntest du eben so wenig nutzen wie deine Intelligenz. Du konntest für dich und für die anderen nicht mehr hilfreich sein. Du befandest dich in einem Dilemma deiner Existenz. Dies ist bedauerlich für ein Lebewesen, in dem so viel Kraft, Intelligenz und derart viele Fähigkeiten schlummern. Dort unten in den Katakomben konntest du nichts zeigen, niemandem hilfreich sein, noch nicht einmal dir selbst, und dafür wirst du nun verspottet. Das tut weh, denn du wolltest geschätzt und ernst genommen werden. Die Lektion aus all deinem Leid war, dass du dich nie wieder abdrängen, hinunter drängen, hinunter locken lassen darfst. Irgendwann ließ dich die harte Realität wach werden und du musstest endgültig begreifen, dass es nicht alle mit dir gut gemeint haben. Viele wollten dich beherrschen. Einige wollten dich ausnutzen. Wieder andere wollten deine Fähigkeiten nicht wachsen sehen. Man wollte dich klein halten, verstecken und auf keinen Fall in deiner Pracht mit deiner inneren Größe wahrnehmen. Du solltest der Maulwurf sein und bleiben. Man wollte zu dir hinunter sehen, herabschauen und kurz bevor du verhungerst, wollte man dir, wenn du bettelst und um dein Leben kämpfst, eine kleine Frucht zukommen lassen. So konnten sich die eigentlich Schwachen über dich erheben. Sie spürten deine innere Größe und nutzten deine prekäre Situation, dich lächerlich wirken zu lassen. Sie wussten, dass sie an deine Größe nicht herankommen würden und genau dieser Tatbestand ließ sie immer brutaler werden. Die Fütterer, die angeblichen Gutmenschen, gaben vor, dich gern zu unterstützen. Es war in Wahrheit geheuchelt. Sie halfen dir nicht, dich zu befreien. Sie zeigten dir nicht den Weg in die Freiheit. Sie wollten nicht, dass du stark wirst, denn sie wollten nicht, dass du sie jemals überstrahlst. Sie ahnten, dass in dir eine große Stärke, wahre Größe und unantastbare Würde verborgen ist. Es war das verzweifelte, ängstliche Kleinhalten derjenigen, die immer an der Spitze stehen wollten, obwohl es ihnen an allem mangelte: Kompetenz, Charakter, Bildung, Herzenswärme. Neid und Gier zerfraß ihr Gehirn und Herz. Doch schon in den Märchen kennen wir die böse Stiefmutter, die Hexe, die alte Königin, die nicht abtreten will und die den Jüngeren oder Fähigeren keine Chance bieten will. Sie wollen schön, mächtig, reich sein und bleiben und sie verstecken und quälen diejenigen, die aus sich heraus leuchten. Sie ignorieren das Potential, die Leuchtkraft.

Die Eitlen und Gierigen dulden keine Konkurrenz. Sie hassen die Strahlkraft der Fähigen. Sie geraten in Wut und Rage angesichts der Leuchtkraft der anderen. Der Eitle will im Mittelpunkt stehen. Er kreist um sich und seine Hülle, und alle sollen um ihn kreisen. Der Gierige braucht das Zunicken der anderen. Doch er selbst will keine Größe der anderen anerkennen. Wie ein Mantra betet er oder sie: »Ich bin schön, ich bin schlau, ich bin reich.« Der Eitle erhöht sich und lässt andere zu Dienern und Opfern werden. Der Selbstverliebte will die Huldigung und unterlässt die wahre Förderung und Achtung des Gegenübers. Alle Menschen, die in Würde leben wollen, müssen aus dem Dunstkreis eines Dominanten fliehen. Eine Hexe kann keine Hexe mehr sein, wenn sie niemanden zum Quälen hat. Ein König kann kein Dominanter mehr sein, wenn sein Volk selbstbestimmt und tatkräftig handelt.

»Tritt heraus aus der Dunkelheit, aus der Katakombe! Du wirst kräftig und selbstbewusst im Sonnenlicht. Du wirst wachsen und gedeihen, wenn du dich forderst und förderst. Dein selbstbestimmtes Handeln wird dir ein würdiges Leben zurückgeben. Du wirst dich nie wieder in die Dunkelheit und in die Welt der Schatten zurückdrängen lassen. Deine Würde, deine Freiheit, deine Verantwortung bieten die Voraussetzungen für ein eigenständiges Handeln in dem hellen Licht der Sonne.«

Das selbstbestimmte Handeln lässt kein unterwürfiges Dasein in der Dunkelheit zu. »Befreie dich und denke selbstbestimmt und eigenständig!« Wenn du aus dem Dunstkreis der Unterdrücker heraustrittst, wirst du den Respekt vor dir und deine Würde zurückerobern können. Du wirst erblühen. Die Freiheit ermöglicht dir ein selbstbestimmtes Handeln.

Die Indianerin im Großstadtdschungel

Du hast elektrisches Licht und eine Waschmaschine. Du kannst mit dem Auto, Bus, Zug und Aufzug fahren. Manchmal nimmst du den Flieger und dein IPod hilft dir in jeder Lebenslage. Du bist die Indianerin im Großstadtgewühl. Deine Intuition leitet dich, denn du verlässt dich nicht auf fremde Vorschriften. Du bist nicht unterwürfig und autoritätshörig. Du nutzt deinen eigenen Kopf. Du hörst auf dein Bauchgefühl, denn du konntest es dir bewahren. Du hast es dir von niemandem abtrainieren lassen – in einer Welt der Apps, der Medien, der vielen Versprechen irgendwelcher Personen, die irgendwelche Prüfungen, Ausbildungen und Abschlüsse vorweisen. Du nimmst das Wissen anderer ernst, aber du unterwirfst dich nicht den Meinungen und Anordnungen, die du nicht einsehen kannst, die dir keineswegs logisch erscheinen. Du bist nicht zu faul, selbstständig zu denken, aktiv zu werden, dich anzustrengen. Du bevorzugst es, dir eine eigene Meinung zu erarbeiten. Du saugst Bücher und die Kunst in dir auf. Du bist die stolze Indianerin im Großstadtdschungel. Du kennst deine Wurzeln, du lässt dich nicht entwurzeln. Du bist in dir verankert und die Trends können dich nicht wegwehen. Du bleibst wach, neugierig und wissensdurstig. Du gehst stolz und ohne Überheblichkeit durch die Straßen, durch die Abenteuer, Irrungen und Wirrungen. Du erarbeitest dir immer wieder von neuem die Lebenskompetenz, die du brauchst, im Alltagsgewühl zu bestehen. Du weißt genau, dass eine ethische Ausrichtung überlebensnotwendig ist, um nicht weggespült zu werden. Du bist die Indianerin im Großstadtdschungel.

Aus dem Zentrum deines Ichs

Du hast nicht aufgehört, deinen klaren Verstand zu trainieren. Du bist empathisch und charakterstark genug, anderen nichts aufzuoktroyieren. Du bist kräftig und intelligent genug, dich nicht verbiegen zu lassen. Dein Bauchgefühl spricht zu dir, denn du hast es weder unterdrückt noch abtrainiert. Auch in schweren Zeiten hast du es nicht verraten, nicht ausgeklammert und dein klarer Verstand sprach ebenso zu dir. Dein Intellekt und dein Bauchgefühl bilden somit eine Einheit. Du hast es nicht nötig, andere zu gängeln und zu unterwerfen, ihnen Gewalt anzutun. Das ist dein Reichtum, das ist deine Stärke und das macht deine Leuchtkraft aus. Du bist ganz bei dir und du hast es gelernt, dich selbst du selbst sein zu lassen.

Gleichzeitig schaffst du es mit Stärke und Würde, dass die anderen in deiner Nähe sie selbst bleiben können. Du hast die Weisheit nicht gepachtet. Du weißt, dass Befehle und Mahnungen verletzen. Du lebst in der Gewissheit, die anderen sie selbst sein lassen zu müssen, denn du weißt, dass dein Gegenüber nur so heil und unbeschadet leben kann. Du bist der Künstler und gleichzeitig Lebenskünstler. Du willst dich zeitlebens weiterentwickeln und genau das den anderen zugestehen. Dein eigenes Wachstum wird dich immer begleiten und so wirst du auch die anderen zu ihrer Vollendung animieren. Du lässt die anderen erblühen, gedeihen und stark werden. Du erfreust dich des Lebens, denn du bleibst für dich ein spannendes Rätsel, genau wie die anderen, spannenden Personen um dich herum. Kein Schmerz wird dich verbittern lassen können, denn du bist bereit, das Leben so anzunehmen, wie es eben tickt. Du liebst das Leben aus dem Zentrum deines Ichs.

Leuchten in Freiheit

»Wie lange schaffst du es, frei zu bleiben? Erinnere dich an deine Jugend!« Du hast viel gelacht, viel gewagt, einfach so getanzt und vielleicht sogar das eine oder andere Mal spontan geküsst. Du hast das Leben geküsst. Du hast es mit offenen Armen willkommen geheißen. Nur wenig später begannst du dich anzupassen. Viele hatten enorme Erwartungen an dich. Du übernahmst Verantwortung, ohne zu wissen, wie das geht. Du hattest noch nicht genug gelernt, viel zu wenig Lebenserfahrung. Du hast angefangen, dich selbst zu vernachlässigen. Du bist Gefahr gelaufen, deinen Kompass des Lebens zu verlieren, bevor es richtig begonnen hatte. Du hast es nicht geschafft, den Spaß mit der Verantwortung zu kombinieren. Aus Angst bist du faule Kompromisse eingegangen. Dir erschienen die Wohlhabenden und die Moralapostel als seriös, ohne ihre Inhalte zu überprüfen. Du machtest dir nicht die Arbeit, genauer zuzuhören. Der Wohlstand blendete dich. Tragende Inhalte wolltest du nicht suchen, nicht denken, und du gabst die Verantwortung bereitwillig ab. Du wurdest bequem und schwach. Nun wurdest du nach und nach abhängiger. Schon bald kam der Zeitpunkt, an dem du dich ohne Genuss- und Betäubungsmittel leer fühltest. Kamst du in deinem eigenen Leben noch vor? Konntest du spontan lachen, tanzen und entscheiden? Konntest du etwas genießen, was nichts kostet? Spürtest du noch innere Impulse, Botschaften deines Herzens? Du wurdest immer unfreier, denn du konntest dich an den natürlichen Dingen des Lebens nicht mehr erfreuen. »Erinnere dich an deine Jugend!« Du hast oft gelacht und vieles gewagt. Du bist barfuß durch Flüsse gelaufen und unbekümmert in den See gesprungen. Du warst spontan und beweglich. Dein Gehirn strotzte vor Kreativität. Dein Lachen war unbeschreiblich. Du warst schlank und voller Dynamik. Du hast das Leben geküsst! »Leuchte wieder in Freiheit! Verbanne die Menschen und Gewohnheiten, die dich abhängig halten! Vertraue deinen eigenen Impulsen und höre auf dein Bauchgefühl! Verstecke dich nicht länger! Bewege dich! Knüpfe an dein Herz an! Lasse dich nicht länger einlullen und lebe dein Ich!« So wirst du endgültig deine Trägheit überwinden können.

Deine Sprache

Wir brauchen keine Machthaber, die nur um sich selbst kreisen und ihre Eitelkeiten bedienen. Wir brauchen keine Chaoten, die ihre Aufgaben nicht ernst nehmen, sondern sich nur in bloßen Showeffekten sonnen wollen. Es ist tragisch und bedauerlich, dass diese vielen Verantwortungslosen in gehobenen Positionen unser Überleben aufs Spiel setzen. Wir können nicht länger warten, den Angepassten, den Eitlen, den Weichgespülten und den Mitläufern das

Ruder zu überlassen. Wir sollten uns bewusst machen, dass jeder Staat, jedes Land dieser Erde, einen Mosaikstein im Weltganzen darstellt. Es kommt auf jeden Stein an. Es kommt auf jeden von uns an. Unser Tun, unser Handeln mit Worten und Taten hat immer Konsequenzen. Wir müssen uns fragen: »Was tragen wir in diese Welt? Was leisten wir für diese Welt? Was fügen wir ihr zu? Sind wir uns unserer Taten bewusst? Können wir die Konsequenzen unserer Handlungen absehen? Sind wir in der Lage, global zu denken, globale Verantwortung zu tragen?«

Um das Richtige zu initiieren, in Gang zu setzen, müssen wir uns die globalen Kontexte sehr genau ansehen, sie studieren, um auf keinen Fall auf einseitige, beschränkte und somit gefährliche Lösungen hereinzufallen. »Geben wir als Menschen die richtigen Signale, sind wir Vorbilder? Verstehen wir die Zusammenhänge? Sprechen wir eine klare, eindeutige Sprache? Benennen wir die globalen Probleme und handeln wir entsprechend? Können wir so, wie wir uns jetzt in unserem Umfeld verhalten, sichtbar werden und leuchtend vorangehen? Übernehmen wir Verantwortung, indem wir uns über die Kontexte informieren und uns entsprechend als Wähler verhalten?« Dein Wissen führt zu mehr Bewusstsein. Frage dich: »Wann und wo wird gegen die Menschlichkeit verstoßen? Warum breitet sich die Armut immer weiter aus? Wer bedient sich der Sprache, um die Schieflagen in den Gesellschaften zu rechtfertigen? Wer verdreht die Tatsachen und vertuscht die Ursachen? Wer verhöhnt die Opfer einer unsozialen Politik?« Wer nur die Lippen bewegt, nur sogenannte Lippenbekenntnisse von sich gibt, wer seine Aussagen nicht ernst meint, Tatsachen verdreht, um Vorteile, Machtansprüche, große Gewinne einzustreichen, kann auch keinen Frieden in die Welt bringen. Die Strippenzieherei findet nicht grundlos im Verborgenen statt. Machtansprüche werden als solche nicht benannt, aber durchgesetzt. Bei näherer Betrachtung und genauerer Analyse, kann man die Verschleierung und Verdrehung von Fakten erkennen. Die Sprache der Lobbyisten ist nicht klar und deutlich. Sie verschleiern ihre wahren Ziele.

Mächtige, die sich nicht ernsthaft um die Nachhaltigkeit und soziale Gerechtigkeit bemühen, handeln fahrlässig. Sie sind gefährliche Beschleuniger unserer gesellschaftlichen Schieflagen und fördern die Armut. Das Pokern um Ansehen und Macht kennt keine ethischen Konzepte. Die Sprache fließt, sie fließt beinahe einschläfernd, weil sie einerseits beruhigen und andererseits die immerwährenden Vorteilsansprüche einfädeln, verschleiern und gnadenlos umsetzen soll. Viele Mächtige nutzen ihre Sprache, um die Menschen zu beruhigen, zu manipulieren und um von ihnen wiedergewählt zu werden. Sie nutzen ihre Sprache nicht, um aufzuklären, die Missstände zu benennen und um konstruktive Lösungen anzubieten. Viele Politiker handeln wie Marionetten, Handlanger und Vollstrecker des großen Kapitals. Ihre Sprache, ihre Kommunikation dient nicht der Aufklärung und der Klärung der dringenden Probleme. Sie haben sich einer Gehirnwäsche unterzogen. Sie können nicht frei und wirklich lösungsorientiert denken. Sie zappeln an Fäden. Es sind die Fäden der Vorteilsnahme und der Machtansprüche. Das gesamte Denken, die ganze Persönlichkeit ist von dem Denken und dem Kreisen um kurzfristige Vorteile verhaftet. Es fehlt eine nachhaltige, ethische Kompetenz. Nur die freien Denker, die Gerechten, der Wahrheit verpflichteten, können die Missstände aufdecken, benennen und abschaffen. Diese harte Arbeit setzt Mut und eine ethische Kompetenz voraus. Die Marionetten kümmern sich nicht ehrlich und konsequent um die Nachhaltigkeit, die soziale Gerechtigkeit, das Klima, die Umwelt und unsere lebensnotwendigen Ressourcen. Die Lippenbekenntnisse verwirren und führen in die Irre. Alle Globalplayer, die sich auf Kosten der Mehrheit bereichern und die Umwelt, das Klima, den sozialen Frieden in der Welt nicht beachten, kennen keine Ethik. Entschlüsse und Beschlüsse, die zur Massenarbeitslosigkeit und Armut sehr vieler Menschen führen, können niemals gebilligt werden.

Der Profit weniger zu Lasten vieler, verstößt gegen jeden Gerechtigkeitsanspruch. Das Abschöpfen großer Gewinne durch wenige und die Verelendung vieler ist das Ergebnis einer unmenschlichen Politik. Diese führt zu immer weiteren Krisen, die Armut, Krieg und Terror nach sich ziehen. Menschen, die sich ungerecht behandelt fühlen, die ungerecht behandelt werden, neigen zu Extremen und verlassen häufig den demokratischen Weg. Sie geraten nicht selten in die Hände der Extremisten. In einer Welt, in der Aktionäre befriedigt werden sollen, obwohl es die Verhältnisse weltwirtschaftlich nicht mehr hergeben, offenbaren sich Wunden, unüberbrückbare Schluchten und tiefe Abgründe. Diejenigen, die die Probleme nicht von der Wurzel her behandeln wollen, die keine ausgleichende Gerechtigkeit anstreben, bewegen ihre Unterkiefer wie die Figuren der Augsburger Puppenkiste. Ihre Sprechblasen werden austauschbar. Sie können oder wollen die Ursachen nicht benennen und abschaffen. Es werden kurzfristige, aber keine nachhaltigen Problemlösungen angestrebt. Die unbequemen Denker, Politiker, Ethiker werden als Spinner abgekanzelt. Das Karussell der Mehrwertabschöpfung soll sich schließlich weiterdrehen. Viele Politiker wollen in diesen Krisenzeiten eine gute Figur abgeben und setzen auf eine Wiederwahl. Die wahre, wirkliche Sorge um unsere Erde, um das Erbe der nächsten Generationen scheint es bei ihnen nicht zu geben. Die Verantwortlichen stehen schon lange nicht mehr auf dem Boden der Realität, sie sind nicht geerdet und kreisen weiterhin um ihren Machterhalt. Sie drehen sich um sich selbst, fliegen um den Globus und treten auf der Stelle, während alles immer schlimmer wird. Das Immer-Weiter-So und das primitive Flicken irgendwelcher Löcher ohne eine wirkliche Lösungsorientierung bringt die Weltbevölkerung an den Abgrund. Niemand kann die Ausbeutung vieler zum Vorteil weniger hinnehmen. Während das Konsumieren, der Spaß und die Oberflächenwahrnehmung immer noch verfolgt und angepriesen werden, während viele immer noch auf die Ablenkung und den vordergründigen Vorteil setzen, rollt die Lawine der Zerstörung in den Abgrund. Notwendige Reformen, ein grundlegendes Umdenken werden weiterhin aufgeschoben oder vollkommen verhindert.

»Wann wachen wir auf? Wann kommen wir zu Bewusstsein? Wann erarbeiten wir uns ein globales Bewusstsein?«

Deine Enttäuschung

Wir Menschen sind nicht gern verzweifelt, enttäuscht und wir leben auch nicht gern in ausweglosen Lebenssituationen. Unser Ich möchte Stabilität, Sicherheit und Geborgenheit. Wir alle wünschen uns, dass uns Respekt und Liebe entgegengebracht wird. Wenn wir uns aus gefährlichen Lebenssituationen befreien wollen, diese verlassen und überwinden möchten, so müssen wir uns neu orientieren, motivieren und aufstellen. Insofern sind schwierige, enttäuschende, verletzende Lebensbedingungen ein Motor. Doch können wir uns Demütigungen und Verletzungen bewusst ansehen und sie auch wirklich verstehen? Können wir aus dem Unbewussten, aus dem automatisch Hingenommenen ein bewusstes Denken und Handeln ableiten? Den Zeitpunkt und den Ort des Geschehens, der Verletzungen, können wir in unserem Lebensfluss in der Regel nicht bestimmen. Handlungen in Wort und Tat werden schnell in unvorhersehbaren Situationen an uns herangetragen. Wir sind selten vorbereitet. Es kommt, wie es kommt, wie so oft im Leben, schnell und unerwartet. Nicht selten werden wir von Worten und Taten überrollt. Wir geraten in bedrohliche Lebenssituationen. Wir erleiden Verletzungen und können uns oft nicht dagegen wehren. Der schlimmste Fall wäre ohnmächtig, gedemütigt und handlungsunfähig zusammen zu brechen. Es wäre fatal, zu einem depressiven Menschen ohne Antrieb, Selbstachtung und Selbstbewusstsein zu verkommen. »Wie können wir unser Leuchten erhalten? Wir müssen um uns kämpfen! Unsere Lebenssituationen sollten wir bewusst reflektieren! Wann und von wem werden wir verletzt? Wann und wo sollte uns unsere Würde genommen werden? Wann wurde uns etwas völlig unerwartet übergestülpt? Wurden wir übergangen? Wurden wir nicht ernst genommen und nicht nach unserer Meinung gefragt?« Wir alle werden nicht selten eiskalt aus dem Hinterhalt mit Nachrichten und Fakten überrollt. Wir sollten uns fragen, ob uns auf Augenhöhe und mit Respekt begegnet wurde. »Sind wir geachtet, beachtet und geliebt worden? Konnten unsere Leidenschaften Beachtung erfahren? Wurde somit unsere Identität, unser Ich geachtet?«

Doch viele Menschen dürfen nicht zur Blüte ihres Selbst heranreifen. »Wer stand ihnen im Weg? Wer ignorierte ihre Bedürfnisse? Wer wollte sie in eine entfremdende Richtung drängen?« Wir Menschen können oft nicht die Kraft aufbringen, uns die Realität bewusst anzusehen. »Warum schaffen wir es nicht, grundsätzlich diejenigen zu benennen, die uns klein und abhängig halten wollen? Fehlt uns die Kraft uns einzugestehen, wann und von wem wir gedemütigt werden? Wollen wir an den positiven Bildern der Menschen festhalten, die uns vernachlässigt oder misshandelt haben? Schauen wir weg, wenn unser Ich nicht leuchten darf? Vermeiden wir den Klarblick, um Schmerz zu vermeiden?«

Doch dadurch muten wir uns immer mehr Schmerz zu. Die Verdrängung ist oft grenzenlos. Der Schritt ins Bewusstsein, der Schritt zur Klarheit könnte für uns die Rettung bedeuten. Der Weg zur Wahrheit ist gleichsam der Weg zu unserer Leuchtkraft. Doch wir alle scheuen oft den Blick auf die schmerzhafte Wahrheit, auf unsere klaffenden Wunden, Verletzungen und Abwertungen. Der Schritt zur Klarheit, zur Wahrheit braucht lange und für manche Menschen zu lange. Die vielen Verletzungen führen zu Störungen, Krankheiten, sogar in manchen Fällen zum Suizid. Vielen fehlt die Kraft, die Stärke, die innere Unabhängigkeit, ihre Peiniger bewusst anzusehen. Sie verdrehen die Wahrheit und nehmen die Selbsttäuschung in Kauf. Therapien werden nicht angestrebt, die realistische Einschätzung der eigenen Lebenssituation vermieden. Der Betroffene bleibt in der Opferrolle.

Diejenigen, die die Klarheit, Wahrheit immer wieder suchen, ansprechen, werden nicht selten gemieden. Der Wahrheitssuchende wird als unbequem empfunden. Er wird ausgegrenzt, aus dem Leben gestrichen. Die Aufklärung der eigenen Lebenssituation wird genauso vermieden, wie die Konfrontation mit sich selbst. Alles, was die Wahrheit ins Bewusstsein bringen könnte, wird penibel ausgespart. Menschen, Filme, Bücher werden gezielt missachtet. Die Gewohnheiten, die Trampelpfade des Verdrängens sollen um jeden Preis beibehalten werden. Das Lichtbringende wird ausgegrenzt. Mit dem Verlust von Spontaneität und Flexibilität verliert sich die Lebendigkeit, die Lebensfreude, und die Wahrheit verflüchtigt sich immer mehr. Die Angst, etwas ehrlich zu reflektieren, wird stetig größer. Die Befürchtung, dass wahrheitsliebende Menschen etwas aufdecken könnten, wird riesengroß. Das übertriebene, starre Zelebrieren irgendwelcher oberflächlichen Termine, Gewohnheiten und Bekanntschaften zeugt von der Hohlheit und dem Lügengebäude. Der Selbstverlust wird immer deutlicher. Der Sicherheitswahn, die anscheinende Vorteilsnahme und die Angst haben dem Menschen die Identität geraubt. Personen, die der Wahrheit verpflichtet sind werden zur Bedrohung und man möchte sich mit ihnen nicht mehr konfrontieren. Die Lebenszeit verstreicht. Die Chance zu lernen, Klarheit in sein Leben zu bringen, ebenso. Der Tunnelblick nimmt den ganzen Menschen gefangen. Aus Angst vor der schmerzlichen Klarsicht, vermeiden die Betroffenen jede Möglichkeit zu lernen und sich weiterzuentwickeln. Sie lassen ihre wertvolle Lebenszeit verstreichen. Dabei ist die Verdrängung des Unverarbeiteten ein schmerzhafter Prozess, der sich ständig wiederholt.

Die Verdrängung wird schließlich als Normalität empfunden. Im Unterbewussten brodelt das Ungesehene, das Ungehörte, der Schmerz. Das Kompensieren wird zum Tagesgeschäft. Das Unverarbeitete muss immer wieder ins Unterbewusstsein abgeschoben werden. Die Wahrheit soll verdeckt bleiben, denn sie würde zu viele Konsequenzen nach sich ziehen. Das Verdunkeln, Ignorieren und Verdrängen führen zu immer neuen Lügengebäuden. Die Sackgasse eines immer größer werdenden Sumpfes der Lügen und Verdrängungen blockiert den ganzen Menschen. Das Aufdecken, das Entrümpeln, das Ausleuchten der modrigen Ecken werden von dem Verdrängenden nicht angegangen. Die Lebensarbeit, die Täter beim Namen zu nennen, wird hinausgezögert oder ad acta gelegt. Der Leidende, der Verdrängende klammert sich weiterhin an Scheinvorteile, »Sicherheiten«, Scheinwelten. Das gesamte Leben entbehrt der Klarheit, der Wahrheit, des Mutes. Das Ich kann nicht gelebt werden. Dieses Leben ist aus den Fugen geraten. Die Zwangsjacken bestimmen den Alltag, während die Gartenzäune gestrichen, der Rasen und die Blumen gepflegt werden. Hinter der Fassade lauert das Grauen, sitzen die Eingesperrten, die Unfreien. Das Verdrängte wird sich neue Bahnen suchen, Symptome auslösen.

Die unerträglichen Schmerzen werden manchmal dazu führen, dass sich die Betroffenen Hilfe suchen. Sie wollen nicht länger leiden. Sie möchten Klarheit und suchen nach Antworten. Dieser Prozess der Heilung wird Licht in die Katakomben der Verdrängung bringen. Die Suche nach der Wahrheit lässt die Klarheit und Verarbeitung zu. Das Verdrängte darf ans Licht. Der Mensch erkennt die eigenen Schieflagen und darf wieder frei denken. Enttäuschungen werden verarbeitet, indem die Zusammenhänge begriffen werden. Der Aufgeklärte tritt aus der Dunkelheit hervor. Das Leben darf wieder selbstbestimmt und in Würde gelebt werden. Der Betroffene hat es nicht mehr nötig zu verdrängen. Er oder sie braucht nicht mehr in der Täuschung und Enttäuschung gefangen zu bleiben. Die totbringenden Süchte gehören der Vergangenheit an. Der aufgeklärte Mensch liebt die Lebendigkeit und ist nicht vom Leben enttäuscht. Er strebt zum Licht, zur Wahrheit und meidet die Täuschung. Er sucht die Klarheit, und die Täuschungsmanöver können als solche erkannt werden.

»Sprenge die Ketten deiner Peiniger! Sprenge die Ketten der unbewussten Sozialisation! Befreie dich, indem du dir deine Lebenskontexte bewusst anschaust und zu verstehen lernst!«

Deine Befreiung

Manchmal muss alles ganz schnell gehen! Alles ändert sich, wenn sich die Gedanken erhellen und die Wahrheit wieder zugelassen wird. Die verlogene Umgebung kann wieder erkannt werden. Es besteht die Chance, das Gefängnis der Lügen und Widersprüche zu verlassen. Der Bewusstwerdungsprozess ist der Weg in die Freiheit.

Das Loslassen der Scheinwelten ist die Voraussetzung. Die Zäune, die angeblich kostbaren Güter, verlieren ihren Wert angesichts der Wahrheit. Das wahre, authentische Leben kann beginnen. Die Leuchtkraft ist wieder vorhanden. »Befreie dich und lebe dein Selbst! Stelle den Kontakt zu deinen Leidenschaften her und löse deine Zwangsjacke!« Jeder Mensch hat ein Recht auf ein würdevolles Leben. Dies hat nichts mit dem Geldbeutel oder der äußeren Hülle zu tun. »Kreise nicht nur um deine Hülle und dein Bankkonto, denn du läufst so Gefahr dich zu verlieren!«« Die hohen Zäune, die Ketten und Verließe können überwunden und verlassen werden, wenn die Wahrheit und Wirklichkeit wieder zugelassen werden. » Lasse dich selbst wieder zu und pflege deine Talente! Entledige dich der Gier und des Konkurrenzdenkens! Spiegel dich im du und lebe in Freiheit!«

Deine Chance auf Freiheit

Wir stecken in unseren Körpern. Wir erleben uns mithilfe unserer Körper. Wir sehen, fühlen, tasten und riechen. Unser Körper bietet uns diese Möglichkeiten. Wenn wir gesund sind, können wir unabhängig laufen, sitzen und zu unseren Mitmenschen Kontakt aufnehmen. Solange wir gesund sind, kommt uns dies meistens selbstverständlich vor. Doch unsere Gesundheit ist nicht selbstverständlich und wenn wir bewusst darüber reflektieren, erkennen wir, dass dieser Körper ein Geschenk auf Zeit ist. Kränkeln wir, leiden wir an einer körperlichen oder seelischen Erkrankung, dann wissen wir um unsere Verletzbarkeit, um unsere Abhängigkeit von unserem Körper und in einem zweiten Schritt von unseren Mitmenschen. Wir hängen an einem seidenen Faden. Wir sollten uns bewusst werden, dass unsere Gesundheit die Voraussetzung für Unabhängigkeit und Freiheit ist. Erkranken wir, leiden wir, so ist unsere Unabhängigkeit in

Gefahr. Wir werden zu Bedürftigen, zu Hilfebedürftigen. Ein gebrochenes Bein muss in Gips. Ein gebrochenes Herz braucht Ruhe und Erholung, neue Perspektiven, Hoffnung, andere Menschen. Die kranke Psyche sehnt sich nach Unterstützung, nach Genesung, nach Hilfe. Der Leidende sucht nach der Klärung der Ursachen seines Elends. Wunden müssen grundsätzlich versorgt und gesäubert werden. Das Zudecken, Aussitzen, Schweigen, Wegducken lassen Wunden eitern, Krankheiten eine übermächtige Position einnehmen.

Die Zeit als Heiler der Wunden kann nur dann in einem positiven Rahmen wirken, wenn der Gips sitzt, die Lügen erkannt und benannt werden. Die Wunden müssen versorgt sein, so kann auch die Zeit Heilung bringen. Sollten die Ursachen übersehen werden, so verschlimmern sich die Wunden. In dieser Ausgangssituation wird die Zeit nur den Abstieg und den Tod bedeuten. Die Reinigung, die Katharsis, die Aufklärung und Aufarbeitung sind die Basis jeder Heilung. Viele vermeiden die Arbeit, die Arbeit an sich selbst, die Arbeit an den Wunden. Sie legen Lappen und Tücher auf die Wunden und Narben. Sie suchen nach Salben und Pillen, sie gieren nach der Anwendung von außen. Andere sollen sie von ihrem Elend befreien. Es wird viel Geld bezahlt, um eine Heilung durch äußere Anwendungen zu erkaufen. Viele Verwundete wirken erstarrt und passiv. Sie suchen nach den Helferlein. Dies mögen die Pillen, irgendwelche chemischen Produkte und die Vielfalt äußerer Anwendungen sein. Die Leidenden sind häufig bereit, enorme Summen zu zahlen, damit das Elend von außen gemindert wird. Ihr Blick ist auf die anderen gerichtet, und sie suchen die Hilfe in den äußeren Anwendungen, bei den Ärzten und auch bei Scharlatanen. Sie haben noch nicht den Schalter umgelegt, sie sind noch nicht aktiv geworden. Sie haben noch nicht erkannt, dass ihre Leiden sehr viel mit ihrer Lebensführung, mit der eigenen, inneren Umkehr zu tun haben. Eine ausgewogene Verantwortung sich selbst gegenüber fehlt.

Es ist ein Selbstbetrug, eine Täuschung, dass die Heilung grundsätzlich von außen kommen muss. Äußere Einwirkungen können nur unterstützend wirken. Der Mensch muss selbst bereit sein für Therapien, Veränderungen und Umbrüche. Die alten krankmachenden Trampelpfade können nicht weiter verfolgt werden, denn sie haben sich als gefährlich herausgestellt. Sie müssen hinterfragt und analysiert werden.

Der Betroffene selbst sollte zur Säuberung, zur Veränderung, zur Heilung bereit sein. Er sollte den Weg vom Kranken zum Gesunden wollen und einschlagen. Der Weg der Heilung ist auch der Weg zur Freiheit, zur Unabhängigkeit, zum eigenen Selbst. Viele Menschen werden krank und bedürftig, weil sie sich nie befreien konnten, weil sie von anderen Menschen oder Stoffen abhängig wurden, weil sich ihre Hände an den Giftcocktails klammerten. Die Giftbomben der vermeintlichen Vorteile umwickelten ihre Gedanken und raubten ihnen das Bewusstsein. Die Glitzerscheinwelt mit ihren süßlichen Versprechen ließ sie zu Abhängigen werden. Jeder, der an Fäden zappelt und mit allerlei klebrigem Garn umwickelt ist, kann nicht mehr frei denken. Die pekuniären Aussichten, scheinbare Vorteile, die vermeintlichen Abenteuer eines vielversprechenden Genusspaketes haben die selbstbestimmte freie Meinungsbildung verschluckt. Sie haben das unabhängige Selbst verschluckt, absorbiert. Abenteuer werden aus der Freiheit geboren. Die eigene Kreativität kostet nichts, nur Mut, freie Gedanken und genügend Selbstvertrauen, sein Ich zu zeigen. Wir müssen nicht ständig konsumieren, andere imitieren oder bewerten.

Das Du zu verstehen, das Selbst zu zeigen, ohne Hintergedanken und kommerzielle Aussichten, das ist ein Geschenk, das ist Freiheit und Erfüllung. Liebe entsteht aus der Freiwilligkeit. Liebe braucht Freiheit. Die Gesundheit, der gesunde Lebensfluss kann nur in der freien Luft, in der giftfreien Zone existieren. Das Seelengift, die Unfreiheit, die falschen Versprechungen einer hohlen Wirklichkeit, sind die Abgründe, aus denen schleichende Abhängigkeiten und Krankheiten entstehen. Das ungelebte Selbst, das entfremdete Ich leidet. Es sind die körperlichen und seelischen Vergiftungen, die aus einem Menschen einen Bedürftigen machen. Es sind die Einschränkungen, Begrenzungen, unnötigen Verbote und Tabus, die Menschen sich selbst entfremden lassen.

Es sind allzu oft kranke Beziehungen, in denen Betroffene eingesperrt und fremdbestimmt vegetieren. Nicht selten pflegt ein scheinbar Liebender seinen Partner zu Tode. Er oder sie wollte ihn abhängig und gefügig halten. Das Bevormunden, das Unterdrücken führte zu schweren Leiden und Süchten. Es wurden Schuldgefühle, Verbote und Tabus bemüht, um den Partner, Angehörigen oder Freund zu fesseln. Der Gefesselte erblindet und wird zum Leidenden, Bedürftigen. So erhebt sich der Scheinheilige, der Scheinpfleger, um nun die eigene Macht zu stabilisieren. Es ist ein perfides Unterdrückungssystem, das zu immer stärkeren Abhängigkeiten führt. Jeder Abhängige wird immer schwächer. Jeder Bevormundete wird unmündiger. Jeder Unbewegliche wird unflexibler und starrer. Der Unfreie wird ein Bedürftiger bleiben.

Der wahrhaft Liebende schenkt Freiheit, Unterstützung und lässt den geliebten Menschen los. Die Flügel des Selbst können sich nur im freien Flug entfalten. Die Muskeln können nur im freien Lauf trainiert werden. Der freie Geist kann sich nur im intellektuellen Freiraum entfalten. Dieser Raum, dieser Lebensraum bietet die Chance auf Selbstbestimmung, Mündigkeit und Entfaltung. Wir Menschen kränkeln, leiden und vegetieren, wenn wir nicht in Freiheit und Würde leben dürfen. »Willst du gesund und frei sein? Fall nicht auf die vielen Giftschleudern herein, die dich abhängig halten wollen! Befreie dich und gesunde! Reinige deine Wunden! Deine Katharsis ist der Beginn der Freiheit deines Körpers und deines Geistes. Nutze deine Chancen auf Selbstbestimmung und Freiheit! Erobere dir deine Würde zurück, egal wie alt, krank, jung oder schön du bist! Leuchte durch dein Leben! Deine Strahlkraft kommt aus der Tiefe deines Selbst! Dein innerer Kern ist das Zentrum, dein Kraftpool! Dort wirst du immer neue Energie entfalten!«

Dein Bücherregal

Manchmal scheint dein Bücherregal dein Feind zu sein. Du denkst: »Ich müsste mal wieder lesen, mich fördern, geistig beflügeln!« Deine Ledereinbände flößen dir Angst ein. »Wenn ich die Werke mal wieder nicht verstehe, mich quälen muss?« Du brauchst Übung, Training, geistige Freiheit. Angst kannst du gar nicht gebrauchen. Alles auswendig zu lernen, ist sowieso keine Option. Lesen, um andere beeindrucken zu wollen, ist der falsche Ausgangspunkt. Die Dichter und Denker sind alle aus Fleisch und Blut. Es sind Menschen wie du mit ihren Freuden und Leiden, ihren Gedanken und Anliegen. Sie wollen sich mitteilen und den anderen etwas erzählen. Eventuell möchten sie etwas entwerfen, zum Beispiel Lebenspläne, Utopien, um die Welt, das Leben zu verändern, zu verbessern. »Sieh es als Chance, als Angebot!« Die Ledereinbände sollten niemals Angst erzeugen. Du löst dich nicht auf, wenn du dich in die Gedankenwelt anderer einlässt. Nimm die Ausarbeitungen der Dichter und Denker ernst. Es sind Geschenke, Angebote, Anregungen. Es sind keine Gebote oder Verbote. Du musst nichts auswendig lernen oder unkritisch übernehmen. Du kannst dir ein Bewusstsein erarbeiten, indem du die Inhalte auf dich wirken lässt. »Folge den Dichtern und Denkern Schritt für Schritt. Dein kritisches Bewusstsein ist gefragt, deine Urteilskraft gefordert.« Die Werke sind Angebote. Du kannst partizipieren: An den Gedanken, an den Gefühlen, Biografien und Lebensentwürfen. Darin liegt deine Chance. Es sind die Ideen und Wege vieler, vieler Menschen, die einmal gelebt haben oder immer noch unter uns sind. Ihre Bedingungen und Lebensumstände mögen anders als unsere gewesen sein, und dennoch gibt es Überschneidungen, Bezüge zu uns. Das ist das Spannende.

Die zeitlosen Ideen, die zeitlosen Werke und Werte, die logischen und emotionalen Angebote können dir helfen, dich und dein Leben zu verstehen. »Genieße die Inhalte ohne Angst! Lass dich auf die Ideenwelt anderer ein! Das Geistesgut ist ein Geschenk an dich! Es hat das jeweilige Leben des Autors überlebt! Genieße das Werk als Geschenk an dich! Genieße es ohne Angst und Vorurteile!«

Deine Strahlkraft

Du tanzt, du strahlst, du reißt die anderen mit. Deine Leuchtkraft ist der Wahnsinn! Deine Strahlkraft ansteckend. Viele fragen dich: »Wie kannst du so lebendig, kraftvoll, voller Energie und Humor sein? Wie hast du es geschafft, trotz deiner Sorgen und Tiefschläge dein Feuer zu bewahren?«

Du weißt, dass eine authentische Antwort sehr viel Zeit in Anspruch nehmen würde. Denn du müsstest weit ausholen und über dein Leben berichten, viel erzählen, und du müsstest ebenso die Dichter und Denker, Künstler vergangener Tage und die lieben, brennenden Menschen benennen, die dich auch immer wieder wie Fackeln in der Dunkelheit begleitet haben. Jeder Mensch braucht Orientierung. Jeder von uns braucht Lichtquellen, Fackeln in dem Nebel, in undurchsichtigen, kalten Zeiten. Wir alle brauchen Wärme, Licht und Orientierung. Wir brauchen Verständnis und das Gefühl einer inneren Übereinstimmung. Wir wollen uns im Du spiegeln. Unsere Seele erwärmt sich, wenn wir uns in den Gedanken der anderen wiederfinden. Wir wollen uns verstanden fühlen. Doch das alles geht nur auf dem Weg der ernstgemeinten Kommunikation. Sie ermöglicht uns die Chance auf einen ehrlichen Austausch. Wir Menschen spüren, wenn es jemand nicht ernst mit uns meint. Wir frösteln und erstarren innerlich, wenn uns mit unterschwelliger Aggression entgegengetreten wird. Unsere Antennen erfassen den Angriff, die Gefahrenquelle. Tarnungen und Täuschungen werden uns Menschen voneinander entfernen, entfremden. Das Misstrauen wächst, wenn wir etwas vorgeben, was wir nicht sind und dem Du somit falsche Versprechen geben. Die Authentizität ist der Weg zum Ich und zum Du. Wir alle können leuchten, wenn wir das leben, wofür unser Herz schlägt. Wir alle können zu einer immensen Strahlkraft gelangen, wenn wir aus unserem tiefsten Inneren schöpfen dürfen. Wir sind gut darin, wofür wir brennen.

»Lasst uns auf unsere innere Stimme hören! Lasst uns unsere Talente feiern! Lasst uns trotz aller Widrigkeiten und Tiefschläge unser Leben in Würde und Freude auskosten!«

Dein Herz wird dir den Weg weisen. Deine Talente werden dich tragen und deine Liebe wird dich über alles hinweg katapultieren. Sie wird dich die richtige Sprache im besonderen Moment sprechen lassen. Die Sprache der Liebe findet den richtigen Ausdruck und baut stabile Brücken für dein Leben, für deinen Weg zum Du. Dieser Weg findet seinen Ausdruck in der Konstruktivität. Diese Brücken sind stabil, aber nicht zu starr, zu unbeweglich. Es sind dynamische Brücken, bewegliche Brücken, die den Stürmen des Lebens, ohne zu zerbersten, trotzen können.

»Leuchte durch dein Leben, tanze und singe, male und sprich die Sprache des Konstruktiven, des Liebenden!« So wirst du lebendig, dynamisch und kreativ bleiben. Du wirst nicht verbittern. Keine Enttäuschung wird deinen Mund umspielen. Die Liebe zum Du, die Liebe zu dir, die Liebe zur Welt, zum Leben wird sich in deinem Gesicht widerspiegeln. Du wirst dein Feuer bewahren. »Leuchte durch dein Leben!«

Gegen die Gier

Der Leuchtende kennt keinen Geiz. Der Leuchtende lehnt jede Form der Gier ab, denn er verschenkt sich gern. Während er gibt, strömt sein Selbst, seine Hingabe aus ihm heraus. Er möchte die Menschen beschenken und nicht ausnutzen. Er oder sie lässt die anderen sie selbst sein, sich entwickeln und sperrt sie niemals ein. Der Gebende lebt ohne Kalkül und lässt die anderen nicht aus egoistischen Gründen an seinen Fäden zappeln. Der Leuchtende, der Liebende, lässt die anderen los, damit sie genügend Raum vorfinden, ihr Selbst zu leben. Die Quelle der Liebe versiegt nicht. Es ist die Quelle der Freiheit, der Konstruktivität und der Kreativität.

Wer sich im Du spiegelt, wird das Du nicht ausnutzen wollen. Wer das Du ohne Hintergedanken ansieht, wird es nicht verformen oder gefügig machen wollen. Der Konstruktive sieht im Du die Quelle der Leuchtkraft. Wer das Du respektiert, wird viel Freude an ihm haben. Das gemeinsame Wachsen auf einem Lebensweg ist ein Geschenk. Wer das Du ernst nimmt, wird es nicht verformen oder ausbeuten wollen. Nur der Gierige wird den anderen als Mittel zum Zweck ansehen.

Der Respekt vor dem anderen verbietet jede Form der Ausbeutung. Die Würde des anderen ist unantastbar und deshalb wäre jede Form der Erniedrigung abzulehnen. Jede emotionale und pekuniäre Ausbeutung widerspricht jeder Ethik. Jeder Mensch, der andere von sich abhängig macht, sie unterwirft oder ohne Respekt behandelt, wird sich nicht im Du spiegeln können. Der Destruktive lässt die Marionetten um sich herum tanzen und wirft ihnen Brotkrumen zu. Die Selbsterhöhung verhindert jede ethische Handlungsweise.

Dein innerer Kern

Wir können unsere Leuchtkraft und Dynamik bewahren, wenn wir den Kontakt zu unserem inneren Kern nicht aufgeben und dafür kämpfen, diesen kostbaren Bezug nicht zu verlieren. Die vielfältigsten Lebenssituationen können dazu beitragen, den unmittelbaren Kontakt zu unserer inneren Mitte, zu unserem Kern, zu unserer Flamme, zu unseren Leidenschaften zu verlieren. Wir können eingeschüchtert, abgelenkt, bedroht werden. Wir können manipuliert und von uns selbst entfremdet werden, sodass wir uns selbst nicht mehr erkennen, sodass wir uns selbst nicht mehr erleben. Tief in unserem Inneren liegen die Schätze, die Leidenschaften, die Vorlieben, die häufig nicht zum Tragen kommen. Die Tarnungen, Rollen und Ansprüche in unserem Leben können so viel Lebenszeit absorbieren und so viel Kraft rauben, dass wir unseren innersten Kern vernachlässigen. Wir sind jedoch nur darin gut, wofür wir brennen. Alles fließt aus uns ganz flüssig, stimmig, authentisch, wovon wir uns überzeugt fühlen. Wir können am besten das zum Du transportieren, wohinter wir auch wirklich stehen. Der andere spürt, ob wir authentisch sind. Nur so kann der Funke überspringen. Derjenige, der aus sich heraus kreativ ist, kann die anderen erreichen und mitreißen. Wenn wir das ausüben, was unserem Selbst entspricht, so können wir die Herzen und den Verstand der anderen erreichen. Wir selbst können durch unser Leuchten Orientierung bieten. Unsere Stärke macht es möglich, eine Vielfalt von Angeboten für unsere Mitmenschen zu präsentieren. Wir werden zum Vorbild, indem wir etwas vorleben. Wer sich selbst verschenkt, sein Innerstes nicht länger versteckt, wird zur Fackel in der Dunkelheit. Wir leben am Leben vorbei, wenn wir unreflektiert alles nachplappern, konsumieren, alle Trends bedienen und hinter dem scheinbar Unverzichtbaren hinterher hecheln. Wir haben eine Meinung, wenn wir sie zulassen. Wir haben Gefühle, wenn wir sie nicht vergraben. Wir haben Talente, wenn wir sie fördern. Wir haben eine Stimme, wenn wir sie erheben. Es kommt auf jeden von uns an. Unsere Einzigartigkeit ist unverzichtbar. Es wäre trostlos und unmenschlich, wenn wir zu Robotern und billigen Konsumenten verformt würden. Wir alle tragen Verantwortung. Unsere Besonderheiten bieten uns Chancen in unserem Leben. Enden wir in der Anpassung und Unkenntlichkeit, so verpassen wir uns selbst und werden zu schwach, Verantwortung zu übernehmen. Wir stehen nicht auf festem Grund, wenn wir hin und her flattern, wie ein Fähnchen im Winde. Es bedarf täglicher Arbeit an uns selbst, uns und die Welt, in der wir leben, zu verstehen. »Lasst uns Lernende bleiben! Lasst uns die Welt und die Zusammenhänge verstehen wollen!« Wenn wir zu billigen, trägen und uninformierten Konsumenten werden, verpassen wir das Leben. Wir werden zu Mitläufern ohne eigene Meinung und ohne einen Standpunkt. Wir benötigen den Bezug zu uns selbst, zu unserem eigentlichen Kern. Nur so können wir unsere Liebe und unsere Kreativität in uns bewahren. »Lasst alles in euch frei und unabhängig fließen und lasst alles aus euch herausströmen, denn die anderen lieben die Früchte der Authentischen. Dein Mut, deine Fackel bedeutet die Orientierung in Zeiten der Anpassung, in Zeiten der Konkurrenz.« Viel zu viele verlieren ihr Selbst und werden zu Opfern.

»Trau dich, du selbst zu sein! Sei mutig und trotze dem Mitläufertum! Leuchte durch dein Leben und stecke die anderen mit deiner Leuchtkraft an! Gib den Menschen Orientierung und Zuversicht, indem du als leuchtendes Beispiel voran gehst. Sei eine Fackel der Kreativität, des Mutes und der Stärke!«

Deine Strahlkraft – Dein Überleben

Deine Durchlässigkeit, deine Beweglichkeit, deine Aufnahmefähigkeit haben dich zu einem Menschen mit Strahlkraft werden lassen. Du hast dich niemals abgeschottet, aber du hast dich auch nicht überrollen lassen. Du hast die Wünsche der anderen an dich erahnt, erfühlt, empfangen. Du hast zugehört und gleichzeitig bist du bei dir selbst geblieben. Deine Beziehungen waren immer intensiv, du hast alles gegeben, aber du hast dich nicht aufgegeben. Du wurdest hin und her geschleudert, und du fragst dich heute oft, wie du es geschafft hast zu überleben. Bedauerlicherweise hast du sehr früh lernen müssen, dass Anpassung, Angleichung und dein gutes Geben, dein Hinwenden zum Du zu einem Eliminieren deines Kerns führen kann. Viele Menschen respektieren keine Grenzen. Die Würde und Selbstbestimmung interessieren sie nicht. Sie kreisen um sich, ihre Vorteile und nehmen die Verletzungen anderer in Kauf. Sie spinnen die anderen ein, umwickeln sie und wenn sie keine Vorteile zu erwarten haben, lassen sie sie fallen. Es herrscht das Denken der Vorteilsnahme in einer Kombination aus »Zuckerbrot und Peitsche«. In ihrer Rücksichtslosigkeit und Grenzüberschreitung vergessen sie den Anspruch an die Menschlichkeit. Sie handeln brutal und verletzend, nicht selten hinterhältig. Sie lachen dich an, umschmeicheln dich und holen ihre Ketten, Netze und Betäubungsmittel aus irgendeinem Hinterhalt. Es sind diejenigen, die dich gefügig machen wollen, und wenn du ausgelutscht am Boden liegst, werden sie über dich lästern und lachen. Sie wollen nicht, dass du selbstbestimmt und stark bist. Sie lieben nicht den unabhängigen, starken Menschen. Der Selbstbestimmte lenkt sein Leben selbst. Er oder sie ist nicht manipulierbar. Der Ehrliche, der Liebende und von Herzen Gebende ist in Gefahr. Er oder sie gibt viel Preis und wird dadurch verletzbar, angreifbar.

»Achte auf dich, wenn die Schmeichler und Heuchler in dein Leben treten! Gib dein Ruder niemals aus den Händen! Bewahre deine Würde und Selbstbestimmung!«

Du weißt, dass du niemals die passenden Geschütze auffahren wirst und du weißt, dass du keinen Krieg führen möchtest. „»Bringe dich in Sicherheit!« Deine Beweglichkeit, Klarsicht, Intelligenz werden die Gefahren orten und somit für dich ungefährlich werden lassen. Du besitzt die Erfahrung und die stabilen Antennen, die den Stürmen und Angriffen trotzen können. Du ziehst dich nicht in ein Schneckenhaus zurück und gibst dich nicht irgendwelchen Ängsten, die aus den Bedrohungen entstanden sind, hin. Du lässt aus dir keinen Angsthasen machen. Du ziehst dich nicht ungesehen und ungehört, entmutigt und entmündigt in ein Angsthäuschen zurück. Du willst nicht vegetieren. Dein Verstand ist blitzgescheit und du trotzt den Destruktiven. Du bist wachsam und du lässt dich nicht aushorchen und aussaugen. Diejenigen, die dich wegwerfen würden, wenn du zerstört am Boden liegst, meidest du. Du weißt, dass sie über deine Hülle hinweg stampfen, denn sie kennen keine Empathie, kein liebevolles Mitgefühl. Dein Kern, deine Persönlichkeit ist ihnen völlig gleichgültig. Ihr Lebensspiel heißt: Unterhalte mich, küss mir die Füße, egal, wie es dir geht, egal, was du willst. Doch so wirst du niemals bekommen, was du brauchst. So kannst du nicht überleben. Du wirst kein Licht, keine ernst gemeinte Zuwendung und keine geistige Nahrung erhalten. Du wirst dich retten müssen. Du musst dich mit allem Notwendigen versorgen. Du musst Grenzen ziehen, immer wieder aufs Neue und in einer deiner Lebenssituation entsprechenden Form. Dein Schutz wird immer anders aussehen müssen. »Sei achtsam und flexibel! Lass dein inneres Feuer nicht auslöschen! Bleibe wachsam!« Deine inneren Feuer brauchen neue Nahrung. »Lasse sie niemals auslöschen!« Du könntest verbittern, verrohen, abstumpfen, eventuell gebrochen werden. Du könntest deiner kostbaren Identität beraubt werden. Du könntest genau das verlieren, was dich ausmacht. Es droht die Gefahr, in der Hölle deiner Verfolgung und Bedrängung dein Selbst aus den Augen zu verlieren. Wenn du nicht achtsam bist, können die Bedrohungen aus dir einen ängstlichen Wegläufer machen, der den Kontakt zu sich selbst verliert, weil er den Mut nicht mehr aufbringen kann, zu seinen Zielen, Werten und Leidenschaften zu stehen. Das Schneckenhaus, der Elfenbeinturm können schneller, als man glaubt, zu einem Gefängnis werden. Es kann zu einem Ort des geistigen Verhungerns werden, der keinen Raum und keine Türen bietet, um geistig ernährt, gefördert und gehört zu werden. Du kannst schneller verkümmern, als du dir vorstellen kannst. Manchmal geht es im Leben um die eine entscheidende Weiche, die den Lebenszug in eine bedrohliche Richtung rasen lässt. Es kann die Weiche der Bequemlichkeit und des Wegschauens sein. Es kann die Weiche der Angst als unbewusste Fessel sein.

»Entfessel dich, indem du bewusster lebst! Entfessel dich, indem du den Kontakt zu dir immer größer werden lässt! Entfessel dich, indem du stärker, reflektierter, wacher wirst! Entfessel dich, indem du die Scheuklappen von deinen Augen reißt! Schau ins Licht, erkenne die Wahrheit! Nun bietet die Welt dir wieder neue Möglichkeiten, neue Chancen.«

Dein Lebenstisch

Du siehst den reich gedeckten Tisch des Lebens. Du hast die Scheuklappen abgenommen. Du erkennst nach vielem Schmerz, dass es dein Lebenstisch ist, den du nun mit den Konstruktiven teilen möchtest. Es ist deine neue Chance auf Freiheit, ein Leben in Freiheit und Verantwortung. Ohne Verantwortung keine Freiheit. Ohne Erkenntnis keine Mündigkeit. Du bist sichtbar geworden. Du bist aus dem Verlies der Lügen und Widersprüche herausgetreten. Du hast die vielen Schauspieler durchleuchtet. Du hast am Leben gelernt und deine Erfahrungen genutzt. Dein Auge ist geschult und deine Kreativität bietet dir immer wieder, neue Horizonte zu erkennen und neue Türen zu öffnen.

Die Strahlkraft des Künstlers

Der Künstler kann die dunklen Ecken einer Gesellschaft ausleuchten. Er kann mit seinem Mut die Fackel in der Dunkelheit halten. Er kann Vorbild sein, ermutigen und Kraft geben. Er sieht in die Abgründe einer Gesellschaft, die den Überfluss und gleichzeitig das Verdrängen und Vergessen zelebriert. Der Künstler darf alles, er muss und sollte sich alles trauen. Der Künstler erfindet sich immer neu. Seine Leuchtkraft zeugt von seiner Qualität. Je strahlender und genauer er ein Spiegel der Gesellschaft sein kann, desto mehr wird er verfolgt und verspottet. Die Lügner dulden keine Lichtgestalten. Der Künstler trägt Verantwortung. Die Kunst darf alles und wird immer wieder für eine Gesellschaft überlebensnotwendig sein, wenn sich in ihr die Unmenschlichkeit, das Verbrechen und asoziale Schieflagen ausbreiten. Die Kunst darf alles. Sie darf unterhalten, sie sollte die Abgründe deutlich machen. Das alles kann und sollte parallel möglich sein. Der Kreative schwingt sich hoch in die Sphären der Weitsicht. Sein Auge ist offen und ungetrübt. Er oder sie kann seine Eingebungen, seine Standpunkte deutlich werden lassen. Der kritische Künstler wird oft angefeindet, da er den Gierigen, den Korrupten, den Unmenschlichen einen Spiegel vorhält. Die Kunst bleibt, sie überlebt und darf alles! Wer die Kunst einschränkt und zu seinen Machenschaften missbraucht, outet sich.

»Sei wachsam und erkenne den dominanten Herrscher! Erkenne den destruktiven Heuchler! Lasse dich weder in deiner Kunst noch in deinem Denken manipulieren!«

Die Verantwortung

Du bist kräftig, du bist mutig, du schaffst es, die finsteren Ecken zu beleuchten. Wenn du nicht wegsiehst, weghörst, wenn du nicht schweigst, kannst du gestaltend tätig werden. Dein Leben wird wieder dir gehören. Du kannst voller Selbstbewusstsein in die Augen der anderen sehen und wohlüberlegt antworten. Dein Wort wird Gewicht haben, denn du bist nicht blind und ferngesteuert durchs Leben gelaufen. Du hast dich informiert und bist nicht abgetaucht. Du hältst es aus, die Missstände anzusehen. Du weißt um die Chance auf Erkenntnis, wenn du nicht wegsiehst. »Überwinde deine Bequemlichkeit! Überwinde die Angst!« Du bist stark und du kannst ein Vorbild sein. Du bist in der Lage, Verantwortung zu übernehmen. Jetzt zeigst du den anderen durch dein Beispiel, dass sie ihre Bequemlichkeit und Angst überwinden können. Jeder Mutige lässt sich nicht die Sicht durch Dunkelheit und Nebel rauben. Jeder mutige Denker leuchtet die dunklen Ecken aus. »Überwinde das Desinteresse und die Lethargie! Deine Lebenszeit ist begrenzt! Du bist gefordert! In den dunklen Ecken können sich bedrohliche Krankheiten ausbreiten. Suche die Klarheit, Wahrheit und geistige Sauberkeit! Erkenne und nutze deine Chancen!« Die Ausreden können nicht länger hingenommen werden. Das Wegschauen und das Sich-Verzetteln dürfen nicht die kostbare Lebenszeit hinwegraffen. »Übernimm das Ruder für dein Leben! Schau in die dunklen Ecken, schau`genau hin und nicht weg! Du trägst die Verantwortung für dein Leben. Wenn du sie angenommen hast, bist du stark genug, die Verantwortung für andere zu übernehmen.«

Das Spiel mit dem Feuer

Es ist oft gut gegangen. Man könnte den Eindruck gewinnen, dass du mit dem Leben spielst. Du nimmst vieles nicht ernst, du nimmst deine Verantwortung nicht an. Das Delegieren und Verdrängen sind zum Tagesgeschäft geworden. Die Alltagsschluchten und viele Fluchten lassen dich scheinbar unbehelligt überleben, während du gleichzeitig schwächer und dir selbst fremd wirst. Du forderst dich nicht inhaltlich, deine Kraft schwindet. Dein Gehirn läuft auf Sparflamme, denn du liebst es, dich abzulenken und dich berieseln zu lassen. Es ist für dich angenehm, den drängenden Themen den Rücken zuzuwenden. Vieles wird immer wieder aufgeschoben. Vieles gerät in Vergessenheit. Du wirkst geschwächt und wie auf der Flucht. Du kennst dich mit Ausreden aus, dem Täuschen und Verdrängen. Was war gestern? Gab es Probleme? Was geht mich das alles an? Ich will Ruhe, Grabesruhe! Ich will den Ruhestand, bevor irgendetwas richtig begann, mich richtig forderte. Warum entziehst du dich dem Leben? Warum weichst du aus und fühlst dich dabei sicher? Deine Kraft schwindet, denn du forderst dich nicht richtig. Es ist tragisch, weil du so dein Potential nicht nutzt. Dein Gehirn dümpelt auf Sparflamme. Deine Kreativität kann von dir selbst nicht wahrgenommen werden. Dein Charakter, deine Persönlichkeit lösen sich in einem Umfeld auf, das von dir die völlige Anpassung erwartet. Du hast zu dienen, keinen Widerspruch zu leisten. Gleichzeitig hast du das Gefühl, dass du dich verwöhnen darfst. Du unterliegst dem Irrtum, dass das Füße- hoch-legen dir gut tut. Du unterliegst außerdem der Täuschung, dass das Nichtstun ein Privileg sei. Die Passivität hat sich in dein Leben geschlichen und dein Gehirn, deine Muskeln, deine Strahlkraft leiden. Du hältst deine Passivität und deine Kompensation für völlig normal, doch diese Lebensweise lässt dich immer schwächer und unselbstständiger werden. Dein Gehirn wird nicht genügend gefordert und dein Potential erhält keine Chance auf Beachtung. Du bekommst keine Chance, wirklich gesehen und gehört zu werden. Du sollst lieb und nett, immer kompatibel sein, aber nicht »du selbst«. Du sagst, du willst keine Konfrontation. Doch mir scheint, dass du wenig aushalten, äußern und preisgeben willst. Dein Lebenskampf, dein Kampf um dich, hat sich aufgelöst, während du dich ebenfalls immer weiter auflöst. Du vermeidest jede fruchtbare Auseinandersetzung. Dein Gesicht wirkt ausdruckslos, genauso wie dein Lebensweg undefinierbar und konturenlos geworden ist. Niemand weiß, wofür du stehst und wofür du eintrittst. Du selbst bist dir zum Rätsel geworden:

»Was wollte ich? Wer war ich gestern? Was wollte ich vom Leben? Wer sind meine Freunde? Was sind meine Themen und Inhalte?«

Du sagst, du seiest da so hinein geschlittert. Was du tust, muss erledigt werden. Doch es ist offensichtlich, dass die Vernachlässigung deines Selbst aus dir einen Mitläufer hat werden lassen. Es ist ernst und allerhöchste Alarmstufe. Es ist ein Spiel mit dem Feuer. Du kannst umkommen, in der Bedeutungslosigkeit und Inhaltsleere abfackeln. Willst du wie ein ferngesteuerter Roboter leben? Willst du konsumieren, hohle Sprüche klopfen und immer alles abnicken? Hast du dich aufgegeben? Wer hat dich in diese Verdrängung hineingetrieben? Wer wollte, dass du zum Diener wirst? Wer hat dir die Würde und Selbstbestimmung weggenommen? Warum hast du dies zugelassen?

Deine Wahrhaftigkeit

»Leuchte echt und authentisch!« Lerne es wieder, aus dir heraus zu leuchten. Verkomme nicht zur Leuchtreklame, zum Weihnachtsbaum, zu einer fremdgesteuerten Glühbirne. Du leuchtest auch in deinem Elend. Versuche es aus dir heraus, dein Leben zu gestalten, deine Leuchtkraft wieder zu gewinnen. So wirst du ganz tief aus deinen innersten Energiequellen heraus bis zu deinem Tod lebendig bleiben können. Auch ein alter Mensch kann die Gehirne und Herzen der Menschen berühren. Die Wahrheit dringt tief in die Herzen der Menschen. Doch dies wird nur der Wahrhaftige, der Ehrliche, der Authentische umsetzen können. Die Menschen spüren intuitiv, wer es ehrlich meint. Die Menschen erahnen den Heuchler. Die Täuschung währt nur kurz. Sie hat keinen Tiefgang und keine Tiefenwirkung. Lügner werden entlarvt, Heuchler überführt. Manchmal dauert es lange, bis die Maske fällt. Nur die Echtheit, die Wahrhaftigkeit der Menschen wird eine Gesellschaft gegen alle Widerstände zum Guten bewegen. Nur die schonungslose Wahrheit kann eine Gesellschaft erneuern, verändern und von Grund auf heilen. Die Reinigung, die ethische Erneuerung, kann nur auf dem Weg des Widerstandes und des Mutes in Gang gesetzt werden. Die modrigen Winkel einer Gesellschaft müssen durch den mutigen Denker ausgeleuchtet werden. Auch du brauchst nicht länger zu glitzern und zu funkeln, die anderen abzulenken und zu betören. »Wecke sie lieber, alarmiere sie! Warne die anderen vor den Katakomben einer verlogenen Gesellschaft! Wirf nicht länger Glitzer in die dunklen Ecken, in denen es nach Untergang stinkt! Deine Aufgabe ist es nicht wie ein übertrieben dekorierter Baum zu erstrahlen, denn die Äußerlichkeiten nehmen viel zu viel Raum ein!« Jeder, der pausenlos um seine Hülle und Privilegien kreist, ist zu abgelenkt, das Richtige, Nachhaltige zu erkennen und die Abgründe aufzudecken.

»Wir brauchen den klaren Denker, der das Wichtige vom Unwichtigen unterscheiden kann! Wir brauchen die ethisch Orientierten, die unsere Demokratien retten können!«

Lebe gesund

Du kannst heftig leuchten und gleichzeitig bewusst leben. »Lebe gesund, du brauchst dich nicht in einem Endlosrausch aufzulösen! Schaufel dich frei, werde selbstbestimmt, dann brauchst du dich nicht länger zu betäuben! Du kannst dich an dir selbst berauschen, denn dein Kopf ist voller genialer Ideen. Lasse deine Impulse zu, so werden sie unerschöpflich bleiben. Berausche dich an den anderen Kreativen und partizipiere an ihrer Lebenslust. Sie können dich geistig befruchten und auf neue, konstruktive Ideen bringen. So wirst du gesund und flexibel bleiben. Lass die positiven Energien, die glitzernden Sonnenstrahlen in dein Herz und in deinen Verstand!« So kannst du lange gesund leben und lange leuchten, auch wenn du alt geworden bist.

Leuchte für die anderen

Du gehst strahlend voran und leuchtest für andere die Wege aus. Du hast Erfahrung in der Dunkelheit, im Schmerz, in der Einsamkeit, in der Isolation. Du kennst diese Zustände, diese Arten von Gefängnissen. Du hast im Laufe deines Lebens gelernt, dich aus diesen Missständen zu befreien und aus diesen Katakomben heraus zu treten. Als Erfahrener weißt du, wie es dir gelingen kann, aus den Abgründen wieder hinauf zu steigen. Deine Schmerzen haben dich nicht unsensibel werden lassen. Du konntest deine Feinfühligkeit bewahren. Du hast die Isolation überwunden. Dein Erfahrungsschatz ist enorm, denn du hast Techniken erlernt, frei zu werden und deine Freiheit gegen alle Widerstände zu bewahren. Du bist zum Vorbild geworden. Nun leuchtest du für die anderen, denn sie können sich an dir orientieren. Die anderen spüren, dass deine Worte nicht einer bloßen Theorie entspringen, sondern dem Leben, dem Erlebten. Dein Gesicht trägt die Spuren eines intensiven Lebens. In deinem Gesicht spiegeln sich die Erfahrung und vor allem die Hoffnung. Du bist der Vorreiter und der Wellenreiter. Die großen Brecher konnten dir nicht die Luft und den Atem rauben. Du hast viele Katastrophen überlebt und du bist dadurch noch mutiger und fähiger geworden. Du trägst die Fackel voran. Du leuchtest in der Dunkelheit.

Du bleibst mein Leuchtturm

Du bist der Leuchtturm in der Ferne, denn deine Strahlen überwinden die Zeit, die Unendlichkeit. Deine Worte treffen ins Herz, geradewegs in den Verstand. Sie treffen mich als ganzen Menschen. Sie strahlen in der Ewigkeit, weil sie nie an Bedeutung verlieren. Wenn du nicht mehr bist, bleiben deine Worte. Sie überdauern die Zeit, sie sind zeitlos. Sie leuchten in der Dunkelheit schwerer Stunden, denn sie treffen ins Herz, lassen es heftiger schlagen, sie berühren die Seele, den Verstand, den ganzen Menschen. Die wahren, ehrlichen Worte sind unendlich kostbar und sie werden weder an Wert und Strahlkraft, noch an Energie verlieren. Es sind die zeitlosen Themen und Inhalte, die immer bleiben werden, auch wenn du nicht mehr bist. Deine Energie bleibt erhalten. Deine Worte bleiben in ihrer Strahlkraft und in ihrem Wert, ihrer Bedeutung wirksam. Sie trotzen der Vergänglichkeit. Deine Worte geben Wärme, Trost und Orientierung.

Dein Ziel – deine Hoffnung

Dein Ziel ist es, In Freiheit und Liebe zu wachsen. Dein und mein Ziel ist es, den Tag mit immer neuer Hoffnung zu beginnen. Unser gemeinsames Ziel ist es, ohne Blockaden und ohne Angst in Freiheit zu denken. Wenn die Angst kommt, so versuche immer, ihr mit Mut zu begegnen. Du schaffst es in Liebe und Freiheit. Nur das Geben macht das Spiegeln im Du möglich. Die Angst hemmt dich, blockiert dich und nimmt dir die Freiheit im Denken und Geben. Das Geben gibt dir Kraft, dem Leben zu begegnen, der Liebe zu begegnen.

Alleine leuchten

Wenn ihr nicht mehr gemeinsam leuchten und gemeinsam gedeihen könnt, wenn ihr die Rituale und Gewohnheiten wie einen unauflösbaren Faden um euch gesponnen habt, sodass euch die Luft zum Atmen fehlt, sodass sich die Freiheit verflüchtigt hat, dann läuft etwas aus dem Ruder. Die Luft bleibt weg, die Blockaden zehren das

Leben auf. Die Liebe bekommt keine frische Luft, die Energie schwindet. Doch gerade die Liebe braucht Freiheit und Entwicklung. Das Leben benötigt Mut, klares Denken, klares Handeln und Kreativität, sodass der Lebensfluss ungehindert weiterströmt. Das Weiterkommen, das Sich-Entwickeln macht das Leben aus. Liebe, Freiheit, Mut und die Zuversicht auf neue Lösungen, Wege treiben den Lebensfreund an. Er oder sie hat keine Angst, sich zu verschwenden. Der Lebensfreund wirft sich ins Leben und schwimmt kraftvoll im Strom. Er oder sie überwindet gefährliche Stromschnellen und schwimmt gegen alle Widrigkeiten an. Der Mutige klammert sich nicht an den anderen, wenn er fühlt, dass er neue Wege gehen muss. Er weiß, wenn und wann er allein seine Wege neu ausrichten sollte. Manchmal kann es keine andere Lösung geben, als sich auf sich selbst zu besinnen. Wenn erkannt wird, dass ein gemeinsamer Weg nicht möglich ist, so darf es nicht an Mut fehlen, sich selbst neu auszupendeln, um wieder alleine zu leuchten. Die mutige Selbstbestimmung weist den Weg, um die Identität zu erhalten. Wir alle sind gefordert, stark und mutig die Realität zu erfassen. Ausreden und Rechtfertigungen helfen nicht in Krisenzeiten. Flucht und Täuschung können Probleme nicht von der Wurzel her auflösen. Der Aufschub, das Weggucken wird nicht hilfreich sein, wenn drängende Probleme gelöst werden wollen. »Lasst uns unsere Energie bündeln! Lasst uns mutig genug sein, Entscheidungen nicht immer wieder aufzuschieben! Lasst uns handlungsfähig werden!« Es ist kein Verlust, die eigene Leuchtkraft zu bewahren oder wieder zu erlangen. Die Liebe zum Leben beinhaltet auch die Erkenntnis, dass mancher helle Weg auch allein zu gehen ist. Faule Kompromisse vernebeln deine Lebenskraft, rauben dir die Energie, verformen und verbiegen dich.

»Vertraue dir und geh den Weg der Erkenntnis!«

All inklusive

All inklusive, voll exklusiv. Du fühlst dich wie eine Königin: Gut umsorgt, bestens unterhalten, am Tropf der Bespaßung. Nicht denken, konsumieren. Wenig anstrengen, viel nehmen, immer nehmen, immer mehr ... Der Kick soll sich einstellen ... Der Kick soll heftiger sein, heftiger und häufiger, noch größer als gestern. Du willst es und du forderst es. Andere sollen dich bespaßen und dir vieles zu Füßen legen. Du siehst stolz aus. Worauf? Dass du dir das Teuerste vom Teuersten leisten kannst? Dass du bespaßt wirst und am Tropf einer Ferienindustrie hängst? Du glaubst, dich zu spüren, doch dein Kopf brummt. Du bekommst nie genug. Du wirst nicht zufrieden. Du gierst nach der Ablenkung und Betäubung. Das Spaßkarussell soll sich immer schneller drehen. Du stehst scheinbar im Mittelpunkt, doch du spürst, dass du dort gar nicht angekommen bist. Du bist ein Teil eines Geschäftes. Man verdient an dir. Du bezahlst, du bezahlst einen hohen Preis. Du konsumierst und kannst dich nicht spüren, erfahren, dich spiegeln. Wenn dich die Langeweile wieder einmal gefangen nimmt, obwohl du immer mehr konsumierst, glaubst du ihr zu entkommen, indem du ein neues Spaßpaket öffnest. Du erhöhst die Dosis und investierst noch mehr Geld. Das Bezahlen, das Konsumieren soll dir die Sicherheit vermitteln, dass du das Richtige für dich tust. Je höher der Preis für deine Unternehmungen ist, desto sicherer fühlst du dich. Für einen Moment hast du das Gefühl, dass du nur das Allerbeste für dich planst und durchführst. Was so teuer ist, muss auch gut, nein, das Beste sein. Gleichzeitig möchtest du als schillernder Stern im Getümmel aufleuchten. Du willst beachtet und geliebt werden.

Doch du bezahlst mit einem heftigen Irrtum: Du wirst bespaßt und verlierst immer weiter an Kraft. Es wird immer schwerer für dich, die vielen Kalorien und chemischen Cocktails zu verdauen. Dein

Kopf brummt immer häufiger und der viele Zucker belastet deine Hüften. Du zahlst und lässt dich wie ein Pflegebedürftiger beköstigen. So viel Gift und Bespaßung können nicht gesund sein. Du kannst nicht mehr entschlacken, deinen Kopf nicht aufräumen. Deine Gedanken gehören dir nicht mehr, da du dich permanent ablenkst. Du kannst keine Klarheit, keinen Klarblick erreichen und keine selbstbestimmten Inhalte denken. Wenn du dich einen Moment langweilst und dich mit dir selbst beschäftigen könntest, gierst du nach einer neuen Bespaßung. Du lenkst dich ab, um dich nicht mit dir zu konfrontieren. Nun kannst du dich nicht mehr spiegeln und ehrlich erfahren. Du zahlst einen niederschmetternden Preis. Es wird dir viel geboten, während du immer schwächer wirst. Wenn dich Zweifel überkommen, schaust du dich um und beruhigst deine Seele, indem du dir sagst, dass alle diese wohlhabenden Menschen um dich herum nicht schief liegen können. Alles scheint sauber, gepflegt und kulturell unterlegt. Das kann und darf doch nicht falsch sein. Doch das Berieseln lähmt deine Kreativität. Du brauchst nicht zu denken, nur zu konsumieren. Du strengst dich nicht mehr an und blendest die anspruchsvollen Themen aus. Du hängst am Tropf der Freizeitindustrie. Deine Sucht frisst dich auf. Dir fehlt die Kraft, dich zu befreien, zu entschlacken und in dir gründlich aufzuräumen. Während du deine Partystimmung pflegst, verkümmerst du. Deine Gier nach Spaß und Ablenkung höhlt dich aus. Auf diesem Weg kannst du dich nicht spiegeln, erfahren und so wirst du nicht wachsen dürfen. Du bist der Zahlende, der den Kick braucht und eine immer höhere Spaßdosis einfordert. Du hast Angst, etwas zu verpassen. Deine Sorgen, inneren Nöte, Ängste überfluten dich, denn du möchtest auf keinen Fall auf irgendetwas verzichten. Das Spaßkarussell soll sich noch schneller drehen, damit deine Ängste überhört werden können. Du willst nicht denken, nicht leiden und dich nicht spiegeln. Dabei verlierst du den ehrlichen Kontakt zu den anderen und zu dir selbst. Deine ehrlichen Gefühle werden immer wieder aufs Neue betäubt, deine inneren Signale überhört. Deine authentische, wohlwollende Stimme wird verdrängt. Du verdrängst, du verdrängst dich selbst.

»Kehre um und räum auf! Dir drohen sonst Depressionen und Verwirrtheit. Es gibt kein Leben ohne Anstrengung! Es gibt kein Wachstum ohne ein Sich- Fördern. Ohne Stille - keine Kontemplation. Ohne Ruhe - keine klaren Gedanken. Ohne Kraft zu schöpfen gibt es keine Kreativität. Halte die Ruhe aus, um Klarheit zu schaffen! Die klärenden Gedanken stellen sich ein, wenn du nicht mehr nach der Bespaßung gierst! Meide das Gift der oberflächlichen Freizeitindustrie! Meide das Gift der chemischen Cocktails, die dir keine innere Befriedigung geben können! Sie verhindern deine Entwicklung, dein Glück, deine inneren Botschaften, deine ehrlichen Lebenssignale! Höre auf deine ehrliche, innere Stimme, die dir Ideen für dein Leben mitteilen kann. Überquere die Steine der echten Lebenswege und du wirst dich wieder spüren! Wirf deine Stelzen über Bord! Deine hohen Hacken sind nur Behinderer und du kannst den wahren Weg nicht unter deinen Fußsohlen spüren.«

Supernova I

Gib deinem Kosmos eine Chance. Wer, außer dir, kann dir eine Chance geben. Du bist dein eigener Mikrokosmos. Du bist das Zentrum, in dem Welten entstehen. In dir ist deine Kreativzentrale, die du anreichern kannst, für die du die Verantwortung trägst. Mut, Kraft, die pure Energie bewegen deinen Mikrokosmos. Alles möchte in die Welt hinaus, um dort vieles durcheinander zu rütteln. Das Universum steht nicht still und auch du nicht. Du explodierst und befeuerst dein Gehirn. Du bist fähig, denn du kreierst immer Neues und die Glückshormone begleiten deinen kreativen Prozess. Niemand wird dich aufhalten können, denn du bist deine Supernova. Du bist frei und unabhängig. Dein Gehirn arbeitet unaufhörlich, weil du dir die Freiheit zugestehst. Du hängst nicht am Aderlass des billigen Konsums. Deine Persönlichkeit ist frei und nicht abhängig. Du bist deine Supernova, denn du befeuerst dich selbst.

Die Fesseln deiner Gier

Frei ist derjenige, der nichts zu verlieren hat. Frei ist derjenige, der nicht durch seine Erwartungen gefesselt ist. Bist du ein Sammler, ein Jäger? Fühlst du dich sicher, wenn du hortest und sammelst, obwohl du von allem bereits so viel in deinen Schränken lagerst, dass sie überfüllt sind und aus allen Nähten platzen? Deine Sammelwut und dein Konsumverhalten nerven dich bereits. Warum versuchst du pausenlos, eine Leere in dir mit deinem Sammeln zu füllen? Warum nur verspürst du diesen Sammeltrieb? Frei ist nur derjenige, der nichts zu verlieren hat. Freiheit kann man nicht sammeln und horten. Du sammelst, um zu haben, zu besitzen und du häufst immer mehr an, was du verlieren kannst. Dein Sammeln zieht dich immer tiefer hinab in die Unfreiheit. Du läufst Gefahr, im Strudel des Mehrwollens zu ertrinken. Es gibt kein Genug. Es gibt immer nur mehr Ketten und Fesseln. Diese Fesseln sind nicht stabil. Sie nehmen nicht die Angst, sie schüren sie und damit deine eigene persönliche Unfreiheit. Es bleibt ein Trugschluss, sich über materielle Güter, eine innere Sicherheit zu verschaffen. Liebe und Anerkennung kann man nicht sammeln, horten und in den Schrank stellen. »Vertraue dir und deiner Kreativität! Vertraue dir selbst und pflege dein Selbst!« Nur ein lebendiger und flexibler Mensch kann die neuen Herausforderungen bewältigen. Dein Pelzmantel wird dir keinen Trost, keine innere Stabilität und keine Lebenskraft in dunklen Tagen geben. »Besinne dich auf deine Beweglichkeit und innere Kraft! Fördere dein Selbst und niemals die Arroganz und Überheblichkeit!« Du hast es nicht nötig anzugeben, zu protzen und zu prahlen. Du hast es ebenso wenig nötig, dich zu betäuben und dich mit sinnlosem Konsum ruhigzustellen.

»Höre auf deine innere Stimme und decke deine Impulse niemals zu!«

Willst du zum Geizzombie mutieren?

Geiz ist selbstverständlich nicht geil, auch wenn dies noch so oft in der Werbung behauptet wird. Es soll suggeriert werden, dass man für wenig Geld viel bekommt. Die Gier des Verbrauchers wird angesprochen. Das »Habenwollen« steht im Vordergrund.

Doch wie sieht es letztendlich in der Realität, im Alltag aus, wenn ein Mensch im Geiz gefangen ist und seine Umgebung darunter leidet?

In unserer Ellbogengesellschaft fällt dieser problematische Charakterzug nicht sofort und unmittelbar auf. Schließlich soll man sich als Einzelkämpfer durchsetzen. Wer clever ist, sich gut verkaufen kann und innerhalb des Systems zu Geld und Ansehen kommt, funktioniert perfekt. Doch wo liegt das Problem? Der allgemeine Trend des »Haben-Wollens«, des »Besitzen-Wollens«, torpediert in vielerlei Hinsicht die sozialen Bestrebungen in unserer Gesellschaft. Es mag ja sein, dass ein gewisser Anteil einer Gesellschaft, getrieben vom »Habenwollen« durchaus zu Wohlstand kommt, doch verarmt nicht gleichzeitig unsere Bevölkerung auf anderen Gebieten? Wenn das Denken und Handeln in erster Linie durch Anhäufen von Besitz dominiert wird, und Menschen an ihrem Einkommen gemessen werden, dann geraten die sozialen Ziele und Bedingungsgefüge ins Abseits, in den Hintergrund. Alle, die in unserer Gesellschaft auf Zuwendung, Hilfe und Unterstützung angewiesen sind, müssen irgendwie mitlaufen, irgendwie wegorganisiert werden. Sie werden häufig als Last wahrgenommen. Die daraus resultierende Vernachlässigung, man denke nur an die zunehmende Verwahrlosung von Kindern und Jugendlichen, kostet den Staat jährlich extrem viel Geld. Immer mehr Heranwachsende fallen durch jedes Raster der Gesellschaft, da sie z. B. die Schulabschlüsse oder Ausbildungen nicht erreichen können. Vielen mangelt es an Betreuung und jeglicher emotionaler Zuwendung. Psychiatrische Einrichtungen sind überfüllt und überfordert. Wenn das Streben der Spaßgesellschaft von der Gier nach Besitz und Konsum dominiert wird, ist das Denken und Handeln der Bürger zunehmend vom Konsumieren-Wollen gefangengenommen. Soziale Komponenten rücken in den Hintergrund. Alle wollen ein großes Stück vom Kuchen des Konsums und merken oftmals nicht ihr Ausgeliefertsein. Sie haben auf die falschen Ziele gesetzt und ihre Solidarität und Humanität vernachlässigt. Diese Kettenreaktionen aus sozialer Vernachlässigung und sozialem Abstieg sind vielen Betroffenen nicht bewusst. Die Verdrängung wird täglich praktiziert. Man möchte keine unbequemen, problematischen Aspekte beleuchten und rutscht immer tiefer in die Spirale des Wegschauens und Vertuschens.

Doch wie lange kann dies der Einzelne mitmachen und wie lange kann dies eine Gesellschaft ertragen? Die Missstände sprechen für sich und sollten täglich alarmieren. Geiz ist nicht geil, Geiz ist asozial!

Verschanz dich nicht

Du wirst unsichtbar, konturenlos, langsam aber sicher zu einem Rätsel. Dein Schweigen wirkt wie ein Zaun, ein Bollwerk, eine unüberbrückbare Distanz. »Was könntest du denken? Welche Inhalte betreffen dich als Person?« Dein Schweigen gibt Rätsel auf. »Wohinter versteckst du dich? Willst du nicht preisgeben, wofür du eintrittst? Könnte es sein, dass du gar nicht für Werte und Standpunkte eintreten willst?« Du empfindest es als eine Provokation, wenn du ganz direkt angesprochen und nach deiner Meinung gefragt wirst. Du hast es nicht gern, wenn du Farbe bekennen sollst, denn das verunsichert dich und du neigst zur Aggression. Du willst nicht gefragt werden und auf keinen Fall einen Standpunkt beziehen. Dein Schweigen umhüllt dich wie ein Mantel. Niemand weiß so genau, wofür du eintrittst. Niemand kennt deine persönliche Ethik. Auch die Öffentlichkeit soll nicht erkennen, was in dir vorgeht. Du nickst den Menschen mit einem bedeutungslosen Lächeln zu. Du verschanzt dich hinter der Mauer des Schweigens. »Fehlt dir der Mut? Hast du Angst? Fehlen dir die Inhalte? Was erwartest du vom Leben?« Das Wegducken wird dich schwächen. Das Verstecken und Schweigen ebenso. Du befindest dich in Gefahr, du Schweigsamer, Ängstlicher. Irgendwann überrollt dich das Leben, irgendwann hast du zu viel zugelassen und versäumt. »Du solltest Konturen bekommen und deiner Vita deine Vorstellungen einhauchen!« Das kann man nicht mit Bequemlichkeit vereinbaren. Das ist Arbeit. Das bedeutet, sich auseinander zu setzen, sich eine Orientierung, einen Lebensstandpunkt zu erarbeiten. Du läufst Gefahr, gebrochen zu werden, wenn du erstarrst, unbeweglich und uninformiert vegetierst. »Verschanze dich nicht länger! Spul nicht bedeutungslose Sprüche ab! Erarbeite dir die Inhalte eines menschenwürdigen Lebens!« Deine Isolation ist gefährlich. Das Verschanzen keine Lösung. »Erkenne, dass es ein Irrtum war, das Denken und Planen anderen zu überlassen! Werde aktiv und geh hinaus in die Welt! Erobere dir dein Leben, verstecke dich nicht! Dein Denken und dein Handeln sollten auf deinem Fundus wachsen. Erarbeite dir die Inhalte eines menschenwürdigen Daseins!« Jede Isolation ist gefährlich und das Wegducken kann dich zum Mitläufer werden lassen.

»Erkenne, dass es ein Irrtum ist, das Denken anderen zu überlassen! Du bist stark! Geh hinaus ins Leben und du wirst erkennen, dass deine Flügel dich tragen werden!«

Supernova II

»Starte durch! Verlasse dein Verlies! Verlasse deinen Elfenbeinturm! Träume, fliege hoch, nutze deine Phantasie! Beflügel deine Seele, deine Person, dein ganzes Leben! Starte endlich durch! Hebe richtig ab, um wieder in Gelassenheit dem Ausdruck zu verleihen, was du mit Hilfe deiner Phantasie entwickelt hast!« Du bist kein Spinner, kein Verrückter, kein träumender Utopist, wenn du Utopien in dein Leben lässt, zulässt. »Hebe ab und bleibe mit beiden Beinen auf dem Boden!« Deine Inhalte, deine Ethik erden dich. Deine Phantasie verleiht dir Flügel, deine Ethik Menschlichkeit. Deine Phantasie, deine Träume gehören zum Leben. Du schaffst Neues aus dir heraus, weil du frei im Denken und Fühlen sein kannst. Du bist ein mutiger Kreativer, der geerdet leben und phantasievoll kreieren kann. Dein Leben gehört den Menschen, der Natur, dem Menschsein und der Gerechtigkeit. »Gib allem deinen Ausdruck, du Kreativer!«

Der Kettenhund

Du warst unerfahren und bequem. Du wolltest auf der sicheren Seite sein. Du wolltest dich auf keinen Fall zu sehr anstrengen. Kamen Widerstände auf dich zu, so suchtest du, diese zu umgehen, denn du unterlagst dem Irrtum, dass Anstrengung nicht notwendig sei. Warum kämpfen, wenn es doch scheinbar einfacher geht? Warum für Inhalte eintreten, wenn kein unmittelbarer Vorteil winkt? Hattest du überhaupt Inhalte erarbeitet, die du dein Eigen nennen könntest? Damals, als du noch wild und engagiert diskutiertest, erwecktest du den Eindruck eines mutigen Menschen. Du sahst leidenschaftlich aus und man konnte annehmen, dass du für etwas brennst. Doch die Jahre vergingen und es wurde offensichtlich, dass dein Feuer ein Strohfeuer war. Du konntest es nicht nähren. Du konntest die Flammen deiner Leidenschaften nicht lebendig halten. Die Sicherheit, die Bequemlichkeit waren zu verlockend und so musstest du deiner Meinung nach Menschen und Überzeugungen verraten. Schleichend, schleppend wurdest du eingesponnen und die Schlinge um deinen Hals immer weiter zugezogen. Du liefst noch scheinbar beschwingt durch deinen Kiez, du gabst vor, für etwas zu brennen und wolltest der Welt zeigen, dass du lebendig und kräftig bist. Doch immer, wenn du für etwas eintreten solltest, wenn du entscheidende Weichen stellen und du für deine Überzeugungen kämpfen solltest, machtest du einen Rückzieher. Damals, als es schick war und der Wind der Fortschrittlichkeit um deine Nase wehte, war es für dich einfach, auf der Welle der Freiheit und Solidarität mit zu surfen. Doch du wurdest älter. Das Leben forderte eine klare Sprache und klare, eindeutige Standpunkte. Niemand kann sich alle Türen gleichzeitig offenhalten. Niemand kann durch alle Flure gleichzeitig huschen und schweigend auf unmittelbare Vorteile abzielen. Eventuell magst du ein wenig Glück haben und die eine oder andere gebratene Taube wird dir in den Mund fliegen. Alles kann möglich sein. Dennoch: Die Schlinge legt sich um deinen Hals. Die Schlinge wird dir eines Tages die Luft nehmen. Keiner kann mit einer engen Schlinge um den Hals frei denken, frei und tief atmen. Die unbezahlbare Luft, die dein Denken befeuern könnte, wird dir ausgehen. Die Schlinge nimmt dir den Sauerstoff und sie macht aus dir einen ängstlichen Mitläufer. In der Todesangst wirst du dich aufgeben und du wirst den Kontakt zu dir verlieren. Bevor dein Leben so richtig begann, wirst du ausgehöhlt und kraftlos am Boden liegen. Während du den Vorteil suchtest, Menschen verraten hast und dir selber untreu wurdest, schwand deine Natürlichkeit und du verlorst den Kontakt zu deinem inneren Kern. Du wurdest dir selbst suspekt und fremd. In deiner Jugend war dir nicht bewusst, dass man für seine Selbstbestimmung ein Leben lang kämpfen muss.

Wenn jemand von dir verlangt, dass du deine Inhalte verleugnen und geliebte Menschen verraten sollst, so bist du in größter Gefahr, dich selbst zu verlieren. Die Schlinge macht dich zu einem Kettenhund, der immer frustrierter und aggressiver wird. Die Schlinge der Unfreiheit, der Fremdbestimmung höhlt dich aus, lässt dich zum Zombie werden. Sie zieht sich weiter zu und es droht dir der psychische Tot. Während du dich immer weiter verlierst, wirst du wild um dich beißen. Deine Kräfte werden weiter schwinden und der letzte Rest einer Urteilsfähigkeit wird sich auflösen. Deine Bequemlichkeit hat aus dir einen Kettenhund werden lassen. Dein geliebter Komfort hat dich geschwächt, du bist körperlich und seelisch verkümmert und du bist zum Mitläufer geworden. Du konntest nicht den Mut, die Kraft und Zielstrebigkeit aufbringen, dir eine eigene Urteilskraft zu erarbeiten. Du bist am wahrhaftigen Leben vorbeigerauscht und schließlich gescheitert.

Der Rudeltanz

Eh du dich versiehst, wurdest du zum Kettenhund. Du warst stolz und unerfahren, du konntest die Gefahrenquellen nicht erkennen. Die Circen säuselten dir allerlei Blödsinn in die Ohren. Sie wollten dich beherrschen und für ihre Zwecke ausbeuten. Du deutetest ihre Gesänge als Lobhuldigungen, Liebensversprechen, Schwüre der Treue und der heißen Liebe. Es waren Gesänge, um dich gefügig zu machen, um dich gefangen zu nehmen. Die Circen sind niemals an dir als Person interessiert. Sie wollen dich dominieren und achten nicht dein Inneres. Sie nehmen dich dir weg und halten alles von dir fern, was dir lieb und teuer ist. Sie vollziehen die Entwertung der Werte. Menschen, die die Wahrheit sagen könnten, werden von dir ferngehalten. Dein Fundament wird dir unter deinen Füßen entrissen. Du schwebst wie betrunken auf einer rosaroten Wolke. Du bist von den Gesängen betäubt und meinst, auf der richtigen Seite zu segeln, zu arbeiten. Deinen Abstieg bemerkst du nicht. Egal, wo du lebst, egal, wo du gefangen gehalten wirst: Auf hoher See, im Luxus-Appartement, auf einer paradiesischen Insel, in irgendeiner abgeschotteten Wohnung, deine Aushöhlung wird vorangetrieben. Wenn du nicht für dich sorgst, wenn du nur den Gesängen lauschst und nicht an dir arbeitest, wenn du dich den Räuschen hingibst, so führt es zu deiner Schwächung. Die Circen kennen keine Grenzen. Sie achten keine Rechte einer Selbstbestimmung und Entfaltung. Sie umschmeicheln und füttern dich und du bleibst ein geknechteter Kettenhund, egal wie feudal dein Traumschiff auch aussehen mag. Die anderen Hunde werden im Rudeltanz um dich herumstreunen. Sie sind aufgrund ihrer Frustration zu aggressiven Beißern geworden. Der Rudeltanz wird zum Totentanz. Die Abhängigen und Unfreien wiegen sich hin und her. Dieser Tanz wird zum Tanz auf dem Vulkan, zum Tanz mitten hinein in die Ausweglosigkeit und Unbeweglichkeit. Die Ketten hängen tonnenschwer um die Hälse der Meute. Die Stimmung ist aufgeheizt, ruhelos, unbeständig und das Heulen gleicht einem jämmerlichen Versuch, die unerträgliche Stille zu übertünchen. Das Bellen und Heulen müssen immer lauter werden, um die anklopfenden Gedanken zu übertönen, um sich selbst zu suggerieren, dass das Leben noch spürbar und lohnenswert ist. Volle Kraft voraus, volle Fahrt voraus in Richtung Leere, Bedeutungslosigkeit, Meinungsvakuum und Orientierungslosigkeit. Die Meute heult, die Ketten klappern. Es herrscht eine ratlose Untergangsstimmung.

Wer mit den Wölfen heult

Du wolltest der Anführer sein. Du gabst dich gerissen, sehr schlau und aggressiv. Du wolltest das Kommando und die besten Weibchen. Du fletschtest die Zähne und ranntest immer vorweg. Jede Abkürzung und jeder Trampelpfad schien dir bekannt. Du warst gefürchtet, aber nie geliebt. Solange du die Meute in Schach halten konntest, konntest du dein Leben genießen. »So geht es immer weiter«, dachtest du. »Mir kann nichts passieren«, glaubtest du. Doch die Zeiten ändern sich und die anderen jungen Wölfe, die nur so vor Kraft strotzen, wollen dir deine Position streitig machen. Du hast bedauerlicherweise nicht vorgesorgt, weil du nur das Muskelspiel und Drohen eingeübt hast. Deine Aggressivität, deine Drohgebärden sollten dir für immer deine Positionen sichern. Doch die Zeiten ändern sich und du wirst von deinem Thron gestoßen. Nun versuchst du, schwach und hilflos, am Ende deines Lebens dem Rudel zu folgen. Du willst nicht allein zurückbleiben und einsam sterben. Doch das Rudel wird schnell weiterlaufen, das Tempo erhöhen und neue Wege suchen. Die Trampelpfade von gestern werden vergessen und verlassen sein. Neue Abenteuer locken. Gewinnbringende Pfade werden gesucht, während du nur noch eine Last darstellst. Du hast den Anschluss verloren. Dein Drohen, Unterdrücken und Einschüchtern hatten ihre Macht verloren. Das Verhaltensrepertoire, die Möglichkeiten der Kommunikation waren so eingeschränkt, dass sie in die Einsamkeit führten. Du hattest auf Macht gesetzt und die Isolation ist dir geblieben, du König der Wölfe.

Das Alphatier

Deine Gesten strotzen voller Selbstsicherheit und Selbstüberschätzung. Du glaubst, du seiest das Alphatier und alle folgen dir. Du möchtest keinen Hauch einer Schwäche zugeben. Dein Geld, dein Machterhalt gehen dir über alles. Jeder, der dich übertreffen oder dir die Show stehlen könnte, wird ignoriert und abgewertet. Du duldest keine Konkurrenz. Du duldest niemanden, der dir deinen großen Auftritt streitig machen könnte. Dein Denken und Fühlen sind sehr eingeschränkt, deine Vorstellungskraft begrenzt. Die Empathie lässt zu wünschen übrig. Das wird dir zum Verhängnis werden. Du bist ein Mensch und gebärdest dich manchmal wie ein Tier. Es mangelt dir an Bewusstsein, an Menschlichkeit, an dem, was den Menschen zum Menschen werden lässt. Du setzt immer wieder auf Härte, Stärke, Aggressivität und es fehlen dir die Antennen der Menschlichkeit. Du kannst keine Wärme spenden. Unter den Menschen ist mehr gefragt als ein beeindruckendes Geheule eines Leitwolfes. Das menschliche Dasein erfordert mehr als ein plumpes Beeindrucken. Die anderen Menschen werden dir deine Grenzen zeigen, denn die oberflächliche Wirkung einer vordergründigen Erscheinung lässt nach, verliert ihre Kraft.

Irgendwann wirst du verzweifelt nach neuen Show-Effekten suchen. Andere sollen dir zuarbeiten, sollen dir neue Ideen vermitteln oder tröstende Floskeln liefern, wenn du deinen Absturz, dein Alter und deine Einsamkeit fühlst. Deine ehemalige Macht wird dir nichts nützen, denn du wirst an deine Grenzen kommen. Es sind die Grenzen in dir. Du denkst begrenzt, du fühlst begrenzt, du bist nicht frei. Dir mangelt es an Klarheit.

»Kannst du umkehren? Kannst du dich umorientieren? Bist du in der Lage, an dir zu arbeiten und auch Fehler einzugestehen? Wirst du dich den Inhalten und dem Du zuwenden können? Wirst du nach einem Leben in Menschlichkeit suchen? Egal, wie alt du bist, es ist nie zu spät, sich neuen Zielen zu öffnen! Egal, wie sehr du dich in deinem Leben verlaufen hast, es ist nie zu spät umzukehren! In dir stecken ungeahnte Stärken, Kräfte, die dir den Weg zum Du ebnen. Suche den ehrlichen Austausch und den Kontakt auf Augenhöhe! Kehre um!«

Die Meute

Du wolltest nicht vorne weglaufen, nicht den Ton angeben und vor allem wolltest du dich nicht unnötig anstrengen. Du bist gern mitgelaufen und fühltest dich dabei sicher. Die Meute war anscheinend Schutz gebend, hilfreich, und sie gab dir das Gefühl, auf der sicheren Seite zu sein. Es war eine Täuschung. Es wäre anstrengend gewesen, eigene Konzepte zu entwickeln. Dies erschien dir überflüssig. Du wolltest keine Fehler machen und nirgendwo anecken. Du liefst stromlinienförmig hinter den anderen her, im Windschatten, im Gleichschritt. Nur nicht auffallen. Nur keine unnötige Energie aufwenden. Doch genau deshalb wurdest du schwächer, konturenlos und ausdruckslos. »Was sind deine Inhalte und Ziele? Wofür kämpfst du, wofür brennst du? Wofür würdest du durchs Feuer gehen?« Manchmal sprichst du von Gerechtigkeit und ab und zu stimmst du Bekundungen an, wenn andere es einfordern. Du willst dazu gehören und mit der Meute heulen. Schließlich erfüllst du nur noch Erwartungen. Du bist darauf programmiert, den Butler zu geben, ohne dass es dir bewusst wird. Du bedienst die Schubladen, in die du hineinpassen sollst. Du ziehst dir viele Schuhe an, so wie es von dir erwartet wird. Du bist ein Meister der Tarnkappen. Deine Mäntelchen sind vielfältig. Bei Bedarf heulst du mit der Meute, denn du bist dir sicher, dass das von dir erwartet wird. Der Zickzack-Kurs ist legendär wie die Haken, die du schlägst. Immer auf der Flucht, auf der Flucht vor dir, auf der Flucht vor Menschen, die von dir einen Standpunkt einfordern könnten. Das sind die Unbequemen, die Nervigen, die du wie die Pest meidest. Sie könnten dir einen Spiegel vorhalten und dich an dich selbst erinnern. Sie könnten dich entlarven und etwas in dir bewegen. Das willst du auf keinen Fall. Jeder Schmerz soll vermieden werden. Niemand soll spüren, dass du viele Raster im Kopf installiert hast. Es sind irgendwelche Gebote und Verbote derjenigen, denen du dich unterworfen hast. Niemand soll erkennen, dass du kein selbstbestimmtes Leben führst. Deine Mündigkeit ist dir abhanden gekommen, da es für dich zu anstrengend wurde, dir einen Standpunkt zu erarbeiten. Es hätte dich Mut und Arbeit gekostet. Es hätte bedeutet, für Werte einzutreten und die Folgen deiner Überzeugungen auf dich zu nehmen. Nie riskiertest du Nachteile. Du wolltest dich auch nicht inhaltlich positionieren, sondern je nach Bedarf wieder umschwenken. Die Meute wurde zum Lebenselixier. Das Mitlaufen ist dir in Fleisch und Blut übergegangen, es ist zu einem Charakterzug geworden. Das Verstecken, Wegducken, das Flüchten sind dein tägliches Brot. »Kehre um und verleugne dich nicht länger! Nimm Kontakt zu deinen inneren Impulsen, deinen Tiefen auf! Hab keine Angst, zu dir selbst zu stehen! Du brauchst dein Leben nicht länger als unterwürfiger Sklave zu fristen. Du kannst aufblühen, wenn du zu dir einen echten Kontakt aufbaust. Du kannst die anderen Menschen erreichen, wenn du ehrlich auf sie zugehst. Trau dich du selbst zu sein!«

Der Verkümmerer

Er war mit Talenten gesegnet und er brauchte nicht um den Einstieg einer gesellschaftlichen Akzeptanz zu kämpfen. Die Bildung und ein Rund-Um-Sorglos-Paket wurden ihm in die Wiege gelegt. Er schnupperte gelegentlich an Inhalten. Er war ein wenig neugierig, doch viele Themen waren ihm nicht süß genug. Er mochte nur die Süßspeisen. Von weiter Ferne auf dem »sicheren« Sofa sitzend betrachtete er die Welt. Das Chaos, das Elend waren ihm zu anstrengend. Das Leben als solches in seinen Facetten machte ihn nicht wirklich betroffen. Die Inhalte aus den einst geschätzten Büchern erreichten ihn immer seltener. Auch die Kunst wurde nach und nach zu einer abstrakten Größe, zu einer wirtschaftlichen Komponente. Er verschloss immer häufiger die Augen vor dem Leben. Der Filter, der alles Störende entfernen sollte, wurde immer feiner. Klammerte er anfangs den Tod und die Armut aus, so wollte er mittlerweile die sozialen Belange der ihn umgebenden Menschen nicht mehr wahrnehmen. Der Filter im Kopf wurde perfider, er spürte eine scheinbare Leichtigkeit. Er war auf Droge. Er war auf der Droge der Verdrängung. Die Süchtigen wissen, dass sich eine Abhängigkeit schleichend, fast unbemerkt entwickelt. Der Abhängige braucht mehr und mehr, um sich fit und frei zu fühlen. Deshalb muss der Verdrängende seine Cocktails, Highlights immer perfider planen. Die globalen Nachrichten, das gesellschaftliche Umfeld, das Dasein an sich, die menschliche Existenz wurden immer mehr beiseitegeschoben. Ihn betraf fast gar nichts mehr und er fühlte sich vordergründig leicht, entlastet. Es war die Leichtigkeit eines Süchtigen, eines Abhängigen. Es war die scheinbare Leichtigkeit eines Verdrängenden. Diese scheinbare Freiheit mündete in der Abstumpfung. Er konnte nicht mehr aus tiefem Herzen genießen. Er konnte sich nicht mehr über Kleinigkeiten, eine Blume oder ein Lachen freuen. Er gierte nach den großen Ablenkungen. Nun häuften sich die Irrtümer. Die Sucht wurde sichtbarer. Die Leichtigkeit war keine mehr. Aus der Abstumpfung resultierte eine Schwäche, eine Uninformiertheit, eine Hohlheit. Er saß wie festgezurrt auf dem Sofa, in einem Auto oder auf einem Kreuzfahrtschiff und verwechselte diesen Zustand mit Genuss. Er ließ sich unterhalten oder bewegen, während er in sich selbst immer unbeweglicher wurde. Die anderen Menschen waren nur noch in seiner Nähe, um ihn zu unterhalten. Jeder flog durch sein Raster, der oder die auch nur ansatzweise zur Belastung werden könnte. Er konnte nicht den ganzen Menschen annehmen. Er wollte sich immer und immer wieder die Rosinen herauspicken. Doch so funktioniert das Leben nicht. Sein Genuss verschwand immer mehr, weil er sich nicht mehr anstrengte. Die Suche nach dem immerwährenden Vorteil veränderte seine Wahrnehmung und er konnte die Menschen nicht so sehen, wie sie wirklich waren. Er konnte ihre Leidenschaften, Nöte und Sorgen nicht erkennen. Das Kreisen um sich selbst, die Gier nach Spaß und Vorteilen nahm ihm den Kontakt zum Leben. Wenn er irgendwo ankam und eine schöne Landschaft sah, wollte er schon zur nächsten Naturattraktion fliegen. Die Gier nach der Ablenkung wurde immer größer. Die innere Unruhe ebenso. Er verkümmerte. Die inneren Flügel seiner Persönlichkeit wurden nicht genutzt und so konnte er sich schließlich nicht mehr in die Sphären der Kreativen, der Denker und Dichter, aufschwingen. Er brannte und leuchtete nicht mehr und verstand die anderen nicht, die für etwas brannten. Er konnte sich nicht mehr begeistern und er konnte auch die anderen nicht mehr für sich begeistern. Er konnte die Existenz nicht mehr riechen und schmecken. Sein Abstieg war fatal, denn er mutierte zum Heuchler und Lügner. Was einmal für ihn wichtig war, wurde verraten. Er missachtete seine Talente und Ziele. Er belog sich selbst. Er ließ sein Verkümmern zu und konnte diesen Prozess in seiner Brutalität nicht einschätzen. War die Bequemlichkeit so verlockend und der scheinbare Vorteil so allumfassend, waren die Circen so fähig, die Gehirnwäsche so perfide? Er wollte sich mit diesen Themen nicht konfrontieren. Die Circen lockten ihn mit ihren schillernden Tönen. Er geriet in das Gefängnis einer geschlossenen Gesellschaft voller Scheinvorvorteile. Seine Kräfte schwanden. Er forderte sich nicht. Alles tauchte ein in einen zähen Nebel der Verdrängung. Sein Gehirn arbeitete nicht mehr präzise. Es waren die Auswirkungen seiner allumfassenden Verdrängungsstrategie. Die Fäden und Strippen, an denen er zappelte, nahmen ihm jede Chance auf eine freie Entfaltung, während er immer wieder in See stach. Er konnte keine klaren Gedanken fassen. Er verkümmerte und sein Leidensprozess wuchs. Schließlich kollabierte er. Er hatte sich sein Leben einmal anders vorgestellt, als er Inhalte und Werte um den Preis scheinbarer Vorteile verriet. Anfänglich fühlte sich der Prozess des Verdrängens so leicht an. Die Sucht schlug zu, als er sich angewöhnte wegzuschauen. Er wurde immer schwächer. Er hatte sich aufgegeben und verraten.

Anstelle des Spaßes traten nun die Leere und Bedeutungslosigkeit in sein Leben. Es waren die Folgen seiner Sucht nach Spaß und Ablenkung. Er hatte das Leben verleugnet, verraten und sich selbst vernachlässigt, während er sich scheinbar verwöhnte. Wenn er sich krampfhaft an seine Jugend erinnern wollte, so ging es ihm schon wieder nur um oberflächliche Glücksgefühle. Er suchte keine Inhalte und wollte keine Erkenntnisse. Er gierte nach Linderung und Betäubung. Wenn er Inhalte aufnahm, so prahlte er mit ihnen, ohne sie tiefgreifend zu verstehen und sie in seinem Leben zu integrieren.

Es wäre Arbeit, Inhalte an sich heranzulassen, und genau diese Arbeit lehnte er ab. Die Erkenntnis um ihrer selbst willen interessierte ihn nicht. Jeder Inhalt verkam bei ihm als Mittel zum Zweck. Er wollte seine Lebenshausaufgaben nicht machen und triefte voller Selbstmitleid. Seine Persönlichkeit hatte sich aufgelöst. Er war verkümmert.

Das laute Heulen

Damals heultest du mit den anderen Wölfen um die Wette. Du wolltest das Alphatier sein. Deine Muskelkraft, dein Aussehen, deine Dynamik beeindruckten die anderen Wölfe. Doch das alles währte nur kurz, denn außer deinem lauten Geheule und deinem Muskelspiel hattest du nicht viel zu bieten, um die anderen zu beeindrucken. Du wurdest schnell unsicher, ängstlich, weil du tief in deinem Inneren ohne Anker und orientierungslos warst. Die Wölfe, die dir folgten, gierten nach klaren Kommandos. Deine Unsicherheit und deine verhaltenen Gesten schreckten die anderen ab. Du warst kein Leitwolf. Deine Aggressivität konnte dich nicht retten. Dir fehlte die gehaltvolle Kommunikation. Auf dem Boden deines Bewusstseins gab es nichts Klares, Durchdachtes und wohl Überlegtes. Es gab kein Fundament, das an sich wertvoll war. Du hattest viel geheult, mit deinen Muskeln gespielt, mit deiner Kraft beeindruckt. Doch tief in deinem Inneren bliebst du unsicher, denn du hattest nicht genug, auf das du zurückgreifen konntest. Dir fehlten Inhalte, wahre Werte, ethische Ausrichtungen. Dein schneller geschmeidiger Gang wurde schleppender, denn du ahntest, dass dir bald niemand mehr gehorchen würde. Du wolltest den absoluten Gehorsam, die Unterwerfung der anderen. Nun fehlte es dir an allem: An Kraft, Dynamik, Schnelligkeit und dein Fell glänzte nicht mehr. Dein Gefolge lief dir davon. Das Rudel hielt sich anderswo auf und du warst nicht mehr gern gesehen. Du warst zur Belastung geworden. Damals hattest du die Meute in Schach gehalten und dein Gebiss sollte die anderen beeindrucken, wenn du mal wieder die Zähne gefletscht hattest. Du warst ein gnadenloser Verfechter der Äußerlichkeiten. Du warst auf die perfekte Show ausgerichtet. In dir tobte die Hohlheit. Mittlerweile konnten dir die Blicke der anderen nur noch Angst einflößen, weil einzelne Büschel aus deinem Fell ausfielen. Deine Zähne wackelten und du konntest dich nur noch mit Mühe auf den Beinen halten. Es war weit und breit kein Applaus zu hören. Deine Fans hatten sich verabschiedet. In dir, tief in dir gab es keine Werte, keine Fundamente, keine Ethik. Du warst nicht geerdet, inhaltlich orientiert und reflektiert. Alles um dich herum wankte und dein Kopf schmerzte.

»Warum hattest du dich niemals konsequent um Inhalte bemüht? War dir das Denken in all den Jahren zu anstrengend gewesen? Hättest du dich informieren müssen? Hättest du nach der Wahrheit streben sollen?« Dir ging es in all den Jahren nicht um die Werte, die Wahrheit oder die Inhalte. Dein Denken war funktional und alles drehte sich um deine Macht. Du beobachtetest die anderen Wölfe voller Neid, voller Sorge, denn niemand sollte dir in deiner Macht gefährlich werden. Inhalte störten und so konntest du dem Rudel nicht von Nutzen sein. Du vernachlässigtest, nach den besten Jagdrevieren Ausschau zu halten. Das Wohl der anderen interessierte dich nicht und so konntest du nicht für das Wohl der anderen sorgen. Die Eitelkeit und das pure Machtstreben standen dem Wohl aller entgegen. »Wann hattest du angefangen, andere beherrschen zu wollen? Wann hattest du damit begonnen, auf den vermeintlichen Erfolg zu setzen? Wann warst du zum heulenden Wolf geworden?« Dir dämmert es langsam aber sicher, dass du viele Inhalte, die du gestreift hattest, verraten hast. Dein Schädel brummt und du weißt, dass du die Inhalte deiner Existenz verleugnet, missachtet hast. Diejenigen, die dich mit Werten konfrontiert haben, hast du als unbequem empfunden und verachtet, verraten. Du nanntest sie: Die Grübler, die Problembehafteten, die Spaßverderber. Du wolltest bei deinem Imponiergehabe, deinem lauten Geheule und Muskelspiel nicht gestört werden. Du setztest auf die Show, die Verdrängung und das Ablenken. Du hingst an der Illusion, dass es immer so weiter gehen könnte: Heulen, Beeindrucken, Angst verbreiten, Zähne fletschen ... Alles sollte deiner Macht dienen. Keiner deines Gefolges hatte dich je geliebt, denn du hattest nichts dazu beigetragen, dass du geliebt werden konntest. Du suchtest die Unterwerfung und nicht die Liebe. Deine Zähne wackeln. Du kannst mit deinem Gebiss nicht mehr einschüchtern. Nun sehnst du dich nach Liebe. Du bist alt geworden. Du hattest ein Leben lang auf Herrschaft, Macht und Geld gesetzt. Die Liebe und die Ethik hattest du vernachlässigt. Wahre Liebe dauert an, auch wenn das Fell nicht mehr glänzt und die Zähne wackeln. Wahrer Respekt gebührt auch einem alten Wolf, der nicht nur um sich kreiste und der wirklich von Herzen lieben konnte. Es gibt die bedingungslose Liebe, doch das alles wolltest du nicht wissen und niemals begreifen. Deine Eitelkeit und Herrschsucht haben deiner Liebesfähigkeit im Weg gestanden. Es wird um dich einsam und du sehnst den Tod herbei.

Deine heißgeliebte Materie

Dein Bauch ist heute mal wieder etwas fülliger und das passt dir gar nicht. Du schaust an deinem Körper herunter und der Anblick, der sich bietet, gefällt dir nicht. All das leckere Essen, die vielen Drinks hatten es wieder in sich. Du willst schön und dynamisch `rüberkommen, doch du stehst dir mit deinen vielen Gewohnheiten im Weg. Deine Genusssucht, deine Trägheit und deine Angewohnheiten halten dich gefangen. Sie liegen wie eine aus Blei gegossene Kette um deinen Körper und deine Seele. Immer wieder rückst du die Kissen auf deinem Sofa gerade, als wenn davon dein Glück abhinge. Es könnte ja mal jemand unverhofft klingeln … Langsam aber sicher verfällst du dem Ordnungswahn. Du kontrollierst dein Aussehen, deine Kleidung, denn jeder noch so abwegige Trend wird verfolgt. Gleichzeitig wirst du lethargisch und schwächer. Das Styling kann deine Schwäche nicht länger kaschieren und dein Gang wird zusehend unsicherer. Du klammerst dich an Äußerlichkeiten, doch deine Augen leuchten kaum noch. Du bist von deinem Kontostand besessen. Du checkst beinahe stündlich deine Falten, dein Gesicht. Deine Gewohnheiten lassen dich nicht mehr los. Schon wieder überlegst du dich zu vergrößern und dir ein neues Anwesen zu kaufen, während du in dir schwächer wirst.

»Was interessiert dich eigentlich? Wofür brennst du? Was treibt dich an? Was lässt dich den Tag herbeisehnen? Gibt es irgendetwas in deinem Leben, das dich mit Leidenschaft erfüllen könnte? Mit wem könntest du gern und ehrlich reden? Wofür lebst du? Wer kann dich noch erreichen? Welche Gespräche könnten dir aus deiner Einsamkeit helfen?« Dein Haar überlässt du niemals dem Zufall. Alles ist betonsicher. Deine Schuhe sind aufpoliert, doch deine Augen lassen jede Leuchtkraft vermissen. Diese hat sich verabschiedet. Du weißt nicht wann, warum und wie. Alles verlief schleichend, während du Alarmanlagen und Elektrozäune installiertest. Der Geiz regierte schon lange dein Denken und das funktionale Planen entriss dir jede inhaltliche Phantasie. Du wolltest mit deinen Prachtbauten beeindrucken, doch der Applaus stellte sich niemals ein. Dir war dein Selbstverlust nicht bewusst, du hast aber fleißig daran gearbeitet. Alles muss glänzen, strahlen und super sauber sein. Die Gläser sollen blitzen, während du verkümmerst. Deine Diamanten funkeln, doch nichts kann dich trösten. Du siehst traurig, farblos und leidenschaftslos aus. Kein Geschmeide kann darüber hinwegtäuschen. Alles soll an seinem Platz stehen und du lässt die Pretiosen aufpolieren. Es soll dir Stabilität und Sicherheit geben. Es soll die Menschen, irgendwelche Gäste, irgendwann einmal beeindrucken. Du jettest um die Welt und bleibst heimatlos, in dir ruhelos. Du wirkst unendlich traurig. Nichts kann mehr darüber hinwegtäuschen. Du bist dir selbst verloren gegangen.

Die Stärke aus deinem Herzen

Deine Stärke ist deine Liebe. Deine Stärke ist deine Kreativität. Deine Durchsetzungskraft ist durch deinen Mut erst möglich. Du tankst die Batterien auf, indem du dich traust, du selbst zu sein und deinem Flow nachgibst. Du lässt es nicht zu, dass die Brutalität der Destruktiven aus dir einen Hampelmann macht. Du bleibst nicht gebrochen und unsichtbar zurück. Du erinnerst dich an die anderen Kreativen, die durch ihre Stimme und innere Kraft dir vermittelt haben, wie das Leben gehen kann. Sie unterstützen dich, auch wenn sie tot sind, denn sie haben dir vorgelebt, wie Liebe und Lebenskraft aussehen können.

Die Drohenden, Eindimensionalen, die Materiehörigen können aus dir niemals einen stromlinienförmigen Jasager machen. Du hast das wahre Leben genossen, gefühlt und in dir aufgesogen. Du hast vom Nektar der Kreativität gekostet. Keiner kann dir das jemals wegnehmen. Die Erinnerungen leben für immer in dir weiter. Die Düfte des Lebens lassen die Filme in deinem Kopf lebendig werden. Du lebst, du bist nicht lebendig begraben. Du bereitest dich auf deinen Tod vor.

Der Tarnkappenbomber

Du schlägst zu, wenn keiner mit dir rechnet. Du wirfst deine tödlichen Mindbombs in der Dunkelheit ab. Das Gift der Destruktivität frisst sich durch die Schädeldecke. Jeder, der von dir zerbombt, getroffen, angeschossen wird, mutiert zum Zombie, sollte er überhaupt überleben können. Du tarnst dich perfekt, schlägst schnell und unerwartet aus dem Hinterhalt zu, denn du liebst das Lügen und Täuschen. Die Tod bringenden Bomben sind versteckt, unsichtbar und darum auch so gefährlich. Die Tarnung gehört genauso zur Strategie der Gewalt wie das Locken, das Versprechen, das Anfüttern, Schmieren und Manipulieren. Der Bomber schlägt zu, wenn der perfekte Moment gekommen ist.

Der Bequeme, Unsichere, Uninformierte und Lethargische durchschaut nicht die lebensbedrohliche Gefahr. Willfährig und autoritätshörig ordnet sich der Schwache unter. Er schützt sich nicht und unterzieht sich nicht der Mühe einer Aufklärung. Die kostbaren Antennen wurden nicht gepflegt und trainiert. Nun kann der Tarnkappenbomber gnadenlos zuschlagen. Das Gift wird in großen Mengen abgeworfen. Es ist das Gift, das willenlose, unmündige Mitläufer produziert. Es sind die schlimmen Vergiftungen, die nur Jasager, Unterworfene und Desinteressierte hervorbringen. Es sind die schrecklichen Mindbombs, die die Demokratien genauso aushöhlen wie die einzelnen Menschen, die in ihnen leben. Es ist die schwarze, dunkle Gefahr aus dem Hinterhalt.

Der Tarnkappenbomber II

Du gibst dich mal wieder kunstbeflissen, warmherzig und verständnisvoll. Deine Gesten und deine Stimmlage sollen vortäuschen, dass du empathisch bist. Du horchst gern die Menschen aus. Du willst die Schwachpunkte erkunden, um deinen nächsten Angriffsflug perfekt planen zu können. Du bist der Stratege, der Planer, der Stabschef, der die scheinbaren Schwächen der anderen ausnutzt. Wenn sich ein Mensch authentisch zeigt, die Wahrheit sagt, heuchelst du den wahrhaftig Interessierten. Gleichzeitig hängst du die Bomben an deinen Flugkörper. Du planst den Angriff, die Vernichtung. Du willst keine Augenhöhe, du willst den Sieg. Du vertrittst keine Werte und wartest nur auf deine Chance. Du wartest auf den Moment des perfekten Angriffs. Dein Heucheln eines menschlichen Anspruchs hat schon viele auf eine falsche Fährte gelockt. Die Schwäche des anderen ist für dich das Signal zum Angriff. Deine Mindbombs werden gut platziert, sie werden so abgeworfen, dass der andere nicht spürt, dass er vergiftet wurde. Das Gift löst sich in der Psyche langsam auf. Die giftigen Demütigungen entfalten oft später ihre extremen Auswirkungen. Es ist wie mit einer tödlichen Infektion. Diese braucht eine gewisse Inkubationszeit. Es gibt keine Gegenmittel.

Wie kann man sich dennoch schützen? Man sollte wissen, dass man es mit einem Tarnkappenbomber zu tun hat. Diesem Bomber darf man keine persönlichen Daten überlassen. Die absolute Vorsicht ist geboten. Alle erdenklichen Schutzmaßnahmen müssen getroffen werden. Man darf dem Tarnkappenbomber keine Chance zum Angriff geben. Der Bomber wird sich immer wieder verwandeln und in neuen Farben und mit neuen Strategien in Erscheinung treten. Sein Tarnen und Täuschen führt ihn zum vermeintlichen Sieg. Er triumphiert und wiegt sich in Sicherheit. Er ist eine bedauernswerte Erscheinung ohne bleibenden Wert, ohne ein ethisches Bewusstsein und ohne jede Empathie. Der Tarnkappenbomber spürt sich nur in der Destruktion. Er lebt für die Zerstörung und sucht stetig nach neuen Opfern. Ihm fehlen jegliche Antennen zur Konstruktivität. Seine anfängliche Freundlichkeit diente der Tarnung, um später zuschlagen zu können. Die Heucheleien und Tarnungen ändern sich, seine Ziele bleiben dieselben: Zerstörung und Demütigung.

»Orte den Tarnkappenbomber! Bring dich in Sicherheit! Ein Tarnkappenbomber bleibt ein Tarnkappenbomber! Deine Verletzungen sollten dir eine Warnung sein!« Er wird seine Farben wechseln und neue Methoden erfinden, um dich wieder einmal zum Opfer werden zu lassen. Es ist sehr schwer, ihn immer wieder aufs Neue zu erkennen, denn er wechselt stetig sein Äußeres. Solltest du verletzt worden sein, wird dich der Tarnkappenbomber bemitleiden und er wird dir ausmalen, wie du in einer ausweglosen Lage leiden wirst. Er wird dir Angst machen und das lähmende Gift der Ängste in dich einpflanzen. Die Kraft des Destruktiven entfaltet in der Tarnung des Mitleids seine destruktive Energie. Die Bombardierungen werden dich in deinem tiefsten Inneren immer wieder erschüttern. Sie versuchen, dir dein Selbst zu rauben, dir alles zu nehmen, was ein mündiges, selbstbestimmtes Leben ausmacht. Ausgehöhlt und ohne Selbstbewusstsein wirst du mit tiefen Wunden zurückgelassen. Nun kann der Bomber erneut triumphieren. Deine Talente, deine Chancen und deine Würde sollten dir endgültig genommen werden. Der Tarnkappenbomber spielt erneut den Helfer und heuchelt den wahrhaft Interessierten. Das Schauspiel nimmt seinen Lauf, während der Bomber den nächsten Angriff plant. Die Pfeile des Giftes stecken im Fleisch und im Gehirn, in der Psyche. Der Tarnkappenbomber liebt nichts mehr als einen Abhängigen, einen Schwachen, denn so bekommt er die Chance zu demütigen, zu kritisieren und zu beherrschen. Während er sich über das Opfer erhebt, plant er die nächsten Angriffe. Jeder wird mit tiefen Wunden zurückbleiben, der dem Tarnkappenbomber begegnet. Die Angriffe hinterlassen grundsätzlich eine vernichtende Wirkung. Sie zeigt sich häufig erst sehr viel später, zu einem Zeitpunkt, an dem keiner mehr damit rechnet. Die Viren der Destruktivität entfalten ihre tödliche Kraft.

Der isolierte Stratege

Er scannt sein Umfeld wie in einem schlechten Horrorfilm. Er sucht Schwachpunkte, Angriffsflächen. Es geht immer wieder um Möglichkeiten der Verletzung, der Demütigungen, der Erniedrigungen. Der Stratege fragt sich: »Wo kann ich ansetzen, was kann ich kritisieren? Was konnte dieser Mensch noch nicht perfektionieren?« Der Stratege überhebt sich. Er schlägt zu. Er nutzt seine Tarnungen und Täuschungen. Er zeigt sich nicht, wie er wirklich ist und wie er sich wirklich fühlt. Sein Visier ist sein künstliches Lachen. Seine Waffen sind die unauthentische Kommunikation, sein unmenschliches Bewerten, sein Ausfragen, Taktieren, sein Abwerten. Das Bauchgefühl der anderen rebelliert, rebelliert zu Recht, wenn sie mit einem Strategen konfrontiert werden. Das Unterbewusstsein deutet die Angriffe, das Bewusstsein hat noch keine Beweise. Die Beweise sind schwer zu erlangen, das ausgeklügelte System von Tarnung und

Täuschung schnappt schnell zu. Die Verlockungen und Manipulationen funktionieren perfekt, immer nach der Devise: Aussicht auf Gewinn, Angst vor Verlust. Bei diesem verlogenen System geht es um die Unterwerfung von Menschen. Die Abhängigkeiten des brutalen Netzes sollen den Menschen im Handeln und Denken einfangen. Die Mindbombs werden gezielt platziert und nichts wird dem Zufall überlassen. Der Stratege steckt bis zu den Zähnen bewaffnet in seiner Rüstung. Die Strategie ist ein nie enden wollendes, künstliches Lachen, die scheinbar allerbeste Laune, die perfekte Show mit ihrer ausgeklügelten Form, andere einzuwickeln.

Die Zwangsjacke befindet sich im Sortiment der Waffen. Der Stratege klopft sein Opfer weich. Er macht es abhängig. Er nimmt ihm sein Selbstvertrauen. Er schwächst es, indem er ihm die Würde nimmt. Der Stratege mischt sich unter die Menschen. Er sendet Signale. Er bedient sich einer manipulierenden Sprache. Er braucht die Opfer wie ein blutsaugender Vampir, der ausschwärmt, um an frisches Blut zu gelangen. Er sucht täglich nach neuen Opfern, die er demütigen kann, um sich zu spüren. Die manipulative Sprache setzt er gezielt ein, um neue Opfer an sich zu binden. Jeder Stratege lebt von dem Leid seiner Unterworfenen und er braucht sie für sein großes, zerstörerisches Ego. Er saugt sie aus und begibt sich wie ein Blutsauger täglich auf die Suche nach neuen Opfern. Der Stratege mit dem künstlichen Lachen sucht nach Menschen, die er abwerten kann, um sich zu erheben, aufzuwerten. Wenn andere in der Dunkelheit, im Abseits, in der Not verharren, kann der Vampir sein schmutziges Spiel beginnen. Die schutzlosen Opfer suchen nach Hilfe und fallen auf seine Angebote herein. Er kann sich nur im Leid der anderen erfahren, spiegeln. Er liebt es, wenn seine Opfer machtlos, wehrlos und im Abseits stehen. Diese hilflosen Opfer werden sich nicht wehren, nicht ausweichen und nicht weglaufen können. Sie werden die Demütigungen still und erstarrt über sich ergehen lassen. Der Stratege setzt zum Höhenflug an, um die anderen in Schutt und Asche zu legen. Später wird er sein brutales Vorgehen rechtfertigen.

Keine Lüge ist zu billig, um neue Mitläufer zu rekrutieren. Es ist die immerwährende gleiche Masche, die dem System der Tarnung und Ausbeutung dient. Es liegt in der Natur des Destruktiven, sich auf Kosten der anderen zu spüren. Tief im Inneren wird der Stratege einsam bleiben. Er kann keine liebevollen, gleichberechtigten Kontakte herstellen. Er wird niemals aus dem tiefsten Inneren heraus lieben und handeln können. Eine Kommunikation auf Augenhöhe wird er nie erreichen, umsetzen können. Er steht sich selbst im Weg und er wird einsam und isoliert leben. Er bleibt ein einsamer Täter.

»Rette sich, wer kann, vor dem Strategen mit dem Dauergrinsen!«

Raum und Zeit, Lebenszeit

Du empfindest dich in deinem Körper. Du nimmst dich als Mensch und Individuum mit deiner eigenen Identität wahr. »Sei achtsam und lass dir deinen Selbstbezug nicht wegnehmen! Vertrau deinen Empfindungen!« Du bist kein Egoist, wenn du dich selbst spüren, erfahren und erleben willst. Du bist kein Traumtänzer, kein Nichtsnutz, wenn du in Raum und Zeit du selbst sein willst. Du brauchst Lebenszeit, um dich zu verwirklichen und du brauchst in deiner Existenz Möglichkeiten der Selbstentfaltung. Die Zeit verrinnt wie im Flug, wenn du, du selbst sein darfst. Die Zeit fühlt sich bleiern und unerträglich an, wenn du fremd bestimmt wirst. Die Uhrzeiger kleben an der Uhr, wenn du ein Leidender bist. Du nimmst die Zeit wahr und du nimmst dich selbst in Raum und Zeit wahr. Du bist das Zentrum, aus dem du heraus die Welt verstehen kannst. Wenn du es zulässt, dass andere dir die Welt durch ihre Brille aufzwingen, wird dein Blickfeld eingeschränkt und beschränkt. Dein Blick wird sich verändern, er wird getrübt und die Scheuklappen der Fremdbestimmung werden dich quälen. Zu einem freien Leben gehört ein freier Blick. Ein offener Blick ermöglicht dir den Zugang zur Welt.

»Lass dir keine Scheuklappen anbringen! Bleib frei, selbstbestimmt und urteilsfähig! Leuchte durch dein Leben!«

Der Leid – Vermeidungsstratege

Er wollte kein Leid, er wollte den Spaß. Er wollte das pralle Leben und verpasste es. Er dachte, er liebe die Menschen und wollte sie gleichzeitig nicht ansehen. Er war der Leid-Vermeidungsstratege. Er konsumierte seine Weggefährten. Die Bilder in seinem Kopf waren seine Handycaps. Er entwarf immer neue Traum- und Luftschlösser. Die Menschen, seine Freunde, sollten wie herausgeputzte Barbies immer am richtigen Ort zur richtigen Zeit sitzen, stehen, liegen. Er wollte es so und die Stimmung sollte gefälligst prickelnd sein. Schlechte Laune, wahre Gefühle, Leid, Schmerz, das sollte es nicht geben, genauso wenig wie den Tod. Das muss doch klappen, das kann doch nicht so schwer sein, mit den Taschen voller Geld! Es gibt doch für alles mit dem passenden Budget eine schnelle Lösung. Doch die Menschen wollen ernst genommen werden und so verflüchtigen sie sich. Der Leidvermeider war plötzlich isoliert. Er missbrauchte alle um sich herum für seinen Spaß, seinen vermeintlichen Vorteil. Die Folgen aber wurden unerträglich. Menschen, die nur sein Geld wollten, waren austauschbar. Sie hatten keine fundierte Meinung. Sie konnten ihn nicht spiegeln und er konnte sich langsam nicht mehr erkennen. Die Jasager um ihn herum konnten sich mit ihm nicht auseinandersetzen. Der Leidvermeider wurde ratlos:

»Wer war ich gestern, wer bin ich heute?« Der Leidvermeider konnte das Leben in seiner Fülle und Endlichkeit nicht annehmen. Er wollte hier auf Erden das ewige Leben und zeitlosen Spaß. Doch die größte Spaßbremse war er selbst, denn er liebte niemanden. Er konnte nicht lieben. Er hatte vor anderen keinen Respekt. Er kreiste nur um sich, produzierte Opfer und war schließlich sein eigenes.

Wie kann man überhaupt unter Ausschluss des Lebens leben? Wie soll man kommunizieren können, ohne etwas zu sagen? Wie soll man sein Leben feiern, ohne sich anstrengen zu wollen? Was soll man feiern, wenn der Champagner nicht mehr schmeckt, weil die Geschmacksnerven langsam aber sicher an Sensibilität verlieren? Ohne Empfangsbereitschaft keinen Empfang. Ohne Antennen keinen Zugang zur Welt. Ohne Welt und ohne freien Blick in das Außen gibt es keine Spiegelung. Das Lachen verkommt zur Fratze. Die Wortfetzen sind belanglos und austauschbar. Die Gier, der Neid, die Sucht nach Spaß haben alles Tiefergehende verscheucht. Die vielen Barbies stöckeln unauthentisch, maskenhaft umher: »Alles toll, alles super! Ich bin schön und toll, ich lasse die Champagnerkorken knallen!« Die künstliche Stimmung erreicht ihren Höhepunkt. Alles Echte, alles Lebendige ist nun vollkommen von Bord gegangen. Es gibt keinen echten authentischen Zugang zur Realität, denn alles, was bedrohlich schien, wurde davongejagt. Das Leben wurde verscheucht. Die Hohlheit in Empfang genommen.

Verirrt sich ein authentischer Mensch auf einer dieser Geselligkeiten, so hängt man an seinen Lippen: »Kann man so leben? Kann man leben, indem man ganz ehrlich redet, etwas zugibt, sein Inneres nach außen trägt? Kann man sich trauen, Befindlichkeiten und Wunden zu zeigen? Darf man überhaupt echt weinen und lachen? Kann es solche Menschen überhaupt noch geben?« Die Meute hängt an den Lippen des Authentischen und wird ihn später verbal in Stücke reißen. Sie werden ihn Traumtänzer und Spinner nennen. Sie werden ihn für verrückt erklären, weil er seine Schwächen zugibt. Die Meute der Masken bewertet die Ehrlichkeit als Dummheit, Naivität. Jede dieser Masken hat sich bereits innerlich aufgelöst. Jeder Unauthentische wurde bereits zum Zombie. Die Masken haben sich nicht um die Wahrheit, die Echtheit, alles Menschliche, Natürliche bemüht. Ehrlichkeit war für sie Dummheit. Die Suche nach der Wahrheit Zeitverschwendung. Alles drehte sich nur um den Spaß, den Vorteil, die schnelle Lösung, ohne jemals in die Tiefe zu sehen. Sie wurden blind und schwach, lebensuntauglich. Sie lösten sich auf und konnten den inneren Kern nicht beschützen, fördern und zur Blüte kommen lassen. Auch die gesamte Meute löste sich auf. Sie konnten sich gegenseitig in ihrer Hohlheit nicht mehr ertragen. Es gab keinen echten Zusammenhalt, da der Neid, die Gier und die Sucht nach Spaß alles Menschliche verjagte.

Die Leidvermeidungsstrategen verscheuchten das Leben und zogen nun das Leid an. Alles war anders geplant, doch das funktionale Denken und Handeln hatte das wahre Leben ausgeschlossen. Jede Maske existiert nun nicht mehr komplett in allen Facetten, die dieses Dasein ausmachen. Alle Masken sind Leidvermeider und haben einen Realitätsverlust zu beklagen. Das Verdrängen hat sie gefangen genommen. Sie wollten den Spaß und haben sich isoliert. Sie haben aufgehört zu kämpfen, sich authentisch zu zeigen. Sie haben aufgehört, dem Leben ehrlich und voller Mut zu begegnen. Sie haben nie wirklich begonnen, sich mit der vollen Lebenskraft um die Wahrheit und um ihr Wachstum einzusetzen, zu kämpfen. Ihre Kraft hat sich verflüchtigt, weil sie nicht gegen den Strom schwimmen. Sie wollten die nie endende Lebensparty ohne Anfang und Ende. Nun schmeckt alles fade in dem faden Dasein. Die Stagnation bringt Qualen mit sich. Das Abstumpfen hinterlässt Spuren. Der Einheitsbrei einer Sucht nach Spaß macht blass, schwach und unkommunikativ. Die Sucht nach Spaß fordert die immerwährende Schere im Denken und Handeln. Es ist ein krankhafter Zustand, der nur Schwache hervorbringt. Die Spirale zeigt nach unten. Auf diesem Weg ist der Verfall nicht mehr aufzuhalten.

Die Kugeln fliegen

Du hast mich angeschossen. Deine Kugeln trafen mich ins Herz. Ich hatte überlebt, denn unterbewusst suchte ich bereits die Distanz, die Loslösung. Ich wollte überleben. Die Liebe, der Respekt vor mir selbst, meine Hoffnung sollten lebendig bleiben, denn sie gehörten zum Leben, zum Überleben. Niemand sollte mich auslöschen dürfen. Ich wollte mich nicht aufgeben. Der Respekt vor mir selbst und die Hoffnung mussten immer neu gesucht und wiederbelebt werden. Niemand sollte meine Natur und mein Ich ausradieren können. Ich wollte überleben und meine Natur bewahren. Die Zweifel, die du immer wieder zu meiner Verunsicherung über mich geäußert hast, durften meinen inneren Kern nicht erschüttern. Du trafst mit deinen verletzenden Kugeln, und ich musste lernen auszuweichen, denn du griffst zu immer neuen, brutaleren Waffen. Du hattest dir viele Verstecke gesucht. Dein Hinterhalt war auch dein Schweigen und Lügen. Du säuseltest irgendetwas von Vertrauen, Verständnis und Gefühlen. Deine Kugeln trafen mich immer wieder und ich staunte, dass ich nicht zu Boden ging. Damals hatte ich dir blind vertraut. Ich glaubte dir und ich glaubte an dich. Du hattest gern meinen Ideen gelauscht, um hinterher über sie zu lachen. Deine Kugeln gingen in mein Herz. Doch ich ging nicht zu Boden, ich hatte gelernt, mit den Aggressionen umzugehen und mich von dir zu entfernen.

Aus der Tiefe deiner selbst

Du spürst sehr deutlich, wenn du aus dir heraus leuchten kannst. Du spürst, wenn du genial und einfallsreich und authentisch bist. Dies sind Sekunden, Minuten, manchmal Stunden, in denen du mit dir eins bist. Deine Kraft weist über dich hinaus. Du kannst den anderen viel geben. Es sind die guten Zeiten, in denen du frei denken, träumen und kreieren kannst. Kein Behinderer kann dir in diesen Zeiten etwas anhaben. Er ist machtlos, ohne Wirkung und auch die größten Angsteinflößer hängen nun an deinen Lippen. Ihre Giftpfeile prallen ab. Ihre vernichtenden Worte können nicht dein Herz und deinen Verstand erschüttern. Die Angsteinflößer sind chancenlos. Immer wieder faseln sie irgendetwas über Sicherheit, Geld, Materie. Ihre Augen strahlen Berechnung aus, denn sie haben ihr ganzes Leben lang nur gerechnet. Sie haben gehortet, perfide geplant und sich ausgemalt, wo sie die besten Gewinne erwirtschaften, wen sie über den Tisch ziehen könnten und wen sie vor ihren Karren spannen könnten. Ihnen wurde nur allzu schnell recht gegeben, wenn sie mit ihren großen Schlitten vorfuhren. Sie wollten und suchten die Show, die Blendung. Inhaltlich hatten sie wenig zu bieten und ihr funktionales Denken blockierte ihr Wachstum. Sie standen sich selbst im Weg, da ihr ganzes Streben auf die Materie ausgerichtet war. Viele gaben diesen Blendern schnell Recht, denn sie waren betört von den Insignien der Macht. Doch die großen Berechner haben sich verrechnet. Ihr Glanz konnte nicht dauerhaft erstrahlen, sie konnten nicht wirklich leuchten, denn sie hatten ihr Herz verschenkt: Nicht an eine Liebe, nicht an Inhalte und auch nicht an eine Leidenschaft, nein, denn diese hätten sie leuchten lassen. Sie hatten ihr Herz an betonschwere Materie gekettet. Sie hatten ihrem Herzen, ihrem Verstand niemals eine Chance auf Leichtigkeit gegeben.

Wenn sie einen Menschen ohne doppelten Boden trafen, so misstrauten sie ihm. Sie spürten eine Faszination und werteten ihn dennoch ab. Der Authentische hätte sie hinterfragen können, der Lüge und der Prahlerei überführen können. Der Leidenschaftliche, der Leuchtende, der Ehrliche ist angreifbar. Er teilt sich mit und spricht aus dem Herzen. Er kann sich seine Leuchtkraft bewahren, weil er sich nicht bis zur Unkenntlichkeit anpasst. Wer immer gefallen will, fällt tief. Wer den Mainstream bedient, kann kein Wegweiser in schweren Stürmen und tobenden Schieflagen sein. Niemand kann leuchten, der sein Zentrum, sein Ich, verrät. Niemand kann kräftig bleiben, der sein Ich nicht trainiert, zu ihm steht, es gegen alle Lebensstürme schützt, die innere Flamme beschützt. Die Leuchtkraft ist kostbar, schnell zerstörbar, flüchtig, sie braucht ein Fundament, immerwährenden Schutz. Diese liegt in der Lebendigkeit, Kreativität und Liebesfähigkeit. Demjenigen wird gegeben werden, der selber gerne von Herzen gibt. Dem Gierigen glaubt niemand. Jeder hat Angst, von dem Geizigen über den Tisch gezogen zu werden. Dem Eitlen, auf sich Bezogenen, wird niemand vertrauen. Dem um sich Kreisenden wird schwindelig, weil er die Orientierung verliert. Alles dreht sich bei ihm um ihn selbst. Er verliert den Bezug zur Realität. Der Destruktive kann sich nicht spiegeln, er wird die Wirklichkeit nicht wahrnehmen, weil seine Mitmenschen davonlaufen. Der Unterworfene kann nicht mehr leuchten, weil ihm die Kraft ausgegangen ist. Er hat sein Zentrum, sein Ich, verraten. Doch genau dieses Zentrum des Ichs braucht jeder Mensch, um ein Gebender bleiben zu können. Wer kein Gebender mehr sein kann, verliert seine Menschlichkeit. Die Lebenstürme toben und der Tsunami ist ein Selbstverlust, er spült alles davon. Die Katastrophe tritt ein, wenn du den Respekt vor dir aufgibst. Deine Flamme wird in dem Moment ersticken, in dem du dein Selbstvertrauen verlierst. Die Stürme toben und dein Selbst wird in Bedrängnis geraten.

»Gib dich nicht auf! Zweifel nicht an dir! Die Destruktiven haben keine Macht, wenn du ihnen keine einräumst. Bewahre deine Würde, schütze deinen inneren Kern! So wirst du schon bald neu erblühen können. Bleib dein Leuchtturm in deinen Lebensstürmen! Bleibe flexibel, mutig, neugierig und gib den Angstmachern und Einschüchterern keine Chance! Schwinge dich ohne abzuheben in die Höhen des Mutes auf!«

Du bist geerdet, wenn du mutig bist. Deine Fantasie, deine Visionen und Träume weisen dir immer wieder neue Wege. Diese Eingebungen kann man nicht kaufen. Sie laufen vor dem inneren Auge ab und sind nicht bestechlich. Sie kommen, wenn du für sie offen und empfangsbereit bleibst. »Habe keine Angst!« Ganz tief in dir selbst spricht dein Ich zu dir. »Bleibe empfangsbereit für die kostbaren Botschaften!«

Geboren um zu sterben

Wir sind geboren um zu sterben und betäuben uns nicht selten mit unserer Eitelkeit. Wir Menschen können denken und wissen, dass unser Leben, unsere Lebenszeit, begrenzt ist. Der Cashmere-Pullover soll trösten. Der Schmuck soll Sicherheit vermitteln. »Können wir loslassen? Sind wir bereit, alles zu geben, das Leben zu hundert Prozent anzunehmen, auch mit all dem Leid und der Gewissheit, dass wir alle sterben müssen?« Wir sind Sterbliche, die oft in ihrer Überheblichkeit und Eitelkeit das wirkliche Leben verfehlen. Der Geiz und die Gier helfen nicht, im Lebensfluss zu bestehen. Das ängstliche Klammern, das Sich- Vergleichen, das Horten und Sammeln werden den Tod nicht verbannen können. Wir alle sollten den Tod annehmen, nicht verdrängen, denn er mahnt uns zur Bescheidenheit und eröffnet Wege zur Sinngebung. Wenn wir den Tod nicht verdrängen, können wir eher das Wesentliche erkennen.

»Es gilt, das Gehaltvolle vom Unwichtigen unterscheiden zu lernen!« Wir alle werden gehen müssen und das eint uns bei aller Verschiedenheit. Niemand braucht sich über einen anderen Menschen zu erheben. Wir können das ewige Leben nicht erkaufen. Niemand kann die Weisheit pachten. Die Rechthaberei steht dem Erkennen und der Menschlichkeit im Wege. Der Tod mahnt zum Respekt und Achtung vor dem Leben an sich. Der Tod macht das Leben kostbar. »Lasst uns unsere Lebenszeit feiern!« Es sollte ein Fest sein, in dem wir mit dem Verstand, mit allen Sinnen, mit unserem Willen als Menschen das Leben wertschätzen. »Lasst uns, untereinander gegenseitig wertschätzen!« Diese Wertschätzung sollte allen Menschen gelten und ohne Einschränkung durch Hautfarbe und Herkunft sein. Wir sitzen im selben Boot, im Boot des Lebens, auf dem Boot Erde.

Dein Kreativzentrum

Du bist alt geworden ... Deine Augen leuchten ... Du willst und du kannst dem Alter etwas entgegen setzen, denn du hast gelernt, hellwach, flexibel und kreativ zu bleiben. Deine Stimme ist kräftig, dein Gehirn läuft auf Hochtouren. Du bist lebendig. Du bist frei. Du bist du selbst, immer wieder neu, immer wieder anders. Du konntest dich retten, hinüber retten trotz deiner Armut und trotz der Wut, die dir entgegen gebracht wurde. Man wollte dich einnorden. Du solltest das Bruttosozialprodukt steigern. Doch du hattest etwas anderes vor: Du wolltest du selbst sein und damit hattest genug zu tun. Intuitiv hast du die Menschen gemieden, die dich in Schubladen verstauen wollten, die dich einordnen, wegordnen, gebrauchen wollten. Es waren diejenigen, die ihren Willen ohne Respekt vor deinem Selbst dir überstülpen wollten. Du warst schlau und sensibel genug, ihre verlogenen Pläne zu durchschauen. Du ließest dich nicht verheizen und du lehntest ihre Zwangsordnung konsequent ab. Du hast dich keiner Ordnung der Ordnung wegen unterworfen. Du hast die Fremdbestimmung abgelehnt. Manchmal bist du geflüchtet, und manches Mal bist du mit Mut und Tatkraft gegen Widerstände laut und deutlich geworden. Niemand war in der Lage, deinen Kern auszulöschen. Deine Flamme loderte, auch wenn die Öfen in deiner Wohnung kalt blieben. Dein Herz war stets heiß, dein Verstand dein Vulkan. Du verfügtest über Wärme im Überfluss. Die Materie konnte dir nicht dein Feuer nehmen, denn deine Visionen heizten dich von innen an. Es war dein Ansporn, dein Lebenswille, deine Identität mit deiner Kreativität, die dir deinen Teebeutel, deine kalte Wohnung und deine Lebensstürme schmackhaft und nahrhaft sein ließen. Deine Speisen waren karg, doch dein Denken kompromisslos ehrlich. Dein Glaube an dich wurde immer stärker, dein Blick klarer und somit warst du in der Lage, Menschen schneller und genauer zu erfassen. Dabei ruhtest du zunehmend stärker in dir selbst. Das war kein Wunder, denn die Wurzeln deines Ichs konnten immer mehr in die Tiefe gehen.

Du bist tiefsinnig geworden und in den Themen und Tiefen der Existenz verankert. Die Ablenkung durch Bedeutungslosigkeiten hast du entlarvt. Du hast dich nicht verzettelt und deine innere Energie nicht vergeudet, niemals den Bedeutungslosigkeiten preisgegeben. Du erkennst die Menschen immer schneller und bleibst bei dir, ohne dich zu isolieren. Diese Lebenskunst ist für dich überlebenswichtig und beschützt dich vor Irrwegen, vor der Selbstaufgabe, vor der Aushöhlung deines inneren Kerns. Du pflegst eben diesen und gibst ihm immer neue Nahrung. Menschen, die sich in den Lebensstrom werfen und jedes Lampenfieber besiegen können, liebst du, denn sie sind der Beweis, dass der Mut trägt und dass der Glaube an das eigene Selbst ebenso den Lebensfluss lebendig hält. Die Mutigen, die Lebendigen sind deine Vorbilder.

Ich weiß, was ich will

Ich weiß, dass ich »ich selbst« bleiben will. Ich weiß, dass es eine der schwersten Aufgaben und Arbeiten in meinem Leben darstellt. Was beinhaltet diese Aufgabe? Bei mir sein, mir treu sein, bei mir all die Jahre bleiben ... ein ganzes Leben, während ich mich stetig verändere. Das ist Arbeit: Gegen den Strom, gegen die Selbstaufgabe, gegen die Anpassung. Bei mir sein gegen alle Widerstände, Tag für Tag, Jahr für Jahr, gegen alle Bequemlichkeit, weit entfernt von allen Trampelpfaden. Dafür muss man der Angst etwas entgegensetzen können. Kraft, Mut, immer wieder aufs Neue. Ich weiß, was ich will ... Ich will mich neu erfinden und gleichzeitig meinem Kern treu bleiben, voller Fleiß an mir arbeiten. Ich möchte mich neu erleben, mich in neuen Situationen spüren, ganz nah bei mir bleiben und immer, wenn nötig, gegen den Strom schwimmen. Ich weiß, dass ich gegen alle Widerstände »ich selbst« sein will. Deshalb muss ich mich gegen meine Abwerter wehren. Sie lachen mir ins Gesicht und wetzen hinter meinem Rücken die Messer. Sie wünschen mir alles Gute und hoffen, dass ich abstürze. Sie heucheln den Helfer und wollen, dass ich untergehe. Sie wollen oben stehen, sich erheben und hassen meine Unbeugsamkeit. Sie sehen in mir eine Gefahr, da ich der lebende Beweis dafür bin, dass man auch anders leben kann, dass man als Mensch frei und selbstbestimmt bleiben kann. Sie wollen mich bemitleiden und ändern, doch das lasse ich nicht zu. Sie sind arm an Empathie, an Mut und Vorstellungskraft. Sie bedienen ihren Trampelpfad und möchten niemals den Spiegel vorgehalten bekommen. »Das Leben geht auch anders, in Freiheit und Selbstbestimmung! Habt Mut, euch ins Leben zu werfen! So braucht ihr nicht voller Neid und Frustrationen euer Leben zu fristen!«

Du wirst dich an mich erinnern.

Unsere Seelen berührten sich, weil wir gemeinsam frei und hoch fliegen konnten. Wir machten uns gegenseitig den Weg zu neuen Ufern frei. Alleine hätten wir diese Höhen nicht erreichen können. Wir gaben uns den Mut, frei und »wir selbst« zu sein. Wir erkannten uns und schaukelten uns ohne Angst und ohne doppelten Boden hoch zu den Höhen der Kreativität. Freiheit und Geborgenheit zu empfangen, in der Gewissheit so akzeptiert zu werden, wie wir sind, gut zu sein, so wie wir wirklich tief in unserem Inneren empfinden.

»Stehe zu deinen Gefühlen und Visionen! Deine Träume haben eine Berechtigung!« Wir waren so mutig, zu uns zu stehen und »wir selbst« zu sein, auch wenn wir nicht den üblichen Weg gingen. Du wirst dich an mich, solange du lebst, erinnern. Unser Herz und unser Verstand haben sich berührt und wir ließen uns los, während wir fest beisammen waren. Wir waren gemeinsam frei und das gibt es nur sehr selten. Wir waren nicht eitel oder überheblich, sondern wir lebten in der Gewissheit, dass die seelische Tiefe und der Mut zur Freiheit das Leben lebenswert werden lassen. Es sind die Spuren einer Tiefe, einer Freiheit, einer Geborgenheit, keinen Fehler zu begehen, während man ganz bei sich selbst ankommt. Wenn wir unser Selbst zeigen dürfen, so leben wir erfüllt, voller Mut, voller Selbstvertrauen und wir können das Abenteuer suchen. Das Leben an sich bietet uns täglich Aufgaben und Abenteuer, wenn wir nicht mit Scheuklappen herumlaufen. »Lasse dir von niemandem Scheuklappen aufsetzen! Lasse dich nicht verheizen, verbiegen und fremdbestimmen!«

Jeder Mensch, der um seiner selbst geliebt wird, erfährt die nötige Geborgenheit, um selbstbestimmt leben zu können. Dieser Mensch muss nichts beweisen, nichts vortäuschen, keine fremden Erwartungen erfüllen. Er oder sie braucht keine fremdbestimmten Handlungen zu vollziehen und sich nicht zu verbiegen. Wir Menschen erfahren Glück, wenn wir die Chance erleben, »wir selbst« zu sein. Wir blühen in dem Abenteuer auf, unsere Natur zu leben. »Du wirst dich an mich erinnern, weil sich unsere Seelen in der Freiheit berührt haben.«

Deine inneren Filme

Deine inneren Filme, die Erinnerungen, können dich stützend begleiten, dir Kraft geben. Deine Erfahrungen sind dein Fundus, dein Erinnerungsvermögen dein Kraftpool. Du kannst deine inneren Filme pflegen und somit aus dem Erlebten Kraft schöpfen. Die vielen Lebensgeschenke an dich sind deine Begegnungen und Erlebnisse mit den Menschen. Die Gespräche und das ehrliche Miteinander haben in dir Spuren hinterlassen. Es sind Goldschätze, Eindrücke, die eventuell in deinem jetzigen Leben überlagert werden, doch sie können geborgen werden. »Halte inne und besinne dich auf die gehaltvollen Gespräche!« Du bist heute derjenige, der du durch die vielen, vielen Impressionen geworden bist. Dein Erlebtes ist dein Kraftpool, aus dem du schöpfen darfst. Deine Abenteuer, deine inneren Filme, gespeist durch deine Lebenserfahrungen, sprechen zu dir und geben dir die Gewissheit, dass du das Leben geschmeckt hast. Du bist ein Teil des Großen und Ganzen. Du hast dich erlebt und auch in den Abgründen gespiegelt. Du befindest dich in dem Spannungsbogen des Erlebten und den Herausforderungen, die das Leben jetzt, ganz unmittelbar an dich stellt. Du rettest die Vergangenheit ins Hier und Jetzt. Die vielen Spuren in dir, die du betreten kannst, helfen dir, im Hier und Jetzt zu bestehen. Du läufst auf den Spuren der Vergangenheit, um in der Gegenwart deinen Kurs zu finden. Es sind keine ausgetretenen Trampelpfade, die dich widerspruchslos und bequem daher trotten lassen. Dein Erlebtes ist ein Schatz, ein Kraftpool, da du dich selbst erfahren durftest. Das gelebte Leben hat dir die Wege für dein jetziges Leben erst ermöglicht, denn du bist so, wie du bist - durch deine Geschichte, deine Lebensgeschichte. Deine Vita bleibt ein unerschöpflicher Fundus, solange du dir treu und bei Kräften bleibst. Deine vielen Aufgaben, die du bewältigt hast, geben dir die Gewissheit, dass du auch in Zukunft angemessen deine Lebensaufgaben meistern wirst. Dein Leben ließ dich stark und erfahren werden, da du dich nie aufgegeben und nie verraten hast. Du besaßest den Mut, dich von den Menschen zu distanzieren, die dich dir wegnehmen wollten. Du hast um dich gekämpft und die Verantwortung für dein Selbst übernommen. Das gelebte Leben hat dir die Wege in das Hier und Jetzt geebnet. Du bist so, wie du bist, durch deine Geschichte, deine Lebensgeschichte herangereift. Deine Vita ist ein unerschöpflicher Fluss, solange du dich nicht verbiegen lässt. »Nutze das Angebot, die Vielfältigkeit, die Spuren deines Lebens in dir und somit bleibst du in der Lage, immer neue Lebenssträuße zu binden!« Deine Lebendigkeit entsteht durch deine Bereitschaft, Neues zu kombinieren. Du bleibst flexibel, hellwach und dynamisch. »Erinnere dich, schaue deine inneren Filme an und sieh nach vorn!«

Die Lebenspflanze

Die Lebenspflanze wächst in dir, solange du lebst und es ist völlig egal, ob sie manchmal etwas verwelkt, zerzaust oder extrem wild aussieht. Im Gegenteil: Die Jahreszeiten wechseln sich ab. Es weht immer ein anderer Wind um die Pflanze des Lebens, um dich und deine Lebendigkeit. Wenn du in den frühen Morgenstunden aufwachst, hat sich die Pflanze in dir etwas ausgeruht und die Wurzeln haben neue Energien aufgesogen. Nun kann es losgehen. Du willst hinaus in die Natur. Du möchtest deine Gedanken mitteilen, eventuell aufschreiben. Du suchst die Begegnung, denn du liebst das Feed-back. Du liebst den Austausch, das Wilde, das Unvorhersehbare. Der Wind zerzaust deine Lebensblätter und streichelt gleichzeitig die Äste, die sich hin und her bewegen. Das ist das prickelnde, stürmische Leben, nicht selten in einem rauen Klima. Deine Lebenspflanze weiß, damit umzugehen, ohne sich aufzugeben. Sie kann den Stürmen trotzen, denn sie ist stark und gleichzeitig biegsam. Das Leben tobt, das Leben lockt und die Wünsche an den Tag klopfen immer lauter an. Es sind die kreativen Impulse eines ungebrochenen Menschen, der mitten im Leben steht. Die Wildheit konnte noch nicht zerstört werden. Die Kreativität und die Lebenskunst sind immer noch zu jeder Uhrzeit präsent. Die positiven Impulse suchen sich durch dich ihren Ausdruck. Die Gedanken, kreativen Eingebungen und neuen Ideen wollen hinaus in die Welt und gesehen werden. Die kostbaren Momente eines erfüllten Lebens kannst du erkennen, wenn der kreative Lebensstrom dich durchfließt, mal als Bach, oft auch als reißender Strom. Du kannst diesen wilden, unzähmbaren Fluss empfangen und durch dich toben lassen. Du liebst diesen Zustand. Du bebst innerlich, wenn du vor der Leinwand stehst, denn deine Gedanken sollen endlich sichtbar werden, in der Welt ihren Platz finden. Dein Unterbewusstsein bahnt sich den Weg zu den Menschen und wird auf deiner Leinwand sichtbar.

Der Schaffensprozess ist wild, ehrlich und völlig ungeschminkt, denn aus dir spricht die Wahrheit, dein Selbst. Alles fließt aus dir und kann nun von den anderen wahrgenommen werden. In den Momenten deines Schaffens fühlst du dich stark, lebendig und ganz »du selbst«. Du bist eins mit dir, in der Arbeit, durch deine Arbeit. Alles brodelte schon solange in dir und nun darf es nach außen treten. Es ist die Geburt deiner Empfindungen, deiner Überzeugungen, deines Selbst. Immer wieder neu und aufregend. Es ist der ungeschminkte, unverkrampfte, wilde und ehrliche Zustand der Lebendigkeit. Weil du den reißenden Strom liebst, kommt er immer wieder zu dir. Der wilde Strom liebt dich sehr, weil er sich in dir austoben kann. Die Momente des kreativen Chaos sind kostbar, weil sich in ihnen wieder alles neu ordnen darf. Du bist mitten drin, du lässt es zu, du kombinierst alles wieder neu, fügst etwas hinzu, kreierst andere Zusammenhänge, denn deine Pflanze in dir darf sich immer wieder vollsaugen aus den kostbaren Bächen, reißenden Strömen deiner Umgebung. Du saugst die Welt in dir auf und spuckst sie wieder aus in neuen Farben und Formen, in der Sprache deiner Seele. Du lebst in vollen Zügen und deshalb kannst du kaum den Morgen erwarten. Du lebst aus vollem Herzen, du freust dich, wenn alles durch das ständige Fließen neu durcheinander gewirbelt wird. Das wilde Leben tobt in dir und bahnt sich den Weg nach außen. So fühlst du dich genial, gut durchblutet, denn du bist lebendig und eins mit der Welt. Du hast das Leben willkommen geheißen, ihm immer wieder ein Zuhause gegeben, es mit ausgebreiteten Armen, mit offenen hellwachen Augen und einem glasklarem Verstand empfangen. Du bist neugierig geblieben und offen für die großen Wellen, Stürme und Erkenntnisse.

Nun drängt sich das wilde Leben immer wieder aus dir heraus, weil du gekämpft hast, für dein Ich und deine Wildheit eingetreten bist. Deine Lebendigkeit ist der Lohn für die vielen Kämpfe für dich, um dich und gegen die Anpassung, gegen die Entfremdung, gegen die Verformung zur Unkenntlichkeit. Du hast dich dir nicht wegnehmen lassen und du hast es geschafft und durchgehalten, dich nicht zur Maske, zum Zombie zu entwickeln. Du bist »du selbst« geblieben, obwohl es vielen nicht gepasst hat. Du hast dem wilden Leben in jeder Faser in dir ein Zuhause gegeben. In dir tobt das Leben. Dein Verstand bleibt hellwach, du bleibst unbeugsam, neugierig und offen für die großen Wellen, Stürme und Erkenntnisse. So soll es bleiben - bis zum letzten Atemzug.

Du wollest fehlerlos sein.

Du wolltest makellos und über jede Kritik erhaben sein. Du wolltest unantastbar und von oben herab über den Köpfen der anderen hinweg Tipps und Termine, Analysen und Weisheiten loswerden. Jeder sollte dir Anerkennung und Lob zu Teil werden lassen. Wolltest du nicht mit den anderen auf einer Stufe stehen? Wolltest du nicht von Angesicht zu Angesicht diskutieren und den herrschaftsfreien Diskurs suchen? Immer wieder spartest du damit, etwas Ehrliches über dich preiszugeben. Deine Herrschaft sollte niemals in Frage gestellt werden. Du liebtest das Versteckspiel, denn auch du konntest nicht immer makellos sein. Es wäre unmenschlich von einem Erdenbürger, die absolute Perfektion zu erwarten. Das Leben ist kein Videoclip. Der Anspruch einer Fehlerlosigkeit nahm dir deine Natürlichkeit und Authentizität. Nun bist du zu einem Gefangenen geworden. Deine Fassade bröckelt. Dieses Leben kennt keine Perfektion. Dieses Dasein hier auf dieser Erde tickt anders und du wolltest gegen die Naturgesetze und den Lebensfluss antreten. Du wolltest das perfekte Bild abgeben. Deine Lebensentwürfe wurden immer extremer. Die anderen waren für dich Bewunderer, dein Publikum. Sie sollten alle klatschen, neidisch applaudieren. Du wolltest beeindrucken und suchtest den Erfolg.

»Doch wo bleibt der Respekt vor dir selbst? Suchst du den realistischen Blick auf dich als Teil dieser Welt? Wo bleibt die Ehrlichkeit und Aufrichtigkeit im Austausch mit den anderen? Willst du dich erkennen, ehrlich und ohne Kompromisse zu dir selbst stehen? Möchtest du deine Talente, deine Leidenschaften erkennen? Wo bleibt die Ehrlichkeit und Aufrichtigkeit?« Niemand schaut gern vor betonschwere Fassaden und in ein Gesicht, das nicht so sein darf, wie es eigentlich will. Ein Gesicht, in dem keine Tränen fließen dürfen, in dem niemals irgendein Schmerz zu sehen sein darf, kann nicht menschlich sein. In einem Gesicht, das nur strahlen darf und in einem ewigen Lächeln zur Schau gestellt wird, kann niemals das Leben sichtbar werden. Die tragenden Themen des Lebens werden ausgeklammert, weil sie eventuell den Spaß verschrecken könnten. Doch der Spaß ist dir bei deinem Perfektionismus, bei deinem Drang nach Anerkennung schon längst vergangen. Du kreist um deine Hülle, dein Geld, deine Sucht nach Aufmerksamkeit. Deine Show soll um jeden Preis weitergehen und dafür lügst du, täuschst du und betrügst du dich und die anderen. Dein Leben ist auf deinem Gesicht erfroren, dein Lachen und deine Stimme zittern, sie haben keine Spannkraft mehr. Du hast dich mit deinem Lügengebäude und deinem Lebensbetrug selbst überfordert. Dein Gang ist schleppend und jeder lebenserfahrene Mensch erkennt, dass du nur noch mit größter Mühe ein wenig Schwung in deine Bewegung legen kannst. Du willst mit der Jugend mithalten und wirkst dabei lächerlich. Du machst dich lächerlich. Das fremdgesteuerte Bild der ewigen Jugend aus irgendwelchen Magazinen hat dir dein Denken vernebelt. Dein Gang, dein Lachen, deine Gesten, alles wirkt unecht und der Spaß hat sich schon längst verabschiedet. Die kosmetischen Anwendungen, das Haare-Färben, alles ist zu einem Zwang verkommen. Es geht dir nicht gut dabei. Du musst einsehen, dass alle Anwendungen dir nicht deine Jugend schenken können. Auch du kannst dir mit deinem Geld nicht das ewige Leben und ein faltenfreies Gesicht erkaufen. Auch du bist den Naturgesetzen unterworfen. Die Mühen und das Sich-Bemühen, das Zudecken, das Verkleistern und Täuschen hat dir dein Leben vergiftet. Du bist zur Maske erstarrt. Dir fehlt der Zugang zu dir. Tief in dir klopft dennoch immer wieder ein starkes Bedürfnis an. Es ist dein Selbst, das sich meldet. Es will gesehen und gelebt werden. Es möchte nicht länger verformt, gefoltert und eingesperrt werden. Es möchte die Freiheit, die Würde, die Menschlichkeit. Es möchte in Ruhe und Gelassenheit sich erleben, ausleben und altern. Das Streben nach der Wahrheit ist das Streben nach der wirklichen Begegnung. Erst wenn du dich so zeigst, wie du wirklich bist, wird sich das Gegenüber öffnen können. »Lege deine Maske ab! Reiße deine künstlichen Wimpern ab! Weine und schreie! Du wirst geliebt und endlich wahrgenommen, wenn du dich zeigst. Du spürst tief in deinem Inneren, dass du nur einen wahrhaftigen Austausch finden kannst, wenn du deine Maske kompromisslos herunterreißt. Du schaffst es!«

Der große Abschied

Alles wird zu Asche, du auch. »Trainiere dich darin, Abschied zu nehmen! Trainiere dich im Erblühen und sei mutig, ehe du verkümmern wirst!« Vielleicht wirst du nicht sofort gesehen, erkannt, vielleicht wirst du keinen Erfolg haben oder er wird einen Moment auf sich warten lassen. Doch du wirst als Kämpfer, ehrlicher Denker, Dichter, Künstler und als Mensch die Herzen berühren. Es kommt tief aus dir, aus deiner Seele und der Funke springt in die Herzen der Menschen. Er springt direkt und voller Kraft in das Gehirn deiner Zuhörer, in ihr Herz und in ihren Verstand, denn alle werden spüren, dass du es ernst gemeint hast und immer wieder aufrichtig ernst meinst. Deine Ehrlichkeit wird in den Köpfen der Menschen weiterleben, denn sie werden sich gern an dich erinnern. Du hast alles gegeben, auch wenn dein Weg steinig, voller Treibsand und Morast war. Du leuchtest im Bewusstsein der anderen und bleibst eine wichtige Orientierung. Deine Kraft und dein Mut werden in bester Erinnerung bleiben. Bereite dich aufs Ende vor, denn dann bist du besonders gut, gut im Loslassen, im Lieben, im Anerkennen der anderen. Wenn du nicht neidisch und sorgenvoll deine Güter hortest, wenn du nicht mehr darstellen willst, als du bist und wirklich geben kannst, so wird dir das Lieben und Loslassen gelingen. Du wirst dich nicht so wichtig nehmen, eitel und selbstverliebt an einer Macht kleben und andere in den Abgrund stürzen. Die Machtbesessenheit, der Egoismus können dich nicht gefangen nehmen. In dir strömen das Leben, die Liebe und die Konstruktivität. Diese Kräfte beinhalten auch die absolute Akzeptanz. Das Klammern, Horten und argwöhnische Betrachten bedeuten, dass ein Mensch noch nicht loslassen kann. Er oder sie will seinen unbedingten Anspruch durchsetzen. Niemand, der herrschen und dominieren will, kann loslassen, freilassen und sich selbst im Großen und Ganzen angemessen wahrnehmen.

»Wir sollten lernen, Abschied zu nehmen.« Du kannst zum Vorbild werden: Du spürst die Begrenztheit der Zeit und deshalb erkennst du die Kostbarkeit der Zeit, deiner Zeit, der Lebenszeit. Du willst diese Zeit nicht vergeuden, sondern feiern. Du willst dein Leben mit Sinn erfüllen und das tun, was du am besten kannst und was du am liebsten ausüben möchtest. Du willst dich nicht verbiegen, sondern deinen Weg gehen. Du willst dich nicht verraten und du möchtest deine Leidenschaften nutzen. Konsequent und voller Kraft gehst du deinen inneren Impulsen nach. Du lässt dir keine Angst machen. Selbstzweifel gehören dazu, denn du bist nicht größenwahnsinnig, eher bescheiden. Das macht dich aus. Du willst etwas geben, den Menschen geben. Du möchtest sichtbar, hörbar, erkennbar sein. Du willst dich verschenken und du weißt, dass die Lebenszeit begrenzt ist. Wir steuern auf den großen Abschied zu.

Der Traumtänzer

In deinen Träumen bist du der Größte, du spielst darin wie immer die Hauptrolle. Du träumst viel, aber du vermeidest, deine Intuitionen und Eingebungen in der Realität einzulösen. Träume voller Phantasie, neuen Lebenswegen, die zu einem realistischen Anspruch an dein Selbst werden könnten, vermeidest du. Du willst sie nicht einlösen, denn sie könnten dir etwas abverlangen, was dir Mut und Tatkraft abverlangen würde. Das macht dir Angst, das wirkliche Leben bereitet dir Sorgen und Ängste. Du träumst lieber die leichten, unbeschwerten Träume, in denen du der Märchenprinz bist. Diese Geschichten haben so wenig mit der Realität zu tun, wie irgendwelche Seifenopern im Kino. Die schwülstigen Traumwelten sind so weit entfernt von der Realität, dass sie dir keine Angst einflössen können. Sie sind auf Treibsand gebaut. Doch du träumst dich weg, du spinnst dich ein in einen unrealistischen Lebensbezug. Mal ist es deine Traumschiffreise, die nie enden soll, mal deine Affäre, von der du annimmst, dass es Liebe sei. Der Realitätsschock kommt später und du musst schon wieder deine Verdrängung hart bezahlen. Der Alltag schlägt gnadenlos zurück und die Realität holt dich ein. Es ist wie mit einem Rausch, denn der Kater folgt am

Morgen. Es sind die immer wiederkehrenden Abläufe: Droht ein ehrlicher Bezug zu deinem Leben, bist du real gefordert, Stellung zu beziehen, für etwas einzutreten, etwas Unangenehmes auszuhalten. Aber du begibst dich auf eine neue Flucht. Du bist zum Flüchtling geworden. Deine Tarnungen und Ausflüchte sind dein Tagesgeschäft. Deine Lebensrollen erfordern von dir eine perfekte Anpassung und Täuschung. Langsam wird es mit all deinen Täuschungsmanövern sehr mühsam für dich. Dir fehlt es an Geld, an Zeit, an Lebenszeit. Du wirst älter und es stellen sich einige Zipperlein ein. Du kannst nicht mehr so schnell und konsequent flüchten. Dennoch: Du setzt die unterschiedlichen Tarnkäppchen auf und ab. Du verlierst oft die Beherrschung und den Überblick.

»Wer war ich gestern? Was versprach ich den anderen? Welche Themen nannte ich für mich wichtig? Welchen Entwurf von mir veräußerte ich vorgestern?« Der Alltag wird für dich zum Spießrutenlauf. Du wirkst verunsichert. Du schwitzt und verbreitest eine unangenehme Hektik. Du ruhst überhaupt nicht in dir selbst. Deine Ankündigungen und vielen Versprechen lasten schwer auf deiner Psyche. Du ahnst schon lange, dass du all die Ansprüche und Hoffnungen niemals erfüllen kannst. Mittlerweile erkennst du, dass du diese auch gar nicht mehr erfüllen willst. Denn es waren die Pläne und Ansprüche der anderen, die du nur nachgeplappert hattest. Du wolltest gefallen, dir selbst gefallen, in all den schönen Rollen. Deine selbst entworfenen Drehbücher für dein Leben entsprachen nicht der Realität. Die Seifenopern hinterlassen einen beißenden Geschmack. Du kündigtest viel an, versprachst vielen die Welt, doch alles war auf Sand gebaut. Der Alltag holte dich gnadenlos ein. Dein Rausch verflog und du bliebst ausgebrannt zurück. Alt, krank und desillusioniert schaust du zurück. Du hattest versäumt, ein Fundament zu legen. Deine Zeit verrann, während du dich ablenktest, von den zentralen Themen des Lebens weglenktest. Es war dir zu anstrengend und du wolltest den unbedingten Spaß. Du bist immer noch der Träumer, der sich nicht traut, seine Träume zu leben. Du bist der Träumer, der immer wieder zum Mitläufer wird, weil dir die Inhalte zu schwierig erscheinen. Du duckst dich weg, wenn dich das wirkliche Leben anspricht. Du flüchtest, wenn du als ganzer Mensch gefordert bist. So verpasst du das tiefe Gefühl, das authentische Leben. Du surfst in den morastigen Tümpeln. Die Brise der Realität erreicht deine Nase nicht. Dein Blick bleibt eingeengt und dein Herz traut sich nicht zu lieben.

»Habe den Mut, das Leben anzunehmen! Habe den Mut, dich ins wirkliche Leben zu werfen! Es ist nie zu spät! Auch du kannst lieben, frei denken, tanzen, malen oder in anderen Tätigkeiten lebendig werden! Sieh dich an! Deine Talente wollen ans Licht! Du brauchst keine billigen Seifenopern und blödsinnige Traumreisen, die in Wirklichkeit gar keine sind. Du brauchst das reale Leben, mit allen Höhen und Tiefen. Nimm das Leben an, es ist nie zu spät!«

Der Spekulant

Du gibst dich reflektiert, geerdet und kunstbeflissen. Du bist ein Mensch von bestem Ruf, sagst du. Deine Karriere geht gut voran, denn du kennst die richtigen Leute, betonst du. Inhalte stören dich, denn es ist auffällig, dass du ihnen aus dem Weg gehst. Du verziehst dein Gesicht, wenn Themen drohen. Du schaust genervt und drehst den Kopf zur Seite. Du willst in dem scheinbar seichten Fluss deiner irdischen Existenz nicht gestört werden. Du möchtest genießen, täglich, stündlich genießen. Du möchtest die Füße hochlegen und im Genuss schwelgen. All die schweren Themen, das irdische Dasein, nerven. Du hörtest von dem Leid, von der Armut, du lasest in schlauen Büchern. Die Schriftsteller seien dir geläufig, das betonst du immer wieder. Manchmal heuchelst du den Philosophen. Es fallen viele auf dich herein. Doch kommt das wirkliche Leben auf dich zu, so empfindest du Ekel. Du willst dir nicht den Genuss verderben lassen. Eigentlich war es dir bereits zu viel, wenn jemand in deiner Gegenwart nur »er selbst« sein wollte. Die Menschen sollten sich dir zu Füßen legen, wenn du es wolltest, fordertest. Sie sollten spritzig und sorgenfrei, gesund und leistungsfähig sein, denn du wolltest gut unterhalten werden. Die anderen hatten zu funktionieren. Wenn du auf nachdenkliche Menschen trafst oder immer noch triffst, spielst du eine Rolle. Du kräuselst deine Stirn und du willst den Anschein einer Reflektiertheit vermitteln. Du gierst nach Applaus, Lob und jede Menge Anerkennung. Gleichzeitig planst du die nächste Ablenkung, die nächste Flucht. Du hasst die Anstrengungen, die Tiefe im Denken, die Ansprüche bei den Gefühlen und den wirklichen, ehrlichen Anspruch im Leben. Dein Dasein ist zum Spießrutenlauf verkommen: Das Ausweichen wird für dich immer anstrengender. Du selbst rechtfertigst dein Handeln: Ablenkungen sind erlaubt, Spaß muss sein. Doch der Spaß hat sich verabschiedet. Die seichten Nummern, die Oberflächlichkeiten, verpackt in irgendeinem scheinbaren Anspruch, sind zu deinem Tagesgeschäft geworden. Doch es wird immer mühsamer, die Fassade aufrecht zu erhalten. »Was kann dir diese Lebensgrundhaltung geben? Was kannst und willst du den Menschen geben? Worauf spekulierst du? Was liegt dir wirklich am Herzen? Was sind deine wahren Themen? Welche Inhalte beschäftigen dich tief in deinem Inneren?« Du bleibst dir selbst ein Rätsel. Du spekulierst auf Vorteile. Manchmal, wenn es erwartet wird, kräuselst du die Stirn und heuchelst den Denker. Du weißt, dass das Reflektieren von dir erwartet wird. Deine Heuchelei ließ viele, vieles erhoffen. Nun sitzt du in der Falle. Es ist die Falle deiner veröffentlichen Ansprüche, die du immer wieder laut und deutlich bekundet hast: »Ich habe Ansprüche, ich bin intellektuell! Ich kenne mich aus mit der Kunst, Literatur und mit dem Leben!« Deine Worte verhallen, deine Gesten verflüchtigen sich in der Welt des schönen Scheins. Doch auch in dieser Welt muss man überleben, bestehen können. Die Welt der Schönen und Reichen, die Welt des schönen Scheins will gelernt sein, eingeübt und perfekt beherrscht sein. Ein Täuscher kann schnell auffliegen und ein Mensch, der sich nicht ehrlich für das interessiert, was er vorgibt, verglüht am Himmel des Scheins, des Glamours und des Spaßes. Die Schönen und Reichen wollen kontinuierlich bespaßt werden. Sie wollen den Spiegel vorgehalten bekommen. Sie wollen angeregt und tief im Inneren berührt werden. Inhalte sollen in einer angenehmen Atmosphäre vermittelt werden. Doch wie soll dies jemand leisten, der inhaltsfern Sprechblasen von sich gibt? Die Tarnkäppchen und Deckmäntelchen werden immer schneller gewechselt. Dies wird keine Lösung sein. Es wird keine Lösung geben. »Meine Kreise sind elitär«, sagst du und verschwindest in der Dunkelheit, du Spekulant.

Notsignale

Hunger, Angst, die Flüchtlingskaravane ... Wir wollen nicht wegschauen! Es betrifft uns alle. Wir sind Menschen, wir können denken, wir können uns der Ursachen bewusst werden. Wir brauchen uns nicht fragend anzusehen und hilflos mit den Schultern zu zucken. Es betrifft uns, uns als ganzen Menschen. Wir sitzen alle in einem Boot. Auch wir befinden uns in einem Flüchtlingsboot. Es ist das Boot der Armut, der Hilflosigkeit, der Ratlosigkeit und es ist gleichzeitig das Boot einer Hoffnung, der Hoffnung auf das Überleben. Wer flüchtet, will leben. Wer Hilfe sucht, hat noch nicht aufgegeben. Wer über die Meere in den Hafen der Rettung segelt, glaubt an eine Überlebenschance. Alle Hilfesuchenden sind Menschen mit einem Schicksal. Ihr Leben mahnt uns zum Denken, ihr

Leben, ihr Überleben mahnt an, die menschlichen Kontexte sehr genau zu betrachten und die Ursachen zu erkennen. Wir können das Elend nicht mit Waffen bekämpfen. Gewalt sät Gewalt. Ausbeutung sät Armut. Armut bringt Verzweiflung und Desorientierung mit sich. Der Bildungsnotstand mündet in der Radikalität. Wer die menschlichen Kontexte nicht denken kann, neigt zu oberflächlichen Parolen und läuft irgendwelchen Anführern hinterher, die ein besseres Leben versprechen. Die Aussicht auf einen Gewinn lässt das Gehirn vernebeln. Wer nicht sein logisches Denkvermögen geschult hat, fällt schnell auf vordergründige Versprechen herein, die eine scheinbare Lösung anbieten. Die Verzweiflung führt geradewegs in eine Sackgasse und nicht selten zu Kurzschlussreaktionen. Einstige Überzeugungen, ehemalige Werte werden aufgegeben, wenn eine schnelle Lösung der Probleme in Aussicht gestellt wird. Menschen, die keine Perspektive und scheinbar nichts zu verlieren haben, können zu unkontrollierbaren Größen einer Gewaltspirale werden. Es besteht die Möglichkeit, dass sie zu Mitläufern, Attentätern, Kriegstreibern, lebenden Bomben mutieren. Wir müssen die Notsignale unserer Zeit erkennen, richtig deuten, glasklar interpretieren, die Ursachen erforschen und benennen. Wir alle sitzen in einem Boot. Das Boot heißt Erde. Gewalt sät Gewalt. Armut erzeugt Verzweiflung. Verzweiflung lässt die Menschen zu unberechenbaren Größen werden.

Kreativer Hexenkessel

Grenzgänger, du traust dich viel, du zeigst dich leuchtend und überschreitest die Grenzen einer kommerziellen Welt. Du siehst in die Ecken, überschreitest Schluchten, auch in dir, auch in deiner Seele. Das ist der Grund, warum du Neues kreieren kannst. Du liebst die leisen Töne, mit denen du Revolutionäres sagst. Du liebst die lauten Töne, mit denen du über die Liebe und die Leidenschaften sprichst, singst oder ganz einfach dadurch dein Lebensgefühl zum Ausdruck bringst. Du bist verletzbar, weil du deutliche Zeichen setzt. Du zeigst dein Ich und somit deine Gefühle. Du überschreitest Grenzen, Grenzen der Angst, der Unfreiheit und der Manipulationen. Du gehst nach vorn, versteckst dich nicht. Du leuchtest sehr intensiv. Das kostet Kraft, unvorstellbar viel Energie. Du tanzt in deinem kreativen Hexenkessel und weil du so mutig und anders bist, musst du viel aushalten. Die anderen beobachten dich. Einige bewundern dich sogar. Sie wollen so frei sein wie du. Auch sie möchten »sie selbst« sein. Auch sie möchten sich zum Ausdruck bringen. Manche Menschen reden über dich und zweifeln an dir. Sie stecken dich nicht selten in eine Schublade. Sie wollen sich nicht gern mit deinen Inhalten konfrontieren. Du bist zu schmerzhaft und kritisch, zu schmerzhaft kritisch. »Gib dich niemals auf, du Kreativer! Bleibe laut und tanze weiter! Singe und rufe den Menschen deine Inhalte zu! Es lohnt sich, dich anzusehen, es lohnt sich, dir zuzuhören!«

Gute Gedanken, gute Worte, gute Taten

Deine Gedanken sind gut. Deine Taten folgen deinen Gedanken und Worten. Deine Ankündigungen sind ernst gemeint und zeugen von deinem Willen. Du hast positive Absichten, einen starken, guten Willen und suchst nach Möglichkeiten, deine positiven Vorhaben umzusetzen. Dein Weg ist an deinen ethischen Vorhaben orientiert. Dein Wille ist stark. Dein Wille ist vom Guten angetrieben. Das Leben wirft dich oft zurück. Du kannst deinem Willen folgen. Es gibt keine Garantie dafür, dass du dein ethisches Vorhaben umsetzen kannst. Die Wege des Lebens sind dornig, oft unergründlich und niederschmetternd. Du willst das Gute. Du suchst immer wieder in allen Lebenslagen die ethische Ausrichtung. Du kämpfst. Du kämpfst auch gegen die Besserwisser, Neider und Verdreher, die dich an irgendwelchen Äußerlichkeiten messen wollen. Vielleicht am Geld, an Vorzeigbarem, an Beweisen und irgendwelchen Äußerlichkeiten, die niemand auf Knopfdruck liefern kann. Sie nennen dich Versager oder Traumtänzer. Doch du lässt dich nicht beirren, du wirst deine Seele nicht verkaufen. Du willst dir treu bleiben, dich nicht verbiegen lassen. Die Vorurteile der anderen, die dich nicht verstehen können, werden dich niemals auslöschen. Du weißt genau, was du vorhattest, was dein Ziel, dein Wille war und ist. Du suchtest stets den menschlichen Weg. Dein Weg war dornig, aber an der Ethik ausgerichtet. Noch heute lachen die meisten über dich, da du immer noch laut und kritisch deine Meinung kundtust. Du bist alt geworden. Doch deinen Gedanken folgen immer noch deine Worte.Deine Worte bleiben niemals nur Ankündigungen, sondern ihnen folgen Taten. Dein guter Wille konnte überleben.

Dein Gleichgewicht

Du kommst immer wieder aus dem Gleichgewicht und die guten Ratschläge lassen nicht lange auf sich warten: »Bleibe gelassen, orientiere dich an den anderen. Suche dir einen neuen Job!« Dein Kopf ist schwer und die vielen, vielen Ansagen kreisen in dir. »Was wärst du ohne die vielen Einflüsse und Ansprüche? Wie hättest du dich in deinem Leben entwickelt, wenn dir nicht so viele sooft reingeredet hätten?« Die Ratschläge prasselten wie Schläge auf dich nieder. Du wurdest verletzt und gingst auch immer wieder zu Boden. Du konntest den Anforderungen nicht genügen. Wenn du in den stillen Stunden mit dir selbst in Kontakt stehst, flackern einige Zusammenhänge in dir auf. Dein Ich spricht zu dir. Diese Momente sind unendlich kostbar, da du in dem unverfälschten Kontakt zu dir stehst. Sehr persönliche, eigene Inhalte kommen dir zu Bewusstsein. Es läuft ein innerer Film vor deinem inneren Auge ab und du erkennst kurz in kleinen Hotspots deine Anliegen, deine wahren Bedürfnisse, Überzeugungen und Leidenschaften. Diese kostbaren Momente des tiefen, ehrlichen Selbstbezugs weisen dir den Weg zu dir. Dein Selbst traut sich, sich dir zu offenbaren. Es spricht offen und ehrlich zu dir und die Barrieren zu deinem inneren Kern sind für diesen Moment beiseitegeschoben. Du kannst mit dir selbst in Kontakt treten, ohne Zweifel an dir und deinen Bedürfnissen. Du bist dir selbst nahegekommen. Diese Zeit des freien Zugangs zu dir ist unendlich kostbar. »Empfange die Botschaften, die dein Selbst dir mitteilt!« Dir fehlten oft der Mut und die Kraft, zu deinen Bedürfnissen und Vorlieben zu stehen. Die Forderungen und massiven Anforderungen von außen stülpten sich über dein Selbst. Du stolpertest und kamst aus dem Gleichgewicht. Die Übermacht von außen wog zu schwer. Sie drückte dich immer wieder zu Boden. Andere hatten und haben viel mit dir vor. Sie kreisen um sich, um ihre Bedürfnisse, und du spielst eine Nebenrolle. Dennoch bist du in einer untergeordneten Form für sie extrem wichtig: Du sollst ihre Bedürfnisse befriedigen. Solltest du mal nicht dazu bereit oder fähig sein, so prasselt es Vorwürfe. Du schwankst hin und her. Du traust dich nicht, reinen Tisch zu machen, denn die vielen Ansprüche haben sich in deine Gehirnfestplatte eingefressen. Du kannst gar kein Gleichgewicht erlangen, du bist krank geworden, weil du dich selbst immer wieder im Stich gelassen hast. Der Kontakt zu dir selbst ist abgerissen und von außen immer wieder torpediert worden. Du wackelst, schwankst, atmest schwer, du wällst dich nachts hin und her. Das alles sind Indizien für deine Schieflage. Du hattest allen zu viel versprochen und bist viele Kompromisse eingegangen. Du wolltest deine Ruhe, gabst nach und verzetteltest dich. Du warst jung und unerfahren, du wolltest gefallen und geliebt werden. Niemand kommt als ein Erfahrener auf die Welt. Niemand kann die Welt ohne Lebenserfahrung, ohne gelebt und gelitten zu haben, begreifen. Wir alle brauchen sehr lange um zu erkennen, wer wir selbst sind. »Wir alle sollten den Weg zu uns selbst suchen und auf keinen Fall uns aufgeben! Versuche nicht pausenlos zu gefallen, sonst fällst du tief! Du kannst es nicht allen Menschen Recht machen. Du wirst es niemals schaffen, alle Bedürfnisse der anderen zu befriedigen. Das sollte auch niemals dein Ziel sein, da du dich zu schnell dabei verlieren und aufgeben könntest. Hüte dich vor denen, die dich nicht »du selbst« sein lassen wollen und können!«

Die Untergangsstimmung

Du sagst, dass du dich sicher fühlst. Du behauptest, dass in deinem Leben alles glatt läuft. Deine Augen und deine brüchige, schwache Stimme sprechen eine andere Sprache. Du siehst traurig, deprimiert aus, dein Feuer ist erloschen. Du lebst, du denkst, du atmest, doch deine Worthülsen lassen Schlimmes erahnen. Du spulst Sätze wie Mantras herunter. Doch diese Sätze zeugen von deinem Aufgeben. Du sprichst vom Tod und von der Ausweglosigkeit. Der Tod wird von dir als Ausrede, als Rechtfertigung für dein Aufgeben, deine Lethargie und Unmündigkeit benutzt. Der Tod könnte auch für dich etwas anderes bedeuten. Er könnte dich auf die Kostbarkeit deines Lebens aufmerksam machen. Der Tod könnte anmahnen, dass du besonnen und sehr bewusst mit deiner Lebenszeit umgehen solltest.

»Dein Leben ist kostbar. Du kannst denken! Du könntest selbstständig entscheiden und nach eigenen, durchdachten Kriterien dein Leben ordnen. Warum reflektierst du so selten?« Deine Untergangsstimmung hilft niemandem. Sie erfasst den ganzen Menschen, zieht ihn in die Katakomben der Resignation, der Passivität, des Rückzugs, der Gedankenlosigkeit und der Unmündigkeit. Wir wissen doch alle, dass wir leicht mitgerissen und beeinflusst werden können, wenn wir nicht selbstständig und kritisch denken, wenn wir nicht kontinuierlich an den Möglichkeiten einer aktuellen, zeitgemäßen Urteilskraft arbeiten. Die Passivität und die Denkfaulheit führen in die Sackgasse, Resignation und können in einer Untergangsstimmung münden. Dieser destruktiven Stimmung kann nur das Denken und bewusstes Handeln entgegentreten.

»Wir sollten das Denken niemals den anderen überlassen! Wir können das Ruder unseres Lebens wieder übernehmen. Lasst uns niemals zum Mitläufer werden!«

»Die Selbstbestimmung und Mündigkeit, die Tatkraft und Entscheidungsfreudigkeit werden uns täglich ein Stück zu »uns selbst« führen. Wir werden die Ohnmachtsgefühle verlieren und handlungsfähig sein. Die innere Leere wird sich verflüchtigen, wenn wir selbstbestimmt leben. Die innere Kraft, das innere Feuer wird wieder brennen. Wir werden zu unserer Leuchtkraft zurückkehren. Die Ohnmächtigen, die Mitläufer machen sich nicht die Mühe, selbst zu denken und verlieren sich dadurch. Sie werden sich irgendwann als aufgehetzte und fremdbestimmte Zombies erleben müssen. »Denke nach! Suche den Kontakt zu dir! Gib niemals auf! Meide die Fremdbestimmung! Lasse dir niemals dein Feuer nehmen! « Die Ohnmacht, die Unfreiheit zeigt sich in dem manipulierten Handeln. Wer aus Bequemlichkeit, Feigheit oder Unwissenheit sein Selbst aufgibt, endet in der Sackgasse der Unmündigkeit.

Der Fackelmensch

Der Fackelmensch leuchtet. Er bietet die Orientierung in der Dunkelheit, in der Verzweiflung und auch im stumpfen Alltag. Er kann mit seiner Leidenschaft die anderen wecken, Schieflagen anmahnen und Missstimmungen interpretieren. Verstimmungen, ein undefinierbares Unwohlsein, weisen den Weg zur inneren Umkehr. Die schlechten Gefühle zeugen von der Schieflage. Sie wecken, alarmieren den scheinbar Gemütlichen. Wir alle sind in Gefahr, wenn es zu kuschelig und zu gemütlich wird. Wir können zu viel übersehen, überhören, uns im Genuss verlieren, unsere eigene Stimme in der Betäubung eines seichten Konsums auslöschen. Wir können den Anschluss an uns selbst aufgeben. Unser Ich bietet die Chance auf eine Spiegelung, wenn wir es wollen und zulassen, wenn wir uns bemühen, wenn wir an uns arbeiten. Die Bequemlichkeit führt zu dem Problem, die Welt realistisch wahrzunehmen und in einen realistischen Bezug zu uns zu setzen. Vorurteile, übernommene, überholte Strukturen, unreflektierte Inhalte blockieren unser Selbst. Ein kitschiges Wunschdenken führt zum Realitätsverlust. Der Zugang zum Du ist in Gefahr: Wer den anderen nicht so sehen möchte, wie er wirklich ist, wer die Welt nicht so begreifen will, wie sie wirklich tickt, verliert den Anschluss. Die inneren eigenen Schubladen quellen über. Sie sind vollgestopft mit Wunschträumen aus der Werbung, irgendwelchen Märchen und Bildern, wie Menschen zu sein hätten. Die Frustrationen häufen sich und das Unwohlsein wird nicht selten betäubt. Das Verdrängte arbeitet im Unterbewussten. Wer nur das Schöne und leicht Konsumierbare wahrnehmen will, kann jeden Bezug zur Welt verlieren. Wer nur den seichten Genuss im Du sucht, muss scheitern. Wer irgendwelchen Seifenopern nacheifert, verliert den Zugang zur Realität. Wer die anderen mit Geld und Druck verbiegen will, wird kein ehrliches Feedback erhalten.

Wir alle sind unser eigener Mikrokosmos. Wir sind ein Teil der Welt. Wir nehmen uns und das Außen durch uns wahr. Wenn wir abstumpfen, verlieren wir unsere Antennen. Unsere Leidenschaften können uns die Augen öffnen. Wir sind gut in dem, was uns antreibt. Wenn wir das Zentrum unseres Ichs ernst nehmen, wenn wir unsere Leidenschaften fördern, leben, so können wir Großes bewegen. »Überhöre niemals deine innere Stimme und betäube dich nicht! Nimm deine Leidenschaften ernst! Sie halten dich am Leben, sie wecken dich auf! Sie sind dein Motor und Antrieb in jedem Alter!« Unsere Leidenschaften führen uns immer wieder auf den Weg des prallen Lebens. Dieser Weg darf kein monotoner Trampelpfad sein. »Orientiere dich an deinem inneren Leuchten!« Frage dich: »Wofür brennst du? Was gibt dir in deinen dunklen Stunden Kraft?« Du kommst vom Kurs ab, wenn du deine innere Stimme überhörst. »Habe keine Angst vor neuen Wegen und mutigen Taten! Igel dich nicht ein! Deine kuschelige Wolldecke sollte nicht an dir kleben!« Der Fackelmensch leuchtet und du bewunderst diese Strahlkraft. Deine Wolldecke wiegt bereits zentnerschwer. Manchmal glaubst du zu ersticken. Die Ablenkungen und Betäubungen sollen aufs Neue Linderung bringen. Das Wechselspiel von Ablenkungen und Verstecken, Einkuscheln und Weggucken hält dich gefangen. Der Fackelmensch soll nun völlig ausgegrenzt werden. Er stört und erinnert dich an deine Handlungsunfähigkeit. Das erträgst du nicht. Nun möchtest du ganz auf deinem Sofa liegen bleiben. Die »Störenfriede« sollen draußen bleiben! Um Ausreden bist du nicht verlegen: »Du brauchst Ruhe, du möchtest keine Störung, in der Ruhe liegt die Kraft.« Deine Muskeln und dein Gehirn werden schwächer. Deine Flamme in dir ebenso. Nun kannst du die Leuchtkraft der Fackelmenschen überhaupt nicht mehr ertragen. Deine Gemütlichkeit hat dich dir weggenommen.

Dein innerer Leuchtturm

Dein innerer Leuchtturm sendet Signale. Sie stören dich, wenn du nicht mit dir eins sein darfst. Viele andere mahnen: »Du sollst vernünftig bleiben! Du sollst leicht verfügbar und gut konsumierbar sein! Du sollst nicht »du selbst« sein!« Dein innerer Leuchtturm kreist, er mahnt. Zu Recht. Du bist verzweifelt, weil du zu viele Versprechen gegeben hast. Du wolltest gefallen und hast dich mit den Ansprüchen an dich selbst häufig überfordert. Du bist verzweifelt, weil du dich in die Irre hast führen lassen. Deine Zwangsjacken wechseln nun täglich. Dein Leuchtturm gibt nicht auf. Andere Leuchttürme leuchten herüber. Sie mahnen: »Verliere dein Leuchten nicht!« Doch du sollst nicht stören, du sollst funktionieren, man erwartet viel von dir. Du sollst stets zur Verfügung stehen und oft gehorchen, konsumierbar bleiben. Doch du willst überleben. Du willst leuchten. Du willst auf keinen Fall den Anschluss an deinen inneren Kern verlieren. Du willst den Glauben an dich selbst niemals aufgeben. Du möchtest mutig und selbstbestimmt werden und bleiben. Du möchtest nicht abgewertet und entwürdigt werden. Die Giftpfeile prasseln auf dich nieder. Einige sind so gut verziert, dass du sie nicht sofort erkennen kannst. Manchmal brauchst du Hilfe oder ein wenig Wärme. Die Destruktiven verzieren genau in diesem Moment ihre Pfeile. Sie erhoffen sich eine Möglichkeit, sich aufs Neue über dich zu erheben und deine Stärken in Frage zu stellen. Manchmal hast du den Drang, dich zu verstecken, abzutauchen oder in einer Ritterrüstung Schutz zu suchen. Du liebst die Freiheit, die Menschlichkeit und du bist verletzlich. Deine Kraft und deine Stärke leuchten klar und deutlich. Sie erwecken den Neid der anderen. Diese suchen nach Fehlern und Schwächen, denn sie wollen dich nicht strahlend sehen. Dein innerer Leuchtturm gibt nicht auf, er kreist weiter und bleibt klar und hell. Er spendet Licht, Orientierung und Hoffnung.

Deine subtilen Energien

Du bist über dich selbst erstaunt, denn dein Leuchtturm ist immer noch nicht erloschen. Im Gegenteil: Er meldet sich unaufhörlich und leuchtet weiter. Manchmal wunderst du dich, über deine inneren Eingebungen und Mahnungen. Du liebst deine innere Stimme. Doch manchmal hast du Angst vor ihr, weil sie dir sehr deutlich sagt, dass in deinem Leben vieles schief läuft. Es klafft eine Wunde in dir. Es ist die Wunde eines ungelebten Lebens. Du hast deine Träume häufig vernachlässigt und dich selbst verraten. Notsituationen haben dich an den Rand der Hilflosigkeit geführt. Deine Würde wurde in Frage gestellt. Nicht selten hast du mit deiner Vernunft geprahlt. Du behauptetest, du seiest reflektiert und du würdest nichts dem Zufall überlassen. Du hättest dich selbst und dein Leben im Griff. Die Wirklichkeit sah und sieht oft anders aus: Du hast dich verbarrikadiert, überall deine Türen abgeschlossen, den Schlüssel versteckt. Du hast immer wieder das Leben ausgesperrt und wichtige Signale deines Leuchtturms übersehen. Es fällt dir immer schwerer, das Licht der Freiheit zu ertragen und den Schlüssel zu suchen. Der Schlüssel zu dir ist auch der Schlüssel zur Welt. Wenn du den Schlüssel zu deinem Selbst versteckst, kannst du nicht in die Welt gehen. Dein Selbst ermöglicht dir den Zugang zur Außenwelt und somit zum Du. »Sperre das Leben niemals aus und verrate nicht dein Selbst!« Du könntest zu brav und angepasst werden. Deine Eigenarten und deine Natur sind in Gefahr, wenn die Anpassung deine Persönlichkeit erstickt. Dein Leuchtturm in dir kreist und er steht auf einem Felsen mitten in der Brandung. Der Wind, der Sturm, der Regen, der Tsunami des Lebens schlagen gegen ihn. Sein Licht flackert. Es verblasst nicht trotz der Drohungen, Verlockungen und den heuchlerischen Mantras irgendwelcher Scheinsicherheiten. Dein Leuchtturm trotzt den Stürmen und dem Geheuchel der Sirenen. Er trotzt den Gesängen der Circen und den Schlafliedern, die aus den Menschen einen angepassten Mitläufer machen. »Denke an dein Zentrum des Ichs, an dein Leuchten in deinem inneren Kern! Lass dir nicht von den Schlafliedern der Circen dein Hirn vernebeln! Gib dich nicht auf! Orte deine subtilen Energien in dir! Sie senden dir die wichtigen Impulse. Höre auf sie, denn sie sind schonungslos ehrlich!«

Dein stilles Leuchten

Du leuchtest still in deinem Inneren. In dir kreisen die Signale, Aufrufe und deine Eingebungen. Dies sind Botschaften an dich und du hast gelernt, diese ernst zu nehmen und auf keinen Fall zu ignorieren. Es ist und bleibt harte Arbeit für dich, diese Signale zu empfangen, zu beachten und dich nicht einschüchtern zu lassen. Es erfordert täglich neuen Mut, ihnen zu folgen und egal, wie stark die Repressionen auch sein mögen, du wirst es schaffen, ihnen die höchstmögliche Aufmerksamkeit zu schenken. Der Alltag fordert dich und die inneren Botschaften sprechen zu dir. Dein Unterbewusstsein sucht die Möglichkeit, erhört zu werden. Du willst kein Verdrängender sein. Die anderen Menschen reden unaufhörlich auf dich ein. Sie wollen viel von dir. Oftmals zu viel. Dir schwirrt der Kopf. Deine Flamme leuchtet still in dir und manchmal traust du deinen eigenen Gedanken nicht. Sie weichen ab von der Meinung der anderen. Du bist gefragt, mutig zu sein. Du bist gefragt, immer stärker und kräftiger zu werden. Du sendest Signale und diejenigen, die zu dir passen, können diese verstehen. Das hilft dir. Das tut dir gut. Es tut dir gut, verstanden zu werden. Dein stilles Leuchten braucht Nahrung. Du brauchst Bestätigung. Du schöpfst neue Kraft, neue Energie. Nun kannst du in dir weiterleuchten. Du bist stark genug, neue Signale zu senden. Du erreichst die anderen. Sie verstehen deine Botschaften. Du bist erleichtert, ganz ruhig und entspannt. Dein inneres, stilles Leuchten dauert an. Du hast niemals aufgehört, deine inneren Botschaften zu empfangen und kannst für andere hilfreich sein. Sie erkennen deine Kraft und können sich an deinem Leuchten orientieren.

Du legst die Füße hoch

Du legst die Füße hoch und glaubst, entspannen zu können, doch du wirst immer schwächer. Deine Muskeln verkümmern und dein Gehirn ebenso. Die Glückhormone durchfluten dich nicht mehr, denn du strengst dich nicht an und kannst dich nicht spiegeln. Das Sofa zieht dich magisch an. Du bist zum Sofamuffel verkommen. Du glaubst, dir etwas Gutes zu tun, wenn du so daliegst, dich berieseln lässt. Eine kleine Dosis wäre noch zu verkraften gewesen, doch du klebst wie festgeschnürt auf deinem Sofa, auf deiner Sänfte. Wärst du Kleopatra, so würdest du dich durch die Straßen tragen lassen. Du siehst nicht zufrieden aus, eher erschöpft und ausgelaugt. Das chronische Ausruhen hat dich verkümmern lassen. Du forderst dich nicht und ein Feedback bleibt aus. Das tut dir nicht gut, deine Glückshormone bleiben aus. Nun greifst du zum Ersatz. Die chemischen Cocktails sollen dich täuschen und trösten. Sie sollen dich über deine Lethargie hinwegtäuschen. Das kann nicht gut gehen. Dein Belohnungssystem verödet und du kippst die chemischen Cocktails in dich hinein. Du bist auf Droge gegen dich, gegen dein Gehirn und gegen deinen Körper. Du liegst mehr als du stehst oder läufst. Das Liegen soll dir die nötige Entspannung bieten, doch du kannst dich nicht entspannen. So geht das nicht. Du verkümmerst, denn du hast verlernt, dich zu fördern. Du bist mutlos geworden und du sträubst dich davor, dich in die Realität zu werfen. Du vermeidest ein Feedback. Du weichst aus. Niemand soll dir die Meinung sagen, denn du duldest das nicht. Die Meinung der anderen könnte dir nicht gefallen, doch du willst gefallen und du hast es verlernt, dich an anderen zu orientieren. Du hast verlernt, ein offenes Gespräch zuzulassen. Die Spiegelung ist nicht dein Ziel, denn du liebst das Herrschen, das scheinbare Genießen. Du willst deine Ruhe, dich auf keinen Fall aufregen. Du willst genießen, Spaß haben, die Füße hochlegen, nicht gestört werden. Du liebst es bequem. Du liebst es getäuscht zu werden. Deine rosarote Bequemlichkeitsbrille taucht deine Wahrnehmung in ein Licht der Verdunkelung. Deine Cocktails lähmen dich. Sie betäuben deine Sinne und dein Denkvermögen. Denken nervt. Menschen, die denken, wecken dich auf, stören, vergraulen dir auf deinem Sofa den Spaß. Du willst auf deiner Sänfte liegen, an deinem Strohhalm ziehen und immer wieder genießen, konsumieren. Du bist wie festgezurrt und wechselst ungern die Sofas. Alles nervt, was dir deine Bequemlichkeit nehmen könnte. Doch du wirst schwächer und schwächer, du Freund der Bespaßung.

Du wirst aufgeladen

Du arbeitest und lädst dich auf. Deine Arbeit gibt dir Kraft und Selbstvertrauen. Deine Ziele, deine Einfälle halten dich am Leben. Deine Akkus füllen sich, wenn dir etwas gelingt, wenn du etwas zeigen, vorzeigen darfst. Du wirst gesehen und gehört. Das ist menschlich. Dir wachsen Flügel, wenn du deine Inhalte nach außen tragen kannst. Du beziehst deine Kraft aus deiner Arbeit. Du schäumst über vor Freude, wenn dir etwas gelingt und wenn du erkennst, dass deine Arbeit andere berührt und weiterbringt. Deine Gedankenanstöße bewegen die Menschen. Das ist ein Gefühl der Genugtuung, und es ist die Belohnung für deine Mühe. Du hast lange nachgedacht, du hast mit dir und den Inhalten gerungen. Das alles soll nun hörbar, lesbar, sichtbar werden. Andere partizipieren an deinem Inneren. Deine Lebensakkus werden aufgefüllt.

Das Gold, die Intuition

Dein Gold ist deine Intuition. Sie ist aus deinen komprimierten Erfahrungen erwachsen. Dein Leben war nicht gerade ein Zuckerschlecken, deine Erfahrungen nicht immer leicht zu verarbeiten. Manchmal erfuhrst du dich wie eine Katze mit sieben Leben. Manchmal wundertest du dich, dass du überhaupt noch lebtest. Der Tot hatte schon einige Male angeklopft. Du schwingst dich auf in die Höhen der Kontemplation, der Ewigkeit und der bleibenden Werte. Du hast gelitten und gelacht, das alles wird zu Gold. Deine Intuition ist hellwach. Blitzschnell kannst du die Gesichter der anderen deuten. Die Gesten und Haltungen der Menschen sind dir niemals fremd. Deine Empathie ist unschlagbar. Dein Erfahrungsschatz kann nun dein Kompass sein. Er ist unbezahlbar, er ist Gold wert. Deine Intuitionen sprechen zu dir. Deine Eingebungen sind kreative Feuerwerke. Du hast auf deiner Festplatte unendlich viel gespeichert. Das kommt dir nun zugute. Du kannst die Fakten und Stimmungen schnell interpretieren. Dein Deutungssystem ist dein Entschlüsselungsdietrich. Deine Intuitionen sind der Zugang zur Welt. Du kannst Bücher verstehen, Gesichter deuten, Musik interpretieren, Kunstwerke auf dich wirken lassen. Deine Empathie ist Gold wert. Sie öffnet dir die Türen zu den Menschen. Deine komprimierte Erfahrung ist dein Lebensschatz. Sie ist hart erarbeitet, denn du bist dem Leben nicht ausgewichen, du hast es angenommen. Das Leid und der Tot waren stets Mahnungen und Wegweiser. Du konntest das Leben schätzen und feiern. Die Sekunden des wahren Glücks haben sich in deinem Gehirn wie ein Stempelabdruck verewigt. Du hast das Leben geschmeckt und immer wieder mit offenen Armen empfangen. Du bist nicht müde geworden, deine Augen weit zu öffnen, dein Herz auf Empfang zu halten. Du wolltest und du willst das Leben niemals ausschließen. Dieses Leben ermöglicht dir Erkenntnisse und weist über sich hinaus in die Ewigkeit. Das alles kann der Mensch erfahren, erleben, wenn er die Botschaften annehmen will. »Öffne dein Herz! Öffne deinen Verstand!«

Deine Dollarzeichen in den Augen

Du läufst mit Dollarzeichen in den Augen durch die Wohnung. Mir wird kalt, denn ich erahne die Muster und Bewertungsstrategien deines Denkens: Geld, Materie, Sicherheiten, Planungssicherheit und Vorsorge ... Dein Gesicht strahlt Kälte aus. Die Überheblichkeit und Geringschätzung lassen den Raum und jegliche Stimmung erkalten. Du verbreitest Angst und Schrecken, während du freundlich den Kuchen servierst. Das Treffen gleicht einer Prüfung. Unbequeme Inhalte stören. Welche Inhalte sind überhaupt noch in deiner Gegenwart erwünscht? Ich habe Angst, Fehler zu machen. »Geht alles glatt? Verspreche ich mich nicht? Falle ich aus dem Rahmen deiner rigiden Bewertung?« Ich will frei sein und dein Blick raubt mir die Energie. Du hast Dollarzeichen in den Augen und mir wird kalt. Du sprichst immer wieder von Planungssicherheit, Konten und Absicherungen. Dein Gesicht gleicht einer Maske. Du hast dich unter Kontrolle und alles um dich unterliegt deinem Auge der Bewertung. Mir wird kalt und ich bekomme Angst. »Ich möchte keine Kontrolle und auf keinen Fall von dir bewertet werden. Ich weiß, dass deine Antennen nicht ausreichen, um mich zu verstehen. Ich möchte nicht von dir falsch interpretiert werden! Ich möchte nicht von deinen Augen durchleuchtet werden!« Du kannst mich mit deinen Augen nicht erkennen. Dir fehlen die feinfühligen Sensoren, um mich wahrzunehmen. Wenn du mich anschaust, habe ich das

Gefühl, dass du mich nicht sehen kannst. Manchmal möchte ich laut schreien und rufen: »Hallo, ich bin hier, ich bin frei, ich bin ein Mensch!« Du starrst mich an, du lächelst mir zu und ich weiß dennoch, dass ich mich nicht in dir spiegeln kann. Ich darf es erst gar nicht versuchen, denn ich könnte zum Verbogenen werden. Ich darf nicht gefallen, dir um jeden Preis gefallen wollen, denn ich könnte mich verlieren. Du hast Dollarzeichen in den Augen.

Drohender Selbstverlust

Du kannst Menschen verlieren. Durch den Tod. Du kannst sie aus den Augen verlieren, dich von ihnen trennen müssen. Du kannst verlassen werden. Du kannst Geld gewinnen, verlieren, ansparen, ausgeben, für die falschen Investitionen deinen Gewinn riskieren. Nichts ist sicher... Einige versprechen dir viel und halten wenig. Alles ist möglich. Ein drohender Selbstverlust könnte deinen inneren Tot bedeuten. Wenn du dich selbst verlierst, hast du alles verloren. Deine Orientierung, deine Lebenslust, deine Lebensgrundlage, deinen Kontakt zu dir und somit auch die Grundlage für einen ehrlichen Kontakt zu den anderen.

»Du brauchst dich! Du brauchst dich selbst, wie die Luft zum Atmen. Du selbst bist der Schlüssel zu deinem Leben. Du gibst deinem Leben Sinn und du verleihst deinem Dasein die Dynamik. Du selbst bist in deinem Leben wie das zirkulierende Blut in deinem Körper. Du versorgst dich und kannst dich fit und dynamisch erhalten. Du brauchst dich selbst, denn nichts geht ohne dich! Du bist der Zugang zur Welt. Lass dich dir nicht wegnehmen!«

Alles hängt mit allem zusammen

Der drohende Selbstverlust, die Fehleinschätzungen oder ein gelungener Zugang auf die Wirklichkeit, hängen von sehr vielen Faktoren ab. Bildung ist eine Voraussetzung, um klar zu denken und sich in der Welt zu orientieren. Sie schützt vor den Fängen fundamentalistischer Denkstrukturen, sie schützt vor Manipulationen aller Art. Wir Menschen müssen lernen, die Welt mit dem Verstand und dem Herzen empfangen und verstehen zu können. Nur so können wir erkennen, was Gerechtigkeit, Chancengleichheit und die Gleichberechtigung aller Menschen, egal welchen Geschlechts und welcher Hautfarbe sie sind, für sie bedeuten können. Wir sind armselig, wenn wir die Interpretation der Welt nur über den Verstand suchen und erschließen wollen. Deshalb bedeutet Bildung auch Herzensbildung. Deshalb braucht der Mensch mehr, als ein bloßes Faktenwissen. Wir gehen gefühlskalt und ohne Empathie durch die Welt, wenn wir keine Liebe erfahren durften. Wir können nicht die kostbaren Antennen eines liebevollen, konstruktiven Menschen ausfahren, wenn wir nicht liebevoll als Kind und Jugendlicher behandelt wurden. Die Bildung eröffnet uns die Horizonte des Wissens, der Daten, der Fakten, menschlichen Wissens. Die Liebe und Zuneigung gibt uns die Chance auf eine Herzensbildung, so dass wir andere Menschen richtig verstehen, emotional annehmen, sie respektieren und uns mit ihnen identifizieren können. Wir können nur als ganzer Mensch erblühen, wenn wir auch als ganzer Mensch gebildet und gefördert wurden. Wir alle brauchen die Heranführung an den Intellekt, die Kognition und gleichzeitig an die Emotionalität. Alles hängt mit allem zusammen.

Um ein empathischer, hellwacher und selbstständig denkender Mensch zu sein, haben wir viel Herzenswärme und Herzensbildung nötig. Wir verpassen viel und unterliegen vielen Manipulationen, wenn wir unseren Verstand nicht genügend fördern, wenn uns die Bildung und intellektuelle Grundlage einer Urteilskraft fehlt. Wir brauchen einen klaren, nicht betäubten Verstand, genügend Empathie und ein brennendes Herz, klare Antennen für unsere unmittelbare Umgebung und für die Menschen in unserer Nähe. In der Krise, der persönlichen Krise, aber auch in nationalen, wirtschaftlichen und globalen Krisen wird deutlich, wie wir denken und wie viel lösungsorientierte Kompetenzen in uns stecken. Ob wir zum Beispiel Zusammenhänge erfassen können, ob wir die Voraussetzungen für unsere eigenen, aber auch nationalen, globalen Zusammenhänge erkennen und denken können. Wir werden uns nur dann eine Meinung, einen persönlichen Standpunkt erarbeiten können, wenn wir den freien Zugang zu Informationen zur Verfügung haben und wenn wir uns selbst den Kontexten öffnen.»Wir brauchen den freien Blick auf uns, auf unser Umfeld, auf die Welt. Es wäre fatal, wenn wir nur unser eigenes Süppchen kochen, wenn wir in unserer ganz persönlichen Zwangsjacke verharren würden.« Es bedarf eines scharfen, klaren Auges, über den Tellerrand zu sehen und sich selbst, seine Umgebung und die politischen drängenden Konflikte erkennen zu können. Wenn wir an Fäden zappeln oder in Zwangsjacken stecken, haben wir keine klare Sicht. Vorurteile, billige, oberflächliche Forderungen sollten geortet und durchschaut werden. Nur so werden wir nicht zum Mitläufer. Nur so können wir unsere hart erarbeitete Demokratie bewahren. Die primitive Schwarz-Weiß-Malerei führt in den Abgrund. Sie führt zur Ausgrenzung der Wahrheit und zu einer vordergründigen Beurteilung isolierter Fakten, ohne die Einordnung in komplexe Zusammenhänge.

Alles hängt mit allem zusammen. Das Klima, der Hunger in der Welt, die sich gegenseitig bedingenden Wirtschaftssysteme, die wirtschaftliche, globale Vernetzung und die komplexen Zusammenhänge der Märkte. Alles hängt mit allem zusammen, und alles betrifft uns gleichermaßen, man denke nur an das Klima. Jeder einzelne von uns ist in diesen Netzwerken verstrickt. Wir leben an der Wirklichkeit vorbei, wenn wir nur vordergründig an unseren kleinen Vorteil denken. Wir erkennen nicht die Realität, wenn wir nicht bereit sind, die Wirklichkeit zu erfassen und dementsprechend konstruktiv nach Lösungen zu suchen. Jeder von uns möge ein komplexes, globales Denken anstreben. »Öffne die Augen für die Schieflagen in der Welt! Lasse dir niemals dein Hirn vernebeln! Sei achtsam!« Auch dem reichsten Menschen der Welt wird der Sauerstoff ausgehen, wenn sich die Ozonschicht verabschiedet. »Bleibe hellwach! Unterbrich deine Routine, um dich der Welt zu öffnen und um die unbequemen Inhalte zu verstehen!« Die unterschiedlichen Kontexte bedürfen eines freien Blickes, der in der Lage ist, vorurteilslos und nicht gewinnorientiert die Wirklichkeit zu erfassen. Wir versperren uns die Sicht, wenn wir mit der Brille des Habenwollens auf die Welt sehen. Wir Menschen können nicht logisch und frei nach Lösungen suchen, wenn wir die Schere der Vorteilsnahme im Kopf wüten lassen. Unsere Bildung sollte uns befähigen, ein klares Auge auf die Welt zu werfen.

Wer in der Lage ist, sich ein kritisches Bewusstsein zu erarbeiten, wird auch die Schieflagen in der Welt besser einordnen können. »Lasst uns unsere Bildung nutzen, um die Welt besser zu begreifen! Lasst uns unsere Bildung dazu nutzen, Vorurteile abzubauen! Lasst uns zu urteilsfähigen und sachlichen Denkern heranreifen!« Nur so können wir die Zusammenhänge verstehen und Lösungen anstreben. Das Auge der Vorteilsnahme wird die notwendigen Lösungen, dringend notwendigen Maßnahmen blockieren. »Verbanne das Auge der bloßen Vorteilsnahme!«

Du hast alles gegeben

Du bist talentiert, in dir brennt das Feuer des Kreativen. Das blieb den anderen Menschen nicht verborgen. Sie liebten dein Talent, deinen Mut, denn du gingst mit der Fackel voran und du wagtest dich vor, in die Schluchten des Genies. Du hast alles gegeben. Kein Thema des Menschseins sollte dir fremd bleiben, denn du wolltest dich nicht vor den zentralen Themen wegducken. Dir war nichts peinlich und auch nichts zu kompliziert. Du hast das Leben in seiner Freude und in seinem Schmerz angenommen. Du hast die Erkenntnisse und deine Energie, deine Schmerzerfahrungen wie eine Fackel weitergereicht. Das Lob, der Applaus und die Anerkennung sind nicht ausgeblieben. Jeder braucht den Nährboden dafür, seine Batterien aufzuladen. Doch das alles ist für den Mutigen sehr schwer zu ertragen, weil die meisten nicht bereit sind, gemeinsam in die Abgründe des Daseins zu schauen. Sie diskriminieren den Denker, den Unbequemen, da sie ihren Traum von der heilen Welt nicht aufgeben wollen. Solange das Geld reicht und die Störfaktoren nicht zu offensichtlich werden, wollen sie genießen, nicht peinlich berührt und mit den Ängsten und Nöten der Existenz an sich konfrontiert werden. Das kollektive Verdrängen kommt zum Vorschein, wenn gesellschaftliche, wirtschaftliche und politische Notlagen zum Himmel schreien und in der Schrebergartenhütte die Buchsbaumproblematik diskutiert wird. Das kollektive Wegschauen bringt jede Gesellschaft an den Abgrund. Früher oder später werden sich die Schieflagen immer weiter ausdehnen. Kinder, die nicht richtig betreut werden, Alte, die in Abstellkammern vegetieren, Jugendliche, die keine Lehrstelle bekommen und Flüchtlinge, die in überfüllten Zelten hausen, zeigen deutlich die Verwerfungen einer Gesellschaft. Wer Geld hat, kann alles delegieren und aus weiter Ferne betrachten, während die Kriminalität wächst und eine Nation, ganz Europa, in einer sozialen Schieflage versinkt. Das Verdrängen unterstützt indirekt, aber kontinuierlich die Abgründe. Das Wort »Hauptsache, mir geht es gut« hinterlässt Armut, produziert ein Handeln ohne bewusstes Sein und schafft Abgründe ohne jegliche Kontrolle. »Wer ist dazu bereit, mit dir in die Schluchten des Daseins zu schauen?« Der Blick in die Tiefen der Existenz macht den Bequemen Angst. Es wäre Arbeit zu denken. Es wäre Arbeit zu helfen, sich zu informieren und sich einen Standpunkt zu erarbeiten. Es würde Zeit beanspruchen, sich über die Schieflagen der Gesellschaft umfassend zu informieren und sich dementsprechend mündig zu verhalten. Wer denkt und das Reflektierte äußert, stört den bequemen Trampelpfad des Eindimensionalen. Der Denkende reiht sich nicht in die Reihe der Verdrängenden ein, die auf dem Totenschiff ihr Tänzchen wagen. Die Eindimensionalen zelebrieren ihre Abenteuerlust, während alles um sie herum finanziell abgesichert ist. Der Abenteuerlustige will sich spüren und wirft sich in die Gefahren einer abgehobenen Freizeitindustrie. Keine Flugroute ist zu lang, kein Kreuzfahrtschiff zu groß, kein Berg zu hoch und keine Kultur zu unerforscht. Solange das Geld reicht und die Gesundheit mitspielt, werden die Hormone künstlich angekurbelt. Es werden neue Abenteuer erfunden, um sich zu spüren, da das eigene, natürliche Leben auf Grund der Sinnleere zur Belastung geworden ist. Wer in seiner eigenen Biographie keinen Sinn erlebt, wer in seinem Alltag keine Erfüllung erfährt, muss immer neue Abenteuer künstlich erfinden, erkaufen, um sich überhaupt zu spüren. Die Gelangweilten trotten dahin, mit den chemischen Cocktails in der Hand. Sie hängen an den Lippen der Kreativen, der Mutigen. Für eine Sekunde wollen sie angestoßen werden, um später wieder im Trott der Bespaßung zu versinken. Sie trinken gern von dem Nektar des Mutes, wenn er wohldosiert von dem Denkenden abtropft. Sie lieben es, wenn der Brennende vor Kreativität überschäumt, wenn er leuchtend voran geht. Die leuchtende Spur kann Orientierung bieten und den Raum fluten. Der Unangepasste soll ihre Räume ausleuchten. Doch es darf nur wohldosiert und Häppchenweise geschehen, denn der Bequemlichkeit darf nichts im Wege stehen. Die Langeweile und Öde soll vertrieben werden. Es bleibt ein Spiel, eine gute Unterhaltung, denn niemand der verdrängen will, schaut ernsthaft und konsequent in die Schluchten der realen Existenz. Sie lieben es bequem, wohl dosiert und sie fürchten das Licht der Wahrheit. Wenn wieder einmal die Langeweile droht, das Kuschelige und Seichte nicht mehr anturnt, so soll der Kreative, der Denkende, Spaß bereiten. Auf dem gepolsterten Sessel gruselt es sich hervorragend. Von dort aus schaut man sich auch gern in wohl dosierter Art und Weise das Scheitern und den Tod an. Doch nichts soll zwicken und kneifen, das Netz und die gesicherte Position sollen das Behagen garantieren. Niemand liegt gern im Dreck. Niemand schwitzt gern im kreativen Rausch, dass sollen doch bitte die anderen erledigen. Wozu hat man Künstler? Der künstliche Rausch ist dosierbar. Der Abhängige, Unselbstständige, der Gelangweilte ruft: »Du Kreativer, wag dich vor und schau in die Schluchten der Existenz! Gib mir von deinen Emotionen etwas ab! Du fühlst den Tod, die Liebe, die Leidenschaft, das Leben aus erster Hand! Dein Mut ist bewundernswert!« Der Denkende ruft dem Mitstreiter zu: »Pass auf dich auf! Fackel nicht ab!« Der Philosoph ermutigt seinen Freund und beruhigt ihn am Ende seines Daseins und sagt: »Du hast alles gegeben!«

Das Glühen einer ungezähmten Energie

Du bist ein Vorbild, du leuchtest und glühst, denn du lässt dir nicht das Denken, das Lieben und das Reden verbieten. Du hast eine Meinung, die du dir hart erarbeitet hast. Du hast das Leben nicht gescheut und die Bücher der Welt als ein Geschenk an dich angenommen. Alle Einschüchterungsversuche sind an dir abgeprallt. Du siehst zerfurcht und zerknautscht aus, dein Leben ist dir ins Gesicht geschrieben. Dein innerer Kern leuchtet aus dir heraus. Du hast es niemals aufgegeben, herzlich zu lachen und zu weinen. Du hast deine Emotionen, deine Empathie nicht verloren und deine persönliche Sprache nicht aufgegeben. Deine Augen zeugen von deiner Neugier aufs Leben, sie glühen voller Leidenschaft und dein Gang ist jugendlich. Wenn man dir in die Augen sieht, verschwimmen die Falten. Du hast keinerlei Angst davor, dich zu verschwenden, dich zu verausgaben, denn die Energien der anderen strömen in dich zurück. Die Menschen hören dir gerne zu, denn sie erkennen in dir das Besondere, deine Wärme, deine Leidenschaft und die ungezähmte Energie. Du duldest nur die Menschen, die dich »du selbst« sein lassen. Du schützest dein inneres Feuer, deine Flammen der Fantasie. Vielleicht ist das die schwerste Arbeit, die ein Mensch leisten kann. Nur der Unverbogene, der Mutige kann sich retten und anderen Menschen hilfreich sein. Der freie Denker, der mutig Handelnde geht weiterhin leuchtend voran, während zu viele nur um ihren Vorteil kreisen und gleichsam die demokratischen Prinzipien verraten.

Die Dunstglocke

Die Dunstglocke hüllt dich ein und du kannst kaum atmen. Sie nimmt dir die Sicht, den Durchblick, die Kraft. Die Dunstglocke ist eine zähe Masse, eine Hülle, die von Ansagen, Befehlen, Indoktrinationen gespeist wird, das Gehirn vernebelt und dir immer wieder die Möglichkeit nimmt, klar zu denken. Solange du unter der Dunstglocke sitzt, wirst du dich nicht vernünftig orientieren können. Die Dunstglocke lässt die Wahrheit nicht zu. Sie schottet das Gehirn ab. Sie ist fern von jeder Wissenschaft und Wahrheit. Wer unter der Dunstglocke sitzt, wird von den Einschätzungen und Erwartungen der Indoktrinierten umkreist. Auch du kannst im Sumpf der Manipulationen untergehen, wenn du nicht an der Erkenntnis, an der Wahrheit interessiert bist. Du bist verloren, wenn du nicht mehr klar und deutlich erkennen kannst, wofür du stehst, wofür dein Herz brennt.

»Habe Mut und traue dich an die frische Luft! Du kannst aus der Dunstglocke heraustreten! Verschließe dich nicht der Möglichkeit des klaren Sehens, Hörens und des klaren Verstehens! Tritt hinaus in die Freiheit! Lass dich nicht von unsinnigen Befehlen einschüchtern und mach dir selbst ein Bild von der Welt!« Die Dunstglocke war gestern.

Am Ende deines Lebens

Am Ende deines Lebens fragst du dich, was wirklich wichtig war. Vielleicht wirst du erschrecken, wenn du zurückblickst und erkennen musst, dass viele Weichen falsch gestellt waren und dein Lebenszug in Richtung Selbstaufgabe gerast ist. Es war dir damals nicht bewusst, die Circen lockten, die Angst betäubte dich. Versprechungen hielten dich gefangen. Weichen wurden gestellt, Schlösser schnappten zu, die Freiheit verschwand unter einer großen Dunstglocke. Die Lebenszeit verstrich, die Lebensfreude verflog. Du wolltest dich nicht selten befreien, doch du zappeltest im Netz. So blieben deine Visionen ungenutzt. Sie wurden begraben, weil das Sich-Hinaufschwingen in die Höhen der Phantasie du dir nicht mehr zutrautest. Lebensfreude und Kreativität wurden dir fremd. Du wolltest an deine guten Phasen anknüpfen und grifft dabei zu Betäubungen, bevorzugtest lieber die Flucht oder schautest lieber weg. Wenn ein unbequemer Denker deinen Weg kreuzte, bist du ihm ausgewichen. Es bedeutete einen großen Schmerz für dich, dich der Wahrheit zu stellen, denn du stecktest tief im Sumpf. Du wolltest dich verstecken, doch der zähe Schleim der Dunstglocke klebte an dir. Nun am Ende deines Lebens erkennst du, dass andere die Macht über dich hatten. Am Ende des Lebens erkennst du auch deine glücklichen, freien Stunden. Es waren die Stunden, in denen du »du selbst« sein durftest. Damals, als dich die Freiheit und nicht die Dunstglocke umgab und die Atmosphäre deiner Kreativität dir Flügel verlieh, warst du noch »du selbst«. In deinem Gehirn kreisten die natürlichen Glückshormone. Nach und nach gabst du deine Freiheit auf. Du gabst dich selbst auf und ließest dich in Ketten legen. Die Materie erschien dir wichtiger als das Sein. Nun war dir das Konsumieren näher am Herzen als deine Ideale, deine kreativen Ideen und deine Ethik. Du hast sie immer wieder verraten. Deine Ideale hast du vernachlässigt, verleugnet, genauso wie die Menschen, die zu ihren ethischen Werten weiterhin standen. Dein Herz kühlte ab. Du suchtest nach Wärme und betäubtest dich mit Gütern und Genüssen. Der Abgrund der Kompensation schluckte dich. Deine Kraft schwand, du konntest nicht klar denken und der Tropf der Scheinwelten nahm dich gefangen. Es ist eines der schwersten Aufgaben, sein eigenes Ich zu beschützen. Es sind die Abhängigen, die die Abhängigen suchen, die sich gegenseitig in Abhängigkeiten verstricken und planlos in See stechen. Sie orientieren sich nicht an den Leuchtenden. Die Abhängigen ertragen nicht die Freien. Sie wollen das freie Sein verbannen. Die Abhängigen wollen sich nicht mit den Unbequemen konfrontieren, denn ihre Ohnmacht und Unbeweglichkeit würde zu offensichtlich werden. Die Abhängigen denunzieren den Leuchtenden und suchen nach einer Chance, den Denkenden zu kritisieren und abzuwerten. Die Fremdbestimmten wollen den freien Denkern nicht zuhören, da sie selbst ihre Freiheit schon längst aufgegeben haben. Der Abhängige erträgt den Freidenker nicht. Der Konsument am Aderlass der Industrien erträgt den Kreativen nicht. Der Neid und die Angst sind zu übermächtig. Sie haben sich in ihrer Bequemlichkeit in Ketten legen lassen. Vielleicht werden sie es auf dem Sterbebett bereuen. Es ist harte Arbeit, ein frei Denkender zu bleiben. Es ist oft schmerzhaft, kein Fremdbestimmter zu werden. Der Konsument am Aderlass der Industrie schaut weg, denn er erträgt die Aura des Kreativen nicht. Der Neid, die Angst sind für den Unfreien unerträglich, der Spiegel zu bedrohlich. Wer nach Betäubung und Verdrängung süchtig ist, erträgt niemals die Wahrheit, denn er müsste sich und seine Lebensverschwendung in Frage stellen. »Reiß deine Ketten ab, solange du noch lebst! Säubere dein Gehirn, solange dir noch Zeit bleibt! Suche das Bewusstsein, solange es noch geht! Werde selbst kreativ, es ist noch nicht zu spät!«

Dein Mut, frei zu sein

»Du wartest niedergeschlagen auf ein Zeichen? Nahm dir jemand den Mut und die Kraft, an dich selbst zu glauben? Wurdest du tief in deinem Herzen getroffen? Entwarf jemand ein verfälschtes Bild von dir? Konntest du an deine Projekte und Visionen nicht glauben? War es dir nicht möglich, ein selbstbestimmtes Leben zu verwirklichen? Hatte man dir niemals eine Chance eröffnet, tief in dir an dich zu glauben?« Es kostet viel Mut, Kraft und eine gehörige Portion Intelligenz, immer wieder die Flügel der Freiheit zu nutzen. Jemand wollte dich mit der Stimme der Warnung verunsichern. Die Stimme war mit einer großen Portion scheinbaren Engagements getarnt. Du fühltest dich getroffen und zweifeltest an deinen Antennen der Wahrnehmung. Deine Flügel der Phantasie, dein Aufschwingen in die Höhen der Kreativität waren blockiert, da die fremden Einflüsse und Ansprüche dich niederschmetterten. Es waren die Ansprüche der bloßen Materie und man wollte dich an deinem Geldbeutel messen. Man wollte dich bewerten und abwerten. »Wo war dein Selbstbewusstsein, dein Mut, frei zu sein? Wohin hatte sich deine geschulte Kommunikation verzogen, verflüchtigt?« Du hattest dir vorgenommen, dich nicht unnötig provozieren zu lassen und die Giftpfeile der Intrigen ins Leere fliegen zu lassen. Dein Herz und dein Verstand sollten von den Prahlereien endgültig verschont bleiben. Du warst zu gutgläubig, zu weich, zu nett. Du suchtest den ehrlichen Austausch, während die anderen die Messer wetzten. Du wolltest Freundschaften pflegen, während andere die Intrige suchten. Das alles hinterließ in deiner Psyche tiefe Wunden. Deine Seele litt, dein Herz wurde erschüttert. Du musstest immer wieder erkennen, dass es viele Menschen nicht gut und ehrlich mit dir meinten. Neid, Eifersucht, die Gier nach Klatsch und Tratsch, fesselten die Bewusstlosen. Die Gierigen wollten keinen Freigeist dulden. Sie neideten ihm die Freiheit, den Fleiß und die geistige Beweglichkeit. Sie neideten ihm den Mut und die Lebendigkeit, die Suche nach der Wahrheit. Sie spürten ihre Unfreiheit und wurden immer unzufriedener. Doch du schöpftest immer wieder von Neuem den Mut, frei zu sein. Die Verletzungen sollten keine Bitternis um dein Herz legen. Du wolltest ein freier Mensch bleiben und kein frustrierter Zombie werden. Du wolltest nicht neidisch, eifersüchtig und gierig werden. Du hattest den Mut, frei zu denken. Doch viele wollten keinen freien Denker dulden. Sie neideten ihm die lebenslange Suche nach Freiheit und Wahrheit. Sie schauten neidisch und ängstlich und zappelten selbst im Spinnennetz böser Intrigen, die sie selbst angezettelt hatten. Sie wanden sich wie zappelnde Insekten hin und her. Sie waren gelähmt von ihrer Gier und ihrer Unfähigkeit für ihr Ich zu kämpfen. Sie hatten bereits in vielerlei Hinsicht aufgegeben und schauten nun voll des Neides auf den Mutigen. Der Strick der Eitelkeit, Vorteilsnahme und der Gewohnheit hatte sich um ihren Hals gelegt. Damals hatten sie es sich in ihren flauschigen Sesseln und wohnlichen Eigenheimen bequem gemacht. Neugierig und abwertend blickten sie nun aus ihren Fenstern und lästerten über den Freigeist. Sie ertragen es nicht, dass sie vor langer Zeit ihre

Lebendigkeit, ihre Träume und wahren Ziele aufgegeben haben. In ihnen dämmert es, dass sie ihre Hoffnung zerstört und ihre Visionen verraten haben. Sie können mit der Leuchtkraft und Kreativität des wahrhaft Lebendigen nicht mehr mithalten. Aus ihrer scheinbar sicheren Position heraus verleumden sie den Kreativen. Sie haben ihre Seele verkauft, als sie ihr Herz dem Vorteil verschrieben. Sie haben ihre Sehkraft verloren, als sie die Brille der Gier aufsetzten. Sie haben ihr Herz an den schnöden Mammon gekettet. Ihr Gesicht kommt einer Maske gleich, denn die Habgier und das Botox haben aus dem Lächeln eine aalglatte Fratze werden lassen, die jeglicher Strahlkraft entbehrt. Sie haben ihr Lächeln verloren. Sie leben in den Museen von Lügen und Widersprüchen. Sie können sich nur noch vage an ihr ehemaliges freies Denken erinnern. Mit den Visionären können sie nicht mehr mithalten. Sie haben ihre Seele verkauft, ihre Lebendigkeit verloren. Ihre Gesichter sind zu Masken verkommen, die die innere Leere deutlich zeigen. Es ist ein Bild des Jammers und des Schreckens. Sie werden einsamer, frustrierter und verbitterter. Die Erinnerungen an ehemalige Ziele und ernstgemeinte Inhalte verschwimmen vor dem Auge der Gier und des Neides. Die Abwärtsspirale dreht sich weiter. Sie legen die Füße hoch und ertragen nicht den Fleiß des frei Denkenden, des Authentischen, des Kreativen. Sie können sich nicht vorstellen, dass ein Mensch brennen, lodern kann und ein Leben lang kreativ sein will. Es liegt außerhalb ihrer Vorstellungskraft, dass kreative Arbeit Spaß macht. Sie vertrauen ihrer Bequemlichkeit und werden schwächer. Die Trampelpfade und Rituale sollen bleiben und werden Tradition genannt. Sie haben keine Perspektive. Sie können sich nicht mehr zu den Höhen der Freiheit aufschwingen. Der Brennende, der Glühende, der Unangepasste wird nicht selten abgewertet, bekämpft, da er ihnen einen unangenehmen Spiegel vorhalten kann. Die Angst und Suche nach Vorteilen haben die Flügel des Angepassten verkümmern lassen. Sie schaffen es nicht mehr, sich in die Höhen der Freiheit emporzuschwingen. Nun hocken sie frustriert in ihren goldenen Käfigen.

Frischer Wind in deinem Kopf

Die Zeiten ändern sich. Du änderst dich. Die Menschen um dich herum verändern sich. Du kannst nichts festhalten ... Das alles macht dir Angst und du möchtest deine Sicherheiten, deine festen Rituale bewahren. Die Wirklichkeit erfordert Flexibilität. Neue Situationen bedürfen neuer Intuitionen und du kannst ein Erfinder werden. Du kannst dich neu erfinden, ein Leben lang.»Schau auf die Biografien der Dichter, Denker und Künstler. Sie haben neue Epochen, Stile und sich selbst neu erfunden. Höre nicht auf diejenigen, die sagen:»Das alles ist Quatsch! Das gab es noch nie! Das geht nicht und das kannst du nicht! Du bist zu arm, zu alt, zu hässlich. Du bist nicht vorbereitet und du hast die falsche Ausbildung. Deine Talente reichen nicht. Gib dir keine Mühe, das alles ist Zeitverschwendung!«

Die Wirklichkeit sieht anders aus: Das Leben kann dich bilden, dein Leben bietet dir Erfahrungen an, wenn du mit einem offenen Herzen, lebendigen Augen und einem klaren, wachen Verstand durchs Leben gehst. Daran kannst du arbeiten. Du kannst aktiv werden und so ergeben sich neue Möglichkeiten. Es ist wichtig, dass du lernst zu lernen und dass du das Leben verstehen willst. Alles das kann man üben. An deiner Courage kannst du arbeiten, wenn die Pessimisten und Schwarzmaler wie Blei an deiner Seele, an deinem Körper kleben, dich in die Schluchten des Aufgebens ziehen wollen. Die Mutlosen und Bequemen sehen es nicht gern, wenn dir Flügel wachsen. Sie mögen es nicht, wenn du unberechenbar und lebendig bleibst. Sie schauen mit dem Auge der Berechnung auf dich. Sie wollen dein Handeln einordnen. Der Neid und die Angst hängen an ihrer Seele, denn sie haben sich kaufen und einschüchtern lassen. Sie ertragen es nicht, wenn sich jemand gegen alle Widerstände entfaltet und er »er-selbst« bleibt.

»Schwinge dich hoch, lass dir Flügel wachsen, höre auf deine Intuition! Du besitzt die nötige Phantasie! Du bist frei! Du kannst denken und handeln! Du brauchst keine Ketten und keine tonnenschweren, niederschmetternden Gedanken. Klares, frisches Denken wird dich vorantreiben. Deine Seele wird neue Impulse empfangen können. Du willst nicht im Sumpf ersticken. Geh hinaus in die Welt und sei dein Lebenserfinder! Wenn deine Augen offen sind, wirst du die Menschen um dich deuten können. Mit deinen wachen Augen wirst du die positive, kreative, lebendige Lebensfreude erkennen. Du wirst andere Chancen und Wege wahrnehmen. Es geht um die Offenheit. Breite deine Arme weit aus, umarme das Leben. Du hast es verdient, dein Leben wieder zuzulassen! Du hast es verdient, dass du in deinem Leben deutlich sichtbar wirst!«

Der Erfinder

Wir alle sind Erfinder. Um im Leben zu bestehen, müssen wir uns neu erfinden. Wir sollten aktiv und hellwach am Leben teilhaben, uns einbringen. Doch Achtung: Nur Schritt zu halten, irgendwie mit zu trotten, hinterher zu laufen, das kann nicht unser wahres Ziel sein. Mit zu spielen, sich weg zu ducken, irgendwelche Floskeln nach zu plappern, kann keine Befriedigung bringen. Ausgetretene Trampelpfade als eine selbstbestimmte Lebensroute zu verkaufen und irgendwie mit zu laufen, das wird keine Befriedigung bringen können. Ein fremdbestimmtes Leben ohne deine Handschrift wird dich innerlich aushöhlen, dir keine Erfüllung bringen. Deine Unzufriedenheit, deine Krankheiten werden dir zeigen, dass etwas gehörig schief läuft. Das Hinterherlaufen und das Nachplappern führen in die Sackgasse der Bewusstlosigkeit. »Du bist ein Unikat! Deine Intuitionen sind einzigartig!« Warum solltest du an den ausgetretenen Wegen der anderen festhalten? Wenn die Fremdbestimmung wütet, fehlen Inhalte, begründete Überzeugungen. Die Selbstbestimmung muss hart erarbeitet werden. Ein mündiger Bürger zu sein, bedarf einer lebenslangen Aufklärung. »Verstumme nicht, denn du hast eine Stimme! Verliere den Anschluss nicht an dich selbst, sonst gerätst du in die Sackgasse der Fremdbestimmung!« Das Hinterher-Trotten sollte nicht dein Lebensweg sein. Die Fremdbestimmung zerstört jeglichen Prozess einer Bewusstwerdung. Denke daran: »Du bist ein Original, deine Intuition ist einzigartig! « Warum sollten die vorgegebenen, ausgetretenen Trampelpfade, die dir andere vorschreiben, die richtigen sein? »Höre auf dein Herz und bilde deinen Verstand!« Es klopfen immer wieder neue Gedanken und wegweisende Emotionen an. Du musst sie nur ernst nehmen, sie zulassen und sie nicht gleich wieder in die Truhe des Vergessens werfen. Du bist dein Erfinder. »Erfinde dich täglich neu! Verlasse das Verlies!« Wenn du es liebst zu lernen, wenn du es liebst, das Leben mit wachen Augen zu sehen, so wirst du zu deinem Lebenserfinder werden. »Genieße dein frisches, spontanes, kreatives Leben! Du bist und du bleibst dein Erfinder! Du wirst ein leuchtendes Vorbild sein!«

Die Verzettelung

Du hattest viel gelesen, viel durchlitten, Erkenntnisse gemacht und diese auch umgesetzt. Doch du wurdest schwächer. Die Ansprüche an dich saugten dich immer mehr aus. Nun warst du erschöpft. Deine Urteilskraft litt darunter. Du konntest in deiner Bedrängnis nicht mehr so klar denken. Du hattest Probleme zu unterscheiden zwischen dem, was du eigentlich wolltest, und dem, was andere von dir verlangten. Zuviel wurde an dich herangetragen. Du verzetteltest dich immer mehr. Der Druck auf dich wuchs und du ließest es zu, dass die Ansprüche der anderen dein Gehirn vernebelten. Schließlich konntest du nicht mehr klarsichtig entscheiden und du wurdest zum Getriebenen. Deine Orientierung verschwand. »Was wolltest du vom Leben? Was waren deine Ziele? Welche Inhalte und Überzeugungen waren dir wichtig gewesen?« Es ist lange her, dass du diesen Fragen nachgespürt hast. Weil du die vielen kleinen und großen Ansprüchen an dich wie ein Gitter, wie ein Netz um dich hast legen lassen, konntest du die Wirklichkeit und somit dich selbst nicht klar und deutlich erkennen, doch genau das wäre aber die Voraussetzung für eine eigenständige Urteilskraft gewesen. Du spürst, dass dir dein Leben entgleitet und du spürst sehr deutlich, dass du kaum noch in deinem Leben vorkommst. Die Fremdbestimmung hat sich um deinen Hals gelegt und dein Atmen, dein Denken wird immer schwieriger. Nun vermeidest du bereits das Nachspüren, das Nachdenken. Du willst nicht in die Abgründe sehen. Du spürst, dass du dich verzettelst hast. Damals dachtest du, dass die Ansprüche der anderen nur Kleinigkeiten seien und dass du durchaus Kompromisse eingehen könntest. Doch mittlerweile hast du immer mehr Freiheiten, Leidenschaften und Interessen in einer Lebensschublade verstaut. Die Schubladen rosteten ein. Deine Kraft schwand immer mehr. Die Anstrengungen mussten größer und größer werden, um die Schubladen zu öffnen. Du wurdest schwächer, weil du die kostbaren Inhalte der Schubladen nicht mehr erreichen, anschauen und denken konntest. Die motivierenden, stärkenden Inhalte wurden für dich unerreichbar. Du erlagst einem Irrtum: Du dachtest, alles sei schön säuberlich, sicher versteckt und du könntest jederzeit zugreifen. Doch das war eine Lebenslüge. Das Leben tickt anders. Ein Muskel muss bewegt werden, das Gehirn muss trainiert sein und Inhalte müssen gelebt werden. Erkenntnisse sollten nicht in tonnenschweren Schubladen unerreichbar bleiben. Deine Weisheiten, deine Erkenntnisse sollten dich stärken, sie sollten dir auf deinem Lebensweg Kraft, Mut und Orientierung bieten. Sie waren hart erkämpft und oftmals aus dem Leid geboren. Sie können dein Wegweiser und treuer Begleiter sein. Du kannst die Wirklichkeit im Dschungel der Ansprüche oft nicht mehr erkennen. Die Verzettelung hat dir die Sicht auf dein Leben geraubt und die Zeitfresser nagen an deinem Selbst. Die Freiheit will beschützt und die Selbstbestimmung muss immer aufs Neue verteidigt werden. Die Gefahren der Fremdbestimmung lauern überall. Es sind die Circen, die Verführer, die mit den Aussichten auf Gewinne locken, es sind die Heuchler, die die Wirklichkeit verdrehen.

Um frei denken und selbstbestimmt leben zu können, darf man nicht in die Fallen der Schleimer tappen. Die eigene Urteilskraft sollte täglich trainiert, das Gehirn muss wie ein Muskel bewegt werden und der Mut sollte niemals schwinden. Ohne Urteilskraft kann es keine Selbstbestimmung geben und ohne Mut wirst du nicht zu deinen Zielen stehen können. Du brauchst Energie, ein starkes Selbst und du solltest lernen, auch mal nein zu sagen. »Werde stark genug, um Grenzen zu ziehen!« Frühere Erkenntnisse können dich heute stärken, sie sollten dein Wegweiser und Begleiter bleiben.

»Was bedeutet dir heute dein Leben? Lässt du diese Frage noch zu? Hast du die entscheidenden Lebensfragen in deiner rostigen Schublade verstaut? Wo steht dein Ich, wann lässt du es sichtbar werden? Hast du zu den Facetten deiner Persönlichkeit einen Zugriff?«

Immer wieder behauptest du, dass deine Aktivitäten wichtig seien und dass du an deinen Regeln festhalten musst. Du läufst emsig in deinem Hamsterrad. Du zappelst an Fäden und deine Fernsteuerung wird immer offensichtlicher. Dein Abspulen fremdgesteuerter Aktivitäten führt dich weit weg von dir, deinem Kern, deinem Selbst. Du bist fleißig darin geworden, dich abzuschaffen und dich hinter knarrenden Türen zu verstecken. Deine Ziele, deine Träume hast du in den verrosteten Schubladen verstaut. Du gibst dich auf. Deine vielen Regeln, deine Alltagsstrukturen lassen dich selbst, deine Leidenschaften kaum noch zu. Du siehst traurig und verzweifelt aus. Du ringst um Fassung, während dein Leben an dir vorbeiläuft. Du hast dich verzettelt.

Es ist wie eine Krankheit

Eine Krankheit schwächt, sie macht dich unfrei, du verlierst deine Selbstbestimmung. Alles, was dich schwächt, ist wie eine böse Krankheit. Gegen diese musst du ankämpfen, um wieder ein unabhängiges, kraftvolles Leben führen zu können. Du willst erblühen, immer wieder aufs Neue. Du willst dich neu erfinden, strahlen und anderen Menschen etwas von dir abgeben. Es geht im Leben nicht nur um die profane Regeneration, die zwar notwendig ist, die dich aber nicht spiegeln und nach außen treten lassen kann. Deine Liebe, deine Kreativität sind mehr als nur Materie. Deine Höhen, in die du dich aufschwingst, sind mehr als dein Staub, dein Wasser, deine Biostoffe. »Lass dir nicht deine Liebe und Hoffnung nehmen! Lass dir nicht in so mancher Hoffnungslosigkeit deinen Mut nehmen!« Das Zentrum deines Ichs ist empfindlich und einzigartig. Du bist du und das solltest du beschützen. »Lass die Krankheiten mit der Wucht der Zerstörung nicht zu!« Es sind die zermürbenden, aushöhlenden, schlechten Energien, die dich im Inneren treffen und sich wie eine Krankheit in dir ausbreiten. Du kannst die schwächenden Energien bekämpfen, indem du »du selbst« bleibst, indem du bei dir bleibst. Du wirst in der Umgebung am kraftvollsten sein, in der du zu deiner Entfaltung kommen wirst, in der du erblühen darfst. »Lebe dein Ich! Beschütze dein Selbst!«

Gib dich nicht auf!

Du bekommst nicht dadurch ein Leuchten in deine Augen, wenn dein Lidstrich dicker und die Wimperntusche noch auffälliger aufgetragen werden. Das Leuchten enthält eine andere Dimension, aus einer anderen Dimension. Die Strahlkraft entspringt aus deiner Persönlichkeit. Die Frisur, das Make-up und deine Kleidung unterstreichen deinen Typ, doch das Leuchten erhält seine Energie aus deiner inneren Tiefe. Vieles bleibt dabei unerklärlich, vielleicht sogar ein Geheimnis. Du selbst wirst spüren, wenn du strahlst und wenn du deine eigentliche Energiequelle findest.

»In welcher Gesellschaft fühlst du dich wohl? Wann kannst du strahlen und »du selbst« sein?« Wenn du dich nicht verstellen und nichts erzwingen musst, dann kannst du an deine kostbaren Depots gelangen. Die Momente, in denen man ganz selbst sein darf, angenommen wird, ohne Angst frei sein kann, ohne Tabus und Restriktionen leben darf, sind unendlich wertvoll. »Wer lässt dich »du selbst« sein?

Wer will dich nur als Mittel zum Zweck missbrauchen? Wer will mit dir angeben und wer will durch dich Vorteile erheischen?« Wenn du einen Menschen kennst, bei dem du »du selbst« sein kannst und du selbst sein darfst, so erfährst du das Glück und die Erfüllung deines Lebens. Es wäre schade, bedauerlich, wenn du nicht ganz und gar »du selbst« sein dürftest. Du würdest schwächer, verbogener und schließlich konturenlos. Niemand könnte dich wiedererkennen, da du in deiner Anpassung verschwunden bist. Immer wenn man dir

Angst macht, wenn du unterdrückt wirst, bist du in Gefahr. Wenn du nicht »du selbst« sein kannst, verfehlst du deine inneren Feuer, deine Leidenschaften und deine ganz individuelle Energie.

»Sei achtsam und gib dich nicht auf! Bewahre deine Stärke, deine Leuchtkraft, so wirst du auch anderen in der Dunkelheit ein Wegweiser sein!« Was du beherrschst, kannst du leidenschaftlich mit anderen teilen. »Fördere das, was du gern ausübst, es wird die anderen erreichen. Deine Talente werden geliebt. Andere können an deinen Künsten partizipieren, angestoßen werden und wachsen. So wirst du auch für andere eine Bereicherung. Verliere dein Leuchten nicht! Verliere deine Träume nicht! Verliere den Glauben an dich selbst nicht! Gib dich nicht auf! Bewahre und pflege deine Talente! Du kannst das, wofür du brennst, mit anderen teilen. Bewahre und fördere, was du gern ausübst! Du wirst sehen, dass andere deine Talente lieben!« Sie werden an deinen Lippen hängen, sie werden an deinen Künsten partizipieren und selber aufblühen, wachsen. Ein Mensch kann überzeugen, wenn er in seiner Arbeit sichtbar wird. Ein Mensch wird geliebt, wenn er sich authentisch zeigt. Wir brauchen keine Zombies, keine Roboter, keine Masken. Wir brauchen keine Püppchen und aalglatten Gesichter, die nicht mehr leidenschaftlich lachen können. Der Schmerz gehört zum Leben, der Schweiß ist der Ausdruck der Anstrengung und in deinen Falten spiegelt sich deine Erfahrung. »Sei wieder ein Mensch, ein leidenschaftlicher, selbstbestimmter Kreativer! Gestalte dein Leben! Gib dich niemals auf! Bewahre dein Selbst! Du hast viel zu geben! Verschwende dich in deinen Leidenschaften und alles kommt zu dir zurück, denn du pflegst nicht das Auge der Berechnung. Du bist für die anderen eine Bereicherung.«

Lass dich nicht verhärten

Du willst beliebt sein und perfekt funktionieren. Du sagst: »Ich muss stark und brillant ′rüberkommen. Ich darf mir keine Schwächen erlauben.« Du wirbelst vieles durcheinander. Dein Selbstbild verschiebt sich einseitig auf einen Aspekt. Es ist die Betrachtung durch ein gnadenloses Auge. Dieses Auge sieht zu wenig. Der Zugang zur Wirklichkeit macht dich auf einem Auge blind. Es ist das Auge der Empathie. Du willst keine unnötige Energie verschwenden. Du hast Angst davor, dich zu verzetteln, schwach zu werden, zu emotional zu wirken. Vielleicht hast du die Befürchtung, dass deine Emotionen dich überwältigen könnten. Willst du nicht in die Tiefen deiner Seele schauen? Du gibst vor, dass die anderen dich grundsätzlich fit und stark sehen wollen. Du möchtest dir keine Gefühlsduselei erlauben. Doch so überhörst du die Stimme der Empathie in dir. Immer wieder bist du verführt, die Stimme des Mitgefühls beiseite zu schieben. Du willst funktionieren und übersiehst entscheidende Signale. Es sind die Zeichen der anderen an dich. Es sind ebenso die Signale in dir aus den Tiefen deines Selbst. »Hör auf dein Herz und nutze deinen Verstand!« Vielleicht möchtest du keine unnötigen Belastungen und glaubst, dass das Mitfühlen dir Energien rauben könnte. »Suchst du den schnellen Erfolg? Willst du im Mittelpunkt stehen und nur dann aktiv werden, wenn du gesehen wirst?« Die Tiefe deiner Seele empfindest du als eine Bedrohung. Du hast sehr viel in ihre Schluchten geworfen. In deinen Selbstgesprächen betonst du, dass du dir keine Gefühlsduselei leisten kannst. Immer wieder vernachlässigst du deine empathischen Antennen, weil du wie ein Roboter funktionieren willst. Das alles hat eine Kehrseite. Du übersiehst entscheidende Signale. Es sind die deutlichen Zeichen deiner Mitmenschen an dich und die deutlichen Signale in dir selbst. Du überhörst und übersiehst viel, viel zu viel, um zu wachsen.

»Kehre um! Höre auf dein Herz und nutze deinen Verstand!« Das Berührt-Werden ist ein Zugang zur Wirklichkeit und je mehr Öffnungen du zulässt, pflegst und durchlässig hältst, desto mehr kannst du empfangen. Es sind die Geschenke des Lebens an dich. »Lass das Lachen und Weinen in dir selbst zu! So kannst du für die Lebensgeschichten anderer aufnahmefähig sein.« Dein Lebenstisch wird immer reich gedeckt sein. »Lausche den Lebensgeschichten der anderen!« Es wird ein wunderschönes, reiches Leben sein, wenn du dich nicht hinter deiner Härte versteckst. »Bleib durchlässig und empfangsbereit! Deine Antennen wachsen mit ihren Herausforderungen.« Du wirst kräftiger. Du bleibst durchlässig und du wirst nicht verhärten. Die anderen erkennen deine Kraft und Empathie, denn deine Strahlkraft flutet den Raum. Du bist bereit, in die Tiefen und Abgründe zu schauen, du hältst es aus und gleichzeitig breitest du die Flügel deiner Seele aus. Zu neuen Sphären, zu neuen Begegnungen. Deine Seele sucht die Wärme. Die Angst ist überwunden. Du hast das Leben in dein Herz gelassen. Die Facetten der Existenz werden angenommen und nie mehr verdrängt. Du hast angefangen zu leben.

Wenn du dich selbst verlierst

Wenn du dich selbst verlierst, wirst du nichts aus dir heraus kreieren können. Du hast den Anschluss an dich selbst verloren ... Damals, als du noch Kontakt zu dir selbst hattest, konntest du deinen Eingebungen folgen. Alles floss in dich hinein. Du konntest es weitergeben. Damals hattest du noch Kontakt zu deinen Wünschen und Leidenschaften. Deine Visionen leiteten dich. Du warst bei dir, du warst du selbst. Du empfingst das Leben mit offenen Armen und die Vorteile umringten niemals dein Denken. Dir war es wichtig, etwas zu bewegen und in Bewegung zu bleiben. Das alles ist lange her. Die Menschen konnten an deinen Inhalten partizipieren. Deine Intuitionen waren reichhaltig, voller Impulse, voller Energie. Du warst jederzeit bereit, deinen Eingebungen zu folgen. Aus dem Zentrum deines Ichs gabst du selbstlos deine Ideen weiter. Du hattest Mut und bedientest niemals die Schere im Kopf. Du strotztest vor Kraft, warst voller Lebensenergie und neuer Ideen. Du ließest die Kreativität in dir toben. Du warst mutig genug, dir deine inneren Bilder anzusehen, du ließest sie dir nicht wegnehmen und du ließest dich dir nicht wegnehmen. Die innovativen Bilder waren lebendig, denn du hieltest sie in Bewegung, du hieltest dich in Bewegung. Du warst in der Lage, dein Leben als Abenteuer anzunehmen. Du warst in der Lage, die vielen Angebote zu nutzen und aus ihnen immer wieder Neues zu gestalten. Das alles ist sehr lange her ... Tabus und Schranken haben dein Gehirn vernebelt. Die vielen Angsthasen um dich herum haben dich mit ihren Befürchtungen angesteckt. Sie haben dich geschwächt, verunsichert und aus dir einen Zweifler werden lassen. Nun kannst du das Leben nicht mehr küssen und umarmen. Du kannst dich kaum noch an deine besten Zeiten erinnern. Voller Neid schaust du auf die Lebendigen. Voller Missgunst betrachtest du die Kreativen. Deine Intuitionen haben ihre Konturen verloren. Du hast deine Ziele verraten. Du hörst auf die mahnenden Stimmen der scheinbaren Vernunft. Dabei geht es immer um Scheinsicherheiten, während du in dir immer unsicherer wirst. Du selbst verlierst an Spannkraft, Energie und dein Mut schwindet. Dein Selbst löst sich auf. Du hattest vergessen, auf deine Grenzen zu achten. Du warst zu bequem und imitiertest die Gierigen. Nun fragst du dich: »Wer war ich, wo wollte ich hin? Wofür hatte ich einmal gebrannt? Was waren meine Leidenschaften? Was machte meine Persönlichkeit aus?« Die Seele leidet! Angst und Bequemlichkeit beherrschen dein Selbst. Du nennst dieses nun Vernunft. Du sprichst von Sicherheit und durchdachtem Handeln. Du willst die Berechenbarkeit, die Ruhe, die Grabesruhe. Die Netze der Absicherung verführen dein Denken, dein Handeln, dein Planen. Du bist gefangen, du bist unzufrieden, du lebst nicht im inneren Einklang mit dir. Im Zentrum deines Ichs spürst du deine Depression. Dein ungelebtes Leben klopft immer lauter an. Es will erhört, erlebt, empfangen werden. Du hast dich um deine Lebendigkeit gebracht. Deine Lebensflügel sind verkümmert, du bist verkümmert. Du kannst dich nicht mehr in die Höhen schwingen. Du kannst nicht mehr auf den hohen Wellen surfen. Die Dosis der Ablenkung wird immer höher. Du verkaufst deinen Mitmenschen deinen Konsum als Lebensfreude. Die Frustration wächst. Du bist lebendig begraben. Deine Leuchtkraft hat sich verabschiedet. »Vergiss nicht, was du dir einmal vorgenommen hast!« Du wolltest lebendig, spontan und mit einer kreativen Leichtigkeit durchs Leben gleiten, fliegen und leuchten. Die Lebenslust, die Kreativität, die Kunst sollten deine stetigen Begleiter bleiben. Du wolltest in dir selbst ruhen und gleichzeitig phantasievoll abheben. Dein Lebensanker sollten deine Werte und hart erarbeiteten Lebenserfahrungen sein. Du wolltest »du selbst« sein. Das alles ist lange her. Deine Beine schmerzen, deine Psyche drückt auf dein Selbst, das du verspottest und missachtest. Du hattest dir dein Leben völlig anders vorgestellt und niemals vermutet, wie schnell die Bequemlichkeit und Anpassung ins Abseits führen. Der Mut und der Fleiß gehören zu dem selbstbestimmten Leben. Die Courage und das Widersprechen führen zum Selbst, zum Ich, zur Freiheit. Der Mainstream ködert mit der Sorglosigkeit, die Aussichten auf Gewinne betören die Sinne und rauben den Verstand. Die Eitelkeit lässt vieles geschehen. Dein Plan ist nicht aufgegangen, weil du im Strudel deiner Vorteilsnahme dir selbst abhanden gekommen bist. Du hattest aufgehört zu kämpfen und ließest dich wie ein Hündchen einsperren. Deine Pläne, deine Passionen, dein Ich wurden überwuchert von dem Efeu der Trägheit. »Löst du dich auf? Verschwimmen deine Konturen? Bist du zum Sklaven geworden? Kannst du noch Kontakt zu deinem inneren Kern aufnehmen? Wie steht es um deine Lebenspläne? Was ist aus deinen Passionen geworden? Für wen solltest du zum Sklaven werden? Wem willst du gefallen? Wer lullt dich ein? Wer füttert dich und fördert deine Bequemlichkeit? Du musst um dich kämpfen! Du darfst dich nicht im Schneckenhaus verkriechen! Trau dich hinaus in die Welt! Lebe dein Ich. Die Leuchtkraft wird zurückkehren. Die konstruktiven Menschen werden dich erkennen und lieben!«

Dein fehlendes Bewusstsein

Wenn dir das Fehlen deines Bewusstseins nicht bewusst ist, hast du ein Problem. Du hängst an den Lippen der anderen. Du bist zum Nachplapperer verkommen. Vieles wird verdrängt, anderes nicht begriffen und vor allem: Nicht auf dich bezogen! Die anderen nerven. Die Mitmenschen stören, wenn sie nicht augenblicklich das erfüllen, was Du willst? Du suchst die Schuld bei den anderen. Du suchst den Grund deines Elends im anderen. Sollen sich die anderen anstrengen und um dich herum tanzen? Du willst bestens unterhalten werden? Du willst die Belustigung und Lobhudelei? Warum? Du kreist um dich und alle anderen sollen auch um dich kreisen? Du sagst, du liebest die Kommunikation. Doch kann es sein, dass du gar nicht lernen willst, was Kommunikation bedeutet? Willst du eventuell die Wahrheit nicht hören? Eine Spiegelung ist bei dir nicht erwünscht. Die Realität wird oft verformt und ausgeklammert. Deine Wirklichkeit soll sich so entwickeln, wie du es dir vorstellst. Deine Wirklichkeit soll so aussehen, wie der Abklatsch deiner Fantasie. Doch das Leben lässt sich nicht einsperren und Menschen flüchten gern, wenn sie zu viele Kommandos erhalten. Du wirst den Lebensturm nicht in ein Wasserglas sperren können. Du schnippst mit den Fingern, du scharrst mit den Hufen wie ein zorniges Tier. Das Leben soll sich wie ein roter Teppich vor dir ausbreiten. Alles soll sich fügen und entfalten, wie du es gern hättest. Du willst die Prinzessin sein und immer wieder die Hauptrolle spielen. Du willst die absolute Planungssicherheit. Doch wer soll bei deinem Lebensspiel mitspielen? Für wen planst du und was planst du? Dein Kreisen um dich selbst bohrt große Krater in den Boden und du siehst die Sonne und dich selbst kaum noch. Dir wird langsam aber sicher schwindelig bei all dem Kreisen und all deinen Ansprüchen an das Leben, denn alles soll von außen kommen und dir zu Füßen gelegt werden. Du willst das Schicksal erzwingen und die anderen bezwingen. Die Gräben und Kluften zum Außen werden höher, unüberbrückbarer. »Was war gestern, was will ich heute? Welche neuen Begierden sind geweckt worden und wodurch? Spürst du, dass du in den Ketten deiner Affekte gefangen bist? Machst du dir die Kettenreaktionen bewusst? Was passiert in deinem Kopf, wenn die Wünsche an das Außen immer größer werden? Was geschieht mit dir, wenn du immer mehr Ablenkung und Bespaßung brauchst?«

Die anderen sollen dir die Füße küssen. Sie sollen dir die Wünsche von den Augen ablesen? Du suchst nur noch die Orte auf, an denen du die Prinzessin bist. Es ist eine beklemmende Realität, in der die Klüfte und Gräben wachsen. Solange dein Geld reicht, wirst du die Gräben einer Bewusstlosigkeit befeuern, die dir schließlich den Kontakt zur Realität rauben werden. Deine Stimmung verdunkelt sich immer schneller. Deine Impulse laufen ins Leere. Du sendest die Botschaften: »Hier bin ich, ich will Spaß! Kreist um mich, gebt mir den Kick! Lobt mich! Bedient mich!« Du gierst nach deiner Bespaßung und einem neuen ferngesteuerten Abenteuer. Alle werden sich überfordert wegdrehen.

Deine Kritiklosigkeit

Wenn der Realitätsverlust eingesetzt hat, wenn es keine gehaltvollen Kriterien mehr für die Lebensausrichtung gibt, das Mitlaufen zur Gewohnheit wird, so greift die Kritiklosigkeit um sich. Der Anspruch an sich selbst verkommt zu einer Farce. Sitzen die Frisur, das Hemd und das Make-up? Habe ich genug Spaß und Ablenkung? Kann ich mir genug leisten, sodass ich im Ansehen anderer mithalten kann? Was bewirken diese Fragestellungen im tiefsten Inneren eines Menschen? Sie offenbaren Abhängigkeiten, die wie eine Krankheit wirken, bei dem der Patient erstarrt und hilflos im Bett liegt, sich passiv eine ordentliche Dosis Fremdbestimmung über einen Tropf einverleibt. Der Tropf geht direkt in die Blutbahn und es werden Bilder durch chemische Cocktails ausgelöst. Es sind die Bilder einer Konsumwelt, die ruhig stellen und fremdbestimmen sollen. Die Message lautet: Du brauchst so viele »Must-haves«, Schmuck und Geschmeide, fremde Genüsse, fremdbestimmende Einflüsse. Dies alles möglichst häufig und in regelmäßiger Abfolge. Die Kritiklosigkeit greift um sich. Sie erfasst den gesamten Menschen. Die Person hängt am Tropf der Betäubung. Der Genusssüchtige giert nach den Cocktails, die direkt ins Gehirn gehen. Das eigene Selbst verliert an Spannkraft, an Flexibilität und Kreativität. Der Mensch wird willenlos. Die Dosis der Betäubung wird erhöht und sie führt geradewegs in die Kritiklosigkeit, Verwirrtheit und Unmündigkeit. Die Unmündigkeit hinterlässt einen orientierungslosen, geschwächten und abhängigen Menschen. Die Dosis wird erhöht, vor allem dann, wenn sich ein wenig Unzufriedenheit anmeldet. Diese wird sofort besänftigt und nicht ernst genommen. Die Hilferufe der Psyche wollen gehört und erhört werden. Das Selbst schreit um Hilfe. Dein Ich meldet sich. Es ruft nach Selbstbestimmung, Mündigkeit, Kritikfähigkeit. Der Abhängige erhöht die Dosis der Fremdbestimmung, der Ablenkung, Betäubung und Autoritätshörigkeit. Der Gehorsam fordert die Unterwürfigkeit. »Was fesselt dich? Wer hält dich gefangen? Unterstützen deine Bequemlichkeit und Trägheit deine Befehlshaber? Wer unterdrückt dich? Warum lässt du es geschehen?« Denke daran: »Wenn du nicht »du selbst« sein darfst, wird deine Lebenskraft schwinden. Alles, was dir lieb und teuer war, wird sich verflüchtigen. Du selbst wirst in deinem Leben nicht mehr vorkommen.«

Suchtfaktor: Unmündigkeit

Irgendwann hattest du das selbstbestimmte Denken aufgegeben. Du warst dir deiner damaligen Situation nicht bewusst. Vorteile lockten, billige Unterhaltungen, deine Bequemlichkeit wurde bedient. Das Geld lullte dich ein. Wenn Inhalte drohten, stelltest du deine Ohren auf Durchzug. Nichts war dir wichtiger als dein Vorteil, deine vordergründigen Spaßfaktoren. Doch es wurde immer offensichtlicher, dass du an Orientierung und Spannkraft verlorst. Die Zeit vergeht, die Lebenszeit verstreicht, du erinnerst dich nur noch schemenhaft an deine Freiheit. Manchmal, wenn du gar nicht mehr damit rechnest, kommen Erinnerungen hoch. Irgendwelche Gerüche, Melodien aus dem Radio oder ein Essen erinnern dich an längst vergangene Zeiten, in denen du noch frei entscheiden konntest. Es ist alles so lange her, doch es lebt in deinem Kopf weiter. Dir war damals nicht bewusst, dass du frei entscheiden und leben durftest. Alles war so leicht und selbstverständlich. Du konntest aus dir schöpfen, weil du in Freiheit aus dir heraus handeln, reden und tanzen konntest. Alles kam aus deinem inneren Kern und ein Wohlgefühl überströmte dich in deiner Freiheit. Du durftest frei entscheiden, frei über deine Zeit verfügen. Doch diese Freiheit wurde dir lästig. Du hattest keine Lust mehr, für deine Selbstverantwortlichkeit einzutreten. Es wurde dir immer lästiger, frei zu denken, Inhalte aufzunehmen, eigene Standpunkte zu erarbeiten. Du spürtest, dass Freiheit Arbeit ist. Ohne es dir komplett einzugestehen, gabst du den Kampf um deine Freiheit auf. Du wurdest zum Nachplapperer, zum Verbogenen. Das Hinterher-Trotten, das Mitlaufen nahm dich gefangen. Waren es zunächst nur einige Schritte in Unfreiheit, so wurden es von Jahr zu Jahr mehr und schon bald konntest du kaum noch frei denken, entscheiden, Inhalte ehrlich durchdenken. Die Schere der Vorteilsnahme umkreiste dein Denken, Fühlen und Wollen. Inhalte wurden zensiert. Deine ganze Person unterlag der Zensur eines unfreien Menschen. Der Pfad der Bequemlichkeit hatte dich nun vollständig im Griff. Andere sollten für dich denken, irgendwie für dich sorgen, sich um dich sorgen. Du vergaßest selbstbestimmt mit klarem Kopf, Mut und Selbstverantwortung, dein Leben auszurichten. Dein Navi redete auf dich ein und die Baustellen wurden übersehen. Du bist nun immer öfter in Sackgassen gelandet und immer wieder in Baustellen gerast. Manchmal hast du dein Tempo gedrosselt und hast geglaubt, den Überblick zu haben. Fehlanzeige! Es überkamen dich Angst und Mutlosigkeit. Dein Ich ist zu weit weggesperrt worden. Die Orientierungslosigkeit nahm stetig zu.

»Was war gestern? Wer war ich damals? Es gibt doch noch all die Gerüche, die Musik, die mich an meine Vergangenheit erinnern. All die Bilder sind noch in meinem Kopf. Wie kann ich an die Tage der Freiheit und Selbstbestimmtheit anknüpfen? Damals war ich noch nicht dem Konsum und der Bequemlichkeit verfallen. Damals hatte ich noch wache Augen, war voller Tatendrang und lebte selbstbestimmt. Es war schön, oft anstrengend, doch der Mut hatte sich gelohnt. Ich hatte mal ein erfülltes Leben!« Die Unmündigkeit wirft nun ihre Schatten voraus. Die Untätigkeit und Mutlosigkeit breiten sich weiterhin aus. Es ist wie eine Sucht, die langsam aber sicher das Leben auslöscht. Jeder, der nach Bequemlichkeit süchtig ist, wird irgendwann zum Zombie, zum Durchlauferhitzer fremder Gedanken, anderer Lebensentwürfe. Fremde Ansprüche kreisen im Kopf und um den Kopf: Mehr Wachstum, mehr Konsum, mehr Spaß, mehr Ablenkung, mehr Kultur, aber bitte nur mit Lachfaktor und ohne Inhalt. Noch mehr Lebensqualität, aber bitte ohne Bewusstsein. Neue Spielzeuge für ein sorgenfreies Leben ohne Denken. »Wer stört, wer nervt? Etwa ein Couragierter? Das muss nicht sein, das brauche ich nicht, ich benötige ganz dringend eine neue Dosis Spaß und Unterhaltung, Ablenkung von mir und den anderen. Ich will unterhalten und dabei nicht gestört werden. Ich brauche die Dosis der Verdrängung. Ich meide die Menschen mit Inhalten und Ansprüchen. Ich vermeide das Denken. Ich will nicht zu Bewusstsein kommen. Kommt her und gebt mir eine neue Dosis Spaß und gute Laune! Ich hänge doch so gern am Tropf. Ich hasse es zuzuhören. Vor allen Dingen, wenn ich selbst denken soll. Die Gerüche der Freiheit schmerzen mich. Die Erinnerung an meine Selbstbestimmtheit ebenso. Mein Bauch fühlt sich schon lange nicht mehr gut an. Darauf trinke ich und später buche ich: Kreuzfahrt all inklusive. Ich halte die Stille und Ruhe nicht mehr aus. Ich halte mein Denken nicht mehr aus. Ich halte es nicht mehr mit mir, in mir, in meinem Kopf aus. Ich ertrage keinen klaren Kopf mehr. Ich brauche die Dröhnung, die Beschallung. Lasst uns in See stechen. Wir wollen bewegt werden, denn das Bewegen und Denken fällt uns unendlich schwer. Ein klarer Gedanke könnte uns die Laune verderben. Die Wahrheit, die Wirklichkeit bedroht uns. Das Gehirn und die Gelenke sind eingerostet. Alles ist sicher, verplant und berechnet. Es ist so öde, trostlos, so langweilig. Gebt mir eine neue Dosis Spaß, eine ordentliche Portion gute Laune! Ich zahle jeden Preis um gut abgelenkt zu werden. Ich hänge am Tropf der Spaßkultur. Ich will nicht denken! « Die Erinnerungen an meine einstige Freiheit sind ein Qual. Die Lebenslust hat sich endgültig verflüchtigt. Es gibt keine Abenteuer auf der Kreuzfahrt. Es winken keine Überraschungen auf der Safari. Die Hungernden müssen ignoriert werden. Wer sich selbst nicht mehr erkennen kann, wird auch die Wirklichkeit nicht sehen können.

»Du bist doch immer noch ein Teil der Wirklichkeit! Habe endlich Mut, den Kontakt zu dir wieder herzustellen. Dein Gehirn wird wieder lebendig werden. Deine Augen werden leuchten. Du wirst leuchten. Nun kannst du wieder klar denken, fühlen, die anderen wahrnehmen. Das Leben wird reich und erfüllt sein mit Inhalten und wahren Intuitionen. Du wirst neu aufblühen!«

Finde deine Leuchtkraft wieder

Du kannst leuchten, wenn die anderen dir nicht immer leuchten sollen. Du kannst den Raum fluten, wenn du zu deiner Kraft stehst und du die Kraft in dir selbst suchst. Es ist möglich, dass du kräftiger wirst, wenn du deine Natur zulässt. Neue Impulse aus dem Zentrum deines Ichs werden wie ein Vulkan aus dir heraus schießen. Andere können dadurch erwärmt werden. Sie werden das Licht in der Dunkelheit suchen und in dir finden. Deine Wärme wird ihren Kopf besser durchbluten lassen und ihre Augen können die Wirklichkeit besser erkennen. Die Nebelschwaden werden verdampfen. Denn die Wärme der Helligkeit sorgt für Klarheit. Aus dir strömt dein Ich, dein unverwechselbares Selbst. Das ist deine Natur, die niemand erklären kann. Sie wird immer wieder für Überraschungen sorgen, wenn du in deinem Kopf den Raum der Freiheit pflegst.

»Bewahre deine Natur! Bewahre dein Selbst! Die inneren Eingebungen werden dir leuchten, wenn du am Boden liegst! Überhöre niemals deine innere Stimme! Solange du sie hören kannst, bist du noch nicht zum Zombie entartet.«

Du küsst den Tod

Du steckst dir eine Zigarette an und später drückst du sie wieder aus. Du sagst, dass du gesund leben willst. Das ist einsehbar, verstehbar, angesichts deiner Dauerparty. Du trinkst hastig deinen Rotwein aus, schielst auf das Etikette und sagst: »Das ist aber ein guter Tropfen, ein ausgewogenes Bouquet, einfach himmlisch!« Deine Augen sehen leer und glasig aus. Du wirkst fahrig und unentschlossen. Es kann nicht an deinem Kontostand liegen. Du brauchst dir um dein Geld keine Sorgen zu machen. Dennoch wirkst du sehr angespannt und überhaupt nicht in dir ruhend. Man kann den Eindruck gewinnen, dass du auf der Flucht seiest. Inhalte machen dir Angst und wenn du mit dir allein bist, droht dir die Depression. Doch wie könnte man darüber ins Gespräch kommen und wie könnte man für diesen Zustand ein Bewusstsein schaffen? Du küsst den Tod, den langsamen Tod. Dir fehlt ein Bewusstsein und du lässt die Stille nicht zu. Du klammerst dich an deine Ablenkungen, deine Reisen. Deine Hosen sind an den Sesseln der Luxusliner wie festgeklebt. Die Routen sind beliebig, da du nicht viel sehen willst. Du gierst nach der nie endenden Party. Jeder der nicht dabei stört, ist willkommen. Jeder, der seine Befindlichkeiten nicht kundtut, ist ein gern gesehener Gast. Du magst es nicht, wenn jemand Klartext spricht. Die Wahrheit könnte dich spiegeln und du müsstest einsehen, dass deine Schieflage im Leben langsam aber sicher bedrohliche Züge annimmt. Du hast Schlagseite und der Dauerspaß wird auch dir langsam zur Last. Dein Körper und deine Seele streiken immer öfter. Du gönnst ihnen keine Erholung, obwohl du dauernd auf Erholungstour bist. Wellness, Yoga, Diäten, nichts ist dir fremd. Man soll dir helfen, doch dir ist schon lange nicht mehr zu helfen. Jeder, der dich spiegeln möchte, wird verbannt, abgewertet und diskriminiert. Deine Party soll weitergehen, denn du bist süchtig nach Spaß und Ablenkung. Die Routen und Menschen sind beliebig, da du nicht viel mitbekommst. Du sagst, du liebst heftig und wild, doch jeder, der dich sieht, muss erkennen, dass du zur Liebe nicht fähig bist. Du bist noch nicht einmal in der Lage, dich selbst zu lieben, denn du folterst dich mit Kalorien, sehr viel Alkohol und dein Gehirn ist mit Vorurteilen verseucht. Das alles ist ungesund, unnatürlich und es zeugt von deiner Fehleinschätzung. Die Therapeuten sollen dich trösten, aber nicht spiegeln, die Freunde sollen mit dir trinken und den Mund halten. Du willst keine Sorgen und Probleme hören und du selbst wirst dabei für dich zum Dauerproblem. Deine Beine können deinen schweren Körper kaum noch tragen, deine Muskeln verkümmern genauso wie dein Gehirn. Wenn du es weiterhin so gut mit dir meinst, wirst du nicht mehr lange in See stechen können. Deine Lebensuhr tickt, du bist in allergrößter Gefahr! Der Tod küsst dich und du weißt nicht, warum. Es ist ein langsames Sterben. Deine Leistungsfähigkeit, deine Kreativität lösen sich auf, du löst dich auf, in dem Small-Talk, in dem hysterischen Gelächter der Betrunkenen. Es ist ein Dauerverdrängen. Alle, die mitmachen, sind sich einig: Wir haben den Spaß verdient! Bedient uns, bespaßt uns! Die ehemals kleinen Schlückchen aus deinem Rotweinglas werden größer und hastiger. Du brauchst den Stoff, denn du hältst es in dir nicht mehr aus. Du hältst es in deiner gepflegten Gesellschaft nicht nüchtern aus. Alles verschwimmt um dich herum, die anderen sind austauschbar geworden. Sie sind für dich Nummern, die sich ähneln, die sich ebenso betäuben wollen. Sie sollen lachen und wie ein Äffchen tanzen. Nur keine Inhalte. »Wer stört? Wagte jemand einen schlauen Satz zu sagen? War es etwa ein Neider? War es ein Linker? Will mir jemand an mein Geld? Möchte mich ein Bedürftiger ausnutzen? Hat mich etwa jemand durchschaut?«

Dein Verdrängen geht weiter und sollte dich wirklich mal ein Mensch spiegeln wollen, so wirst du seine Gesellschaft schnell wechseln. Du bist flexibel und einzigartig. Neues Boot, neues

Glück. Neues Land, neues Abenteuer. Die Frauen sehen auch ein wenig anders aus. Abwechslung muss sein! Mein Geld macht mich schön. Wer kann mir schon wiederstehen, dort wo die Armut tobt. Eigentlich spielt mir die Armut in die Hände. Jede arme Frau kann mir Spaß bereiten, denn sie wird sich hüten, mir dumme Fragen zu stellen. Die Ärmsten, die Wehrlosen werden mich bespaßen, solange mein Geld reicht. »Schaut her! Ich bin der Erfolgsmensch, ich kann mir alles leisten!« Dein Umfeld gibt dir recht, denn deine Umgebung möchte etwas von deinen Brotkrumen abbekommen. Ihr seid euch beim Verdrängen einig. Ihr sucht den Spaß, spult Floskeln ab und »Gespräche« sollen die Langeweile übertünchen. Nervende, lähmende Inhaltslosigkeit wabert um die Köpfe, in deren Ohren Stöpsel stecken. Es darf sich kein schmerzender, klarer Gedanke nähern. Du küsst den Tod, weil du die natürlichen Impulse vermeidest. Es gibt keine Aussicht auf einen natürlichen, willkommenen Tod, bei dem der Mensch entspannt loslassen kann. Es handelt sich nicht um eine Aussicht auf ein natürliches Sterben im Einklang mit sich selbst. Du traust dir nicht zu, ein vollendetes Leben anzustreben. Du hast nie wirklich geblüht, denn du hast dich nicht an dein wahres Ich herangetraut. Du umgabst dich mit der besseren Gesellschaft, den Zombies und Masken, die ebenso nach Unterhaltung gierten, weil die Hohlheit sie schmerzte. Wie würdet ihr euch ohne chemische Cocktails begegnen? Du nimmst wieder einen ordentlichen Schluck des guten Tropfens und denkst, dass du nun mit dir im Einklang seiest. Doch das ist eine Fehleinschätzung, die dir der Alkohol für einen kurzen Moment suggeriert. Schon bald wirst du dafür bitter bezahlen. Dein Leben wird sich noch schaler und unangenehmer anfühlen. Du hängst am Tropf. Du glaubst, dass alles so weitergehen könnte, deine Vorstellungskraft ist begrenzt. Es ist die Sichtweise eines Tunnelblicks, einer Augenkrankheit, einer Bewusstseinsstörung. Sie führt geradewegs in die Bewusstlosigkeit und zu immer mehr falschen Freunden. Dein I-Pod ist von Nummern scheinbarer Freunde überfüllt. Sie werden dich fallen lassen, wenn deine ersten Beschwerden sich ankündigen. Ein Kranker oder Armer passt nicht in ihre Welt. Du dienst dann höchstens als Vorlage für Sensationen, billigen Tratsch und den Aufbau des eigenen Egotunnels: »Uns geht es besser, wir pflegen unser Paradies! Uns allen geht es nach anderthalb Flaschen Rotwein super! Wir lassen uns gern und gut unterhalten. Die Musicals amüsieren uns. Da geht es um den Tod, Leidenschaften, das pralle Leben. Immer gut portioniert, sodass man auf der Woge des Spaßes surfen kann. Wir sind süchtig nach Spaß. Wir lieben die Fremdbespaßung, die Fremdsteuerung!«

»Wer bin ich heute? Wer war ich gestern? Was amüsiert mich? Welche Blondine gefällt mir?« Wenn der gute Tropfen fließt, dann werden auch die Frauen schöner, man kann sie besser ertragen, sie wirken intelligenter, auch wenn sie immer dasselbe faseln und so schlau tun. Sie holen ihre intellektuelle Brille heraus und diskutieren mit einem Scheinanspruch. Man kennt die Scheindiskussionen. Solltest du ernsthaft werden, verlassen die ersten ihren Stuhl. Sie prosten anderen zu. Das ist das sichere Zeichen: Du warst zu unbequem, du hast alle aufgeschreckt. Du warst nicht mehr so leicht zu verstehen, nicht gut zu konsumieren. Du nahmst das Thema Tod zu ernst. Du hast in die Augen des Todes gesehen. Die Zombies wollen sich nur leicht gruseln. Sie wollen auf den bequemen Sofas ferngesteuert konsumieren. Sie haben den Kontakt zu sich selbst aufgegeben. Sie schieben die echten Gefühle beiseite und passen sich an. Sie alle hängen am Tropf, bevorzugen ein gepflegtes Ambiente. Die Zombies vergiften sich stetig und bestätigen sich in ihren schlechten Gewohnheiten. Doch es ist nicht zu übersehen: Es geht ihnen von Kreuzfahrt zu Kreuzfahrt schlechter. Die Konserven der Unterhaltung können sie nicht mehr beglücken, denn sie stumpfen ab. Auch die edelsten Tropfen können ihnen nicht mehr den Kick geben. Die Diäten und Massagen versagen beim Entgiften. Der Kopf rebelliert.

»Wer war ich gestern? Was will ich morgen?« Alles wird schwammig und planlos. Du flüchtest schließlich vor den Blondinen mit dem schrillen Lachen, die dich am Morgen sowieso nicht mehr erkennen. Sie konnten dir nie Wärme geben, weil sie nicht an dir interessiert waren. Sie haben sich niemals die Mühe gemacht zu fragen, wer du wirklich bist. Du selbst bist dir auch schon zur Last geworden, weil du dich stetig betäubst und dich nicht mehr um dich kümmerst. Damals hast du es allen recht machen wollen. Du hattest nicht gelernt, auf dich zu hören. Geld spielte bei alledem keine Rolle. Du schwammst ganz oben auf der Welle des Verdienens. Das alles machte dich glauben, dass dein Leben vollkommen richtig laufe. Es war eine Täuschung. Nun küsst du täglich den Tod. Du hast dich mit dem Spaßvirus infiziert. Der Spaß ist dir vergangen. Du hast den Anschluss verloren: An dich, an die Welt, an die Natur, an die Mitmenschlichkeit, an die Realität an sich. Dieser umfassende Realitätsverlust ist das grausame Ergebnis. »Willst du damit leben?« Die Spaßkonserven müssen immer größer werden, die Blondinen immer schneller wechseln, denn du willst niemals preisgeben, wie es wirklich um dich steht. Noch reicht dein Geld, das Schauspiel zu befeuern. Du schaust mit ängstlichen Augen um dich. Es gibt reichere und jüngere Spaßvögel. Es wimmelt um dich herum und du siehst sehr viele einfallsreichere, intelligentere als dich. Du spürst sehr deutlich, wie du abbaust. Du fühlst dich zusehend ungeliebter. Deine Talente hast du nicht gefördert. Du hast im Sog des vermeintlichen Spaßes nicht auf dich aufgepasst. Dabei bist du verkümmert. Du hast verdrängt und nicht gelebt. Was dir einmal lieb und teuer war, hast du verraten. Die wahren Leidenschaften wurden irgendwo in dir weggeschlossen, weil du zu bequem warst, an den Inhalten zu arbeiten. Deine Talente hast du versickern, veröden lassen. Nun raubt die Unzufriedenheit dir den Verstand. Nirgendwo hältst du es aus. Alles dreht sich in deinem Kopf und um dich herum. Dir ist schwindelig und dir geht es gar nicht gut. Widersprüche wüten in deinem Kopf. Du willst den unbedingten Spaß und dieser ist dir nachhaltig abhanden gekommen. Die notwendige Spiegelung und Bestätigung deines Selbst bleibt aus. Die Einsamkeit macht sich breit, obwohl du pausenlos unter Menschen bist. Niemand kennt dich wirklich, denn du zeigst dich nicht. Du orderst die nächste Flasche Rotwein und spürst sehr genau, dass du schon längst etwas ganz anderes brauchst: Ein ehrliches Feed-back, irgendjemanden, der dir gehörig den Kopf wäscht. Du kokettierst immer noch mit dem Tod und kannst es nicht lassen, mit den Untoten zu feiern. Wenn der Pegel stimmt, glaubst du für ein oder zwei Stunden immer noch an die große Liebe. Schon morgen wirst du diesen Frauen erneut aus dem Weg gehen. Sie öden dich an. Sie erinnern dich an deine schlechten Eigenschaften. Deine Beine sind schwer wie Blei, doch du kannst es nicht lassen zu verdrängen. Du suchst nach einer Umkehr, doch es ist ein immer währender Kreislauf, der dich gefangen hält. Du bohrst dich tiefer ins Nichts. Du küsst den Tod.

Dein Über-Ich

Betäube nicht dein Über-Ich, schaff es einfach ab! Das ist leichter gesagt, als getan. Du weißt oft nicht, wann und warum dein Über-Ich zu dir spricht. Doch du weißt, dass du frei sein willst. Du weißt, dass du »du selbst« sein willst. Manchmal betäubst du dich, damit deine Handlungen frei aus dir fließen können und du dein Über-Ich nicht spürst. In diesen Momenten suchst du bereits unbewusst nach der Freiheit. Dabei kettest du dich an die chemischen Cocktails. Das ist keine Freiheit. Oft schießt du so sehr über das Ziel hinaus, dass du den Anschluss an dich selbst verlierst. Du wolltest freier, lockerer sein und bist nun in der Betäubungsfalle gelandet. Das alles wird immer mehr zu einer Bruchlandung. Zu einer schlimmen Verletzung deiner selbst. Langsam aber sicher begreifst du, dass die Betäubung dich schwächt, dich zu einem Kranken werden lässt, dir dein Selbst raubt und du spürst sehr deutlich, dass du schließlich umkehren musst. Dir wird klar, dass du nur ohne Suchtmittel und dominante Personen, die dich abhängig halten, »du selbst« sein kannst. Wenn dein Über-Ich anklopft, fühlst du dich wie ein Gefangener. Du fühlst dich wie ein Gefangener in deinem Körper, in deiner Seele, mit deiner Seele. Du fühlst dich unwohl, nicht frei, gehemmt. Diesen Zustand willst du nicht länger erdulden. Du möchtest kein Abhängiger sein und bleiben. Du willst leben! Es geht dabei um dein Überleben. Dir wird immer wieder in einem Bruchteil von Sekunden deutlich, dass es um ein Leben ohne Angst, ohne Gifte und Tabus geht. Andere hatten für dich Pläne gemacht und dir Zwangsjacken angezogen. Manchmal suchst du die Schuld bei dir und du bist unendlich enttäuscht über dich selbst, dass du dich nicht frei fühlen und selbstbestimmt in deinem Alltag bewegen kannst. Du versuchst es immer wieder, aus dir heraus zu handeln. Du möchtest selbstbestimmt leben. Dein Freiheitsdrang meldet sich, dein Ich klopft an. Manchmal gelingt es dir, selbstbestimmte Entscheidungen zu treffen. Das sind deine Sternstunden. Das sind die kostbaren Momente in deinem Leben, in denen du mit dir im Reinen bist. Wenn du dich fragst, warum du diesen Zustand nicht immer erreichen kannst, so wird dir deutlich, dass dir manchmal der Mut fehlt, frei, unabhängig und selbstbestimmt zu entscheiden. Die Angst schleicht in deine Seele. Du reproduzierst die Vorurteile deiner Vorfahren. Floskeln und gut gemeinte Ratschläge steigen in deinen Kopf. Dir sind diese Momente zuwider, doch längst nicht immer bewusst, du bist gehemmt, voller Angst und dein Mut schwindet. Du fühlst dich wie ein Unmündiger in deinem Körper, in deiner Seele. Du hast einen Willen, du möchtest frei sein und kein Abhängiger bleiben. Diejenigen, die dir ins Gewissen reden, die immerzu an dein Gewissen appelliert haben, die dich erniedrigen, die dich immer wieder abgewertet haben, rauben dir deine Lebensenergie. Einige dieser Personen leben nicht mehr, doch sie sprechen zu dir und mahnen, warnen, drohen und schüchtern dich ein. Wenn du an diese Menschen denkst, bekommst du Angst und gleichzeitig willst du ihnen genügen. Es sind widersprüchliche Gefühle, die in dir toben, die dich nicht selten lähmen. In den Stunden der Angst kannst du dich kaum noch spüren. Dein Wille kommt nicht genug zum Ausdruck, da die Panik die Vernunft, deine Stärke übertönt. Die Dominanten vielleicht längst vergangener Zeiten haben in diesen Stunden die Macht über dich: Sie positionieren sich, reden dir ins Gewissen und machen dich klein. Du willst überleben! Du möchtest ohne Angst leben, ohne Tabus und ohne Gifte. Die chemischen Cocktails haben dich immer wieder geschwächt, sie haben dich betäubt und ruhig gestellt. Ein Betäubter wird die Welt nicht verändern. Ein Vergifteter wird nicht an seinem Selbst arbeiten können. Die chemischen Cocktails konnten dich niemals erlösen und dir nicht nachhaltig deine Angst nehmen. Sie haben dich geschwächt. Manchmal hast du in deiner Betäubung die Erniedrigungen vergessen. Doch die Gifte haben dich verwirrt und nicht erlöst. Die menschlichen Giftschleudern haben nach Fehlern gegiert, dich unter Druck gesetzt, dich eingeschüchtert, sodass du deine Angst nicht mehr ertragen hast. Doch dass alles soll nun der Vergangenheit angehören. Du möchtest nicht mehr die Marionette der Giftschleudern und deines Über-Ichs sein. Du willst leben! Du willst frei sein! Du willst »du selbst« sein!

»Habe Mut, auf deine eigene innere Stimme zu hören! Du bist stark! Du wirst immer freier und kreativer werden, wenn du zu deinen Leidenschaften stehst, wenn du dich nicht verleugnest und wenn du dich nicht einschüchtern lässt. Zeige dich und lebe dein Ich! Leuchte durch dein Leben!«

Die Globalität, die Gerechtigkeit, die Transzendenz

Du sollst nicht nur um dich selbst kreisen. Dein Horizont wäre sehr eingeschränkt, du wärst sehr eingeschränkt im Denken und im Handeln. Dein Vorteilsdenken behindert dich in allem. Das permanente Kreisen um sich selbst und den eigenen Vorteil lähmt einen jeden Menschen. Du verlierst den Kontext zum Dasein, zum Menschsein. Das globale Bewusstsein rettet dich als Menschen und verhilft dir, den Kontext zu begreifen. Der Tunnelblick kann aufgelöst werden. Du gewinnst den Blick der Verantwortung. Der globale Blick ist ein freier Blick, der über deinen Vorteil hinausgeht. Du schaust mit offenen Augen in die Welt und kannst ein Gespür dafür entwickeln, inwiefern das Leben der Menschheit aus den Fugen geraten ist. Der Egotunnel versperrt dir die Sicht auf das Leben. Er raubt dir die Chance auf ein Gerechtigkeitsempfinden, auf ein Unterscheiden von gerechtem und ungerechtem Handeln. Die Gefangenschaft im Egoismus isoliert den Menschen. Eine Ansammlung von Egoisten ist noch lange kein Treffen mit einer Aussicht auf menschliches Handeln, es ist die Betäubung der Einsamkeit, die Erhöhung des Selbst. Auch Egoisten wollen sich ein Gefühl menschlichen Beisammenseins geben. Doch jeder einzelne bleibt in seiner Suche nach seinem Vorteil gefangen. So kann der Blick auf die Gerechtigkeit niemals gelingen. Es ist die Einbahnstraße des Egotunnels, auf der sich die Fehler aneinander reihen. Es geht um Macht, Geld, Gewinne und alle erdenklichen Vorteile. Es geht dabei nicht um die Gerechtigkeit, ein freies Denken, ein globales Bewusstsein, um das Verstehen-Wollen, die Nachhaltigkeit. Es geht dabei auch niemals um eine ernstgemeinte Akzeptanz. Der Egotunnel ist dunkel, einsam und kennt keine gerechten Gedanken. Er ist der Wahrheit nicht verpflichtet. So bleibt der Blick erst recht auf die Transzendenz versperrt.

»Öffne deinen Blick und kreise nicht um deinen vordergründigen Vorteil! Du wirst sehen, wie schön und wie vielfältig sich die Welt vor dir ausbreitet. Der Egotunnel versperrt dir die Sicht und raubt dir die Kraft der wahrhaftigen Liebe. Schaue dir die Welt mit liebenden, wohlwollenden Augen an! Du wirst vieles neu entdecken. Dein Lebensstisch wird wieder reich gedeckt sein.«

Ethik und globales Bewusstsein

Wenn du dich als ein Teil des Großen und Ganzen begreifst, wirst du nicht unachtsam deine eigenen persönlichen Ressourcen und die der Welt vergeuden. Du wirst nicht im Egotunnel verharren, dich pausenlos selbst feiern und deine klugen Ratschläge verteilen. Dein globales Bewusstsein wird dir helfen, eine Ethik zu erarbeiten, die kosmopolitisch und allgemeingültig ist. Du wirst nicht deine Herkunft oder Religion über alles stellen. Deine Ethik wird auch noch morgen eine Gültigkeit haben. Gedanken, Fundamente, die für alle Menschen gelten, besitzen eine globale Gültigkeit. Festgezurrte Grenzen im Denken werden aufgelöst, wenn du erkennst, dass die Stürme des Lebens über alle Kontinente hinwegfegen und nur die Eindimensionalen behaupten, dass es endgültige Grenzen gäbe. Auch du wirst einmal zu Staub, man könnte dich zu einem Diamanten pressen. Auch du bist Materie und dennoch gibt dir dein Denken, solange du denken kannst, eine einzigartige Dimension: Du kannst zu einem globalen Bewusstsein vordringen. Du kannst eine

Ethik einfordern für dich selbst, für andere, für alle Menschen. Dann wirst du alle Handlungen ablehnen, die die Welt zerstören, die den Menschen ausbeuten, die Natur, das Klima, die Weltmeere und alle Quellen des Lebens missachten. Es sind gerade die Menschen voller Gier und ohne ein globales Bewusstsein, die die Erde zerstören. Der gierige, neidische Mensch verharrt in sinnlosem Handeln und zerstört sich selbst und unseren Lebensraum. Während sie ihre endlosen Ablenkungen feiern, stürzen sie uns und die Welt in den Abgrund. Der Totentanz in der Glitzerwelt, der Tanz der Zombies ohne Bewusstsein produziert verbrannte Erde. Jeder dieser Schritte weist in die falsche Richtung. Jeder Bahnhof, jeder Hafen, der im bewusstlosen Zustand wahrgenommen wird, liegt auf der falschen Spur. Die ethische Orientierungslosigkeit, die innere Leere und die Aushöhlung des inneren Kerns halten den Menschen gefangen. Jeder Mitläufer befindet sich am Abgrund der menschlichen Existenz und kann jederzeit andere in den Abgrund mitreißen. Diese Orientierungslosigkeit geht mit innerer Leere und der Bewusstlosigkeit einher. Der scheinbare Genuss, die Betäubung, die Ablenkung fördern die Isolation, die Einsamkeit und Aggressivität. Derjenige, der protzt und prahlt will, kann nicht zum Du gelangen. Wer nur den Spaß sucht, wird nicht den anderen verstehen können. Die Ohren stehen auf Durchzug. Sie sind nicht mehr in der Lage, wirklich zuzuhören. Die Aushöhlung des inneren Kerns aufgrund der Bewusstlosigkeit bringt den Menschen an den Abgrund seiner Existenz. Wer auf der Spirale des Untergangs ohne Ethik und Nachhaltigkeit mitfeiert, kann die Zukunft nicht denken und gestalten. Die Sackgasse endet in einer verseuchten, verstrahlten Deponie, in der Hunger, Bewusstlosigkeit und das blanke Grauen herrschen. Es bedeutet die Auslöschung aller gehaltvollen Ideen, Utopien und existenzieller Werte und der Humanität an sich. Das nackte Grauen breitet sich aus, wenn die Menschlichkeit abgeschafft wird.

»Höre in dich hinein und achte deinen inneren Kern! Bewahre deine Empathie, denn sie ist der Schlüssel zum Du! Respektiere die Menschen und die Natur, denn du wirst nur dann zum Frieden beitragen können, wenn du die Welt um dich herum schätzen lernst!«

Keine Rettung ohne globales Bewusstsein

Mehr Wachstum bedeutet mehr Umweltverseuchung. Mehr Konsum bedeutet mehr Klimaerwärmung. Mehr Reisende in den Flugzeugen, auf den Kreuzfahrtschiffen und Luxuslinern der Welt, greifen die Ozonschicht stetig an. Mehr Sensationsgier bedeutet noch weniger Bewusstsein. Mehr Konsumrausch und noch mehr Vergiftung ziehen noch weniger klares Denken und die Chance auf eine ethische Orientierung nach sich. Die Gehirnzellen sterben. Das Selbst wird gefangengenommen. Das Ich leidet unter der Ablenkung und Fremdbestimmung. Der Konsumierende kann selten klar denken und noch weniger aus eigenem Antrieb kreativ werden. Der Gierige wird zum Gefangenen seiner Triebe und zum Opfer seiner Bequemlichkeit. Die Trägheit überzieht den ganzen Menschen, wenn er am Tropf der Bespaßung sein Dasein fristet. Die Chancen auf ein selbstbestimmtes Denken schwinden. Die Möglichkeit, global zu denken, entfernt sich mit der Sucht nach mehr. Der Gierige ist ein Gefangener, ein Infizierter, der unberechenbar und skrupellos handelt. Die Fixierung auf den unmittelbaren Vorteil bedeutet noch weniger Chancen auf ein ethisches Bewusstsein.

»Schau nicht weg! Kreise nicht permanent in der Wiederholungsschleife wie ein wildgewordener, bewusstloser Rennfahrer im Egotunnel!«

Die Reifen quietschen, das Denken wird ausgeschaltet. Der Roboter zieht seine Kreise ohne Sinn und Verstand. Es ist die Verdrängung der Existenz ohne jegliche Vernunft. Ein Trauerspiel.

Nachplapperer kennen keine Ethik

Der Nachplapperer ist überall anzutreffen. Er ist keiner Ethik verpflichtet. Er liebt die Bequemlichkeit und kocht sein heimliches Süppchen. Er kann niemals für irgendjemand eine Orientierung sein, denn er sucht ständig seinen Vorteil. In einem Punkt kann man bei ihm sicher sein: Er hat keine eigene hart erarbeitete Meinung. Die Schleimspur ist meterlang. Andere rutschen auf ihr aus. Er bringt das Chaos über die Menschen, da sein angepasstes Grinsen und sein stetiges Übertünchen schlimmer Missstände, die Verwerfungen in der Gesellschaft fördert. Der Nachplapperer fühlt sich keiner Moral verpflichtet und ignoriert den Anspruch an Gerechtigkeit. Er missachtet die elementaren Anforderungen der Aufklärung und der Mündigkeit. Der Hunger in der Welt interessiert ihn nur, wenn er selbst betroffen ist, wenn ihm Armut und Elend drohen. Er ist ein Weggucker, ein sich Wegduckender, ein Wendehals. Er wird den Diktatoren und Kriegstreibern niemals etwas entgegensetzen. Der Nachplapperer ist der »perfekte« Mitläufer. Im Leben begegnet man vielen Menschen, die ihre Beiträge durchsieben und mit Gefälligem glänzen wollen. Sie sagen nur das, was gut ankommt oder gar nichts. Es sind die Schleimer, die einen Filter im Kopf haben, alles filtern und es dem Hörer Recht machen wollen. Es spielt dabei keine Rolle, wer ihr Zuschauer oder Zuhörer ist. Sie werden alles aussitzen und eine aalglatte Antwort zur passenden Zeit von sich geben. Mit dieser Haltung verhindern sie jegliche positive Veränderung der Welt, verweigern die Aufklärung, boykottieren alle Bemühungen der Menschen, die die Mündigkeit anstreben. Der

Vorteilssuchende kennt nur den profanen Gewinn und er fühlt sich nicht der Wahrheit verpflichtet. Da sein Handeln und Denken nicht an der Ethik orientiert ist, kann der Mitläufer nicht für eine positive Entwicklung der Menschheit sorgen. Der Mitläufer ist der Schatten des Verbrechens an der Menschheit. Er wird alle und alles verraten, um seinen Vorteil zu sichern. Einen Demokratieabbau nimmt er billigend in Kauf. Der Schleimer produziert eine glitschige Spur, auf dem die anderen Menschen ausrutschen und gegebenenfalls zu Tode kommen. Sie sägen an den Grundfesten der Demokratien und nehmen den Untergang der Welt in Kauf. Sie fördern die negativen Auswüchse in der Gesellschaft und unterlassen das zielgerichtete Handeln zur Stabilisierung und Sicherung unserer demokratischen Grundwerte. Es müsste im Einzelfall überprüft werden, ob die jeweiligen Taten eher unbewusst oder zielgerichtet ausgeführt werden. Nicht selten agieren diese stillen Destruktiven entgegen aller Versuche, die Welt zu retten. Sie suchen nicht die Wahrheit, decken sie geradewegs zu, belächeln und verhöhnen die Andersdenkenden. Die Demokratie leidet unter diesen Schleimern und Nachplapperern. Sie riskieren die Umsetzung langjährig erkämpfter Rechte und durchlöchern ethische Normen in unserer modernen Gesellschaft. Sie bedienen sich der Schlupflöcher unserer Demokratien und werfen sich immer neue Deckmäntelchen um. In den Zeiten von Wirtschaftskrisen, einer großen Arbeitslosigkeit, Krieg und Terror schüren sie die Angst und Fremdenfeindlichkeit. Unsere Demokratien sind in allergrößter Gefahr, wenn ein Rechtsruck salonfähig wird. Die Endsolidarisierung, verbunden mit dem Desinteresse an unserem Demokratieerhalt, führt zum Verrat an den schwer erarbeiteten Errungenschaften früherer Verfechter der Demokratie. Viele leben gut und gerne in einem Rechtsstaat und sägen gleichzeitig an seinen Grundfesten. Die Demokratie braucht aber klare Denker ohne Angst und Tabus, die mit viel Mut und globalem Bewusstsein für die Rechte der Menschen eintreten.

Die Bruchlandung

Wer sich nur mit Namen schmückt, dazu gehören will und Inhalte vermeidet, kann nur eine Bruchlandung hinlegen. Diese Bruchlandung kann auf einer Yacht, im Business-Anzug, in einer Chefetage und auch in einem Museum geschehen. Dabei handelt es sich um eine Verwirrung der Geisteshaltung. Ein Mensch kann noch so populär, reich oder angesehen sein und auf irgendeiner Welle des Erfolges schwimmen, er kann trotzdem gleichzeitig ein Schiffbrüchiger sein. Es besteht die Gefahr, mit dem Lebensboot unterzugehen. Die Fassade, die Glitzerhüllen seiner Besitzstände mögen leuchten, doch er selbst kann sich schon längst verfehlt und aufgegeben haben. Er kann ein Schiffbrüchiger seiner Lebensreise geworden sein. Pläne wurden verworfen, Werte nicht verfolgt, die Ethik wurde vernachlässigt. Am Selbst wurde nicht konsequent gearbeitet. Allerlei Verlockungen hatten zur Selbstaufgabe geführt. Die Pflege einer intakten Persönlichkeit ist und bleibt harte Arbeit. Die Schiffbrüchigen lieben die großen Namen, Show-Effekte, die scheinbaren Erfolge. Aber innerlich verkümmern sie. Sie trocknen aus, sie verdorren, da sie keine Klarheit in ihr Herz und ihren Verstand lassen.

Wenn sie sich mit anderen schmücken können, so werden sie deren Nähe suchen. Die Personen sind austauschbar. Der Mainstream soll bedient werden. Sinkt der Stern eines Menschen, sinkt sein Verkaufswert, so wird er fallen gelassen. Diese Beziehungen sind menschlich - ohne Substanz, ohne Ideale und Wärme. Die Verbindung zu einem scheinbaren Freund ist vom Vorteilsdenken geprägt. Es wird grundsätzlich die Nähe derjenigen gesucht, die den Erfolg befeuern können. Es sind die Begegnungen berechnender, ausgehöhlter Zombies in einer Glitzerwelt, die die Tarnung und Täuschung bedient. Die Gefangenen in dieser Welt verlieren jegliche Orientierung. Fremd- und ferngesteuert laufen sie von einem Glitzerevent zum anderen. Denn sie brauchen die Ablenkung, die Betäubung, das Sehen und Gesehen-Werden. Die innere Leere breitet sich stetig weiter aus. Sie bedarf einer wiederholten Betäubung und Verdrängung. So kann niemand zu einem Bewusstsein gelangen. Wenn Orientierungslosigkeit und Anpassung sich die Hand reichen, ist die Bruchlandung nicht weit entfernt.

Wenn die Leichen stören ...

Es läuft etwas schief, wenn plötzlich Leichen den Müßiggang begleiten. Es läuft alles aus dem Ruder, wenn die Touristen den Gestank der Leichen beklagen. In einer Welt, in der die Menschen in ihrer Freizeit nicht mit der Realität konfrontiert werden wollen, kann man nicht von einer humanen Welt sprechen. Die Tugenden der europäischen Kultur sind buchstäblich über Bord geworfen worden. Es kann keine Kultur gepflegt werden, in der die menschlichen Werte mit Füßen getreten werden. Das kollektive Wegschauen und Verdrängen wird zur Kultur pervertiert und wie ein zu pflegendes Gut zelebriert. Dabei stören die Leichen. Es werden Pläne entwickelt, wie es in Zukunft nicht mehr zu derartigen Störungen kommen kann. Die Zäune werden höher. Die Sicherheitsvorkehrungen perfider. Derjenige, der gewillt ist wegzuschauen, wird in den elitären Zirkel des gemeinschaftlichen Verdrängens aufgenommen. Man ist sich einig: Wir sind wer, wir sind wertvoll, wir haben ein Platzticket und die Berechtigung auf Wohlstand. Reiseziele werden wie Lebensziele angepriesen. Wahre Werte werden auf Ramschniveau verschleudert. Äußerlichkeiten werden als die eigentlichen Werte hochstilisiert. Es ist eine Umwertung der Werte auf primitivstem Niveau. Das Traumschiff sticht in See, die Leichen stören. Das kollektive Verdrängen nimmt seinen Lauf. Es werden scheinbar immer neue Ziele angesteuert. Man möchte sich amüsieren, nirgendwo wirklich ankommen, denn das Leben in einem festen sozialen Bezug wird immer mehr zur Last. Der Mensch verfehlt sich selbst. Das große Fressen wird zelebriert. Das Abspecken ebenso. Die neidischen Blicke verfolgen die Dünnen, die in all dem Überfluss noch eine Figur behalten konnten. Die ungezügelten Gaumengenüsse werden zur Qual. Das große Fressen hinterlässt eine große Unzufriedenheit. Es ist eine Reise ins Nirgendwo. Es ist eine Fahrt, ein Höllenritt, um die Zeit totzuschlagen. Die Öde und die Hohlheit werden zur Qual, denn die Werte fehlen, während die Leichen stören. Man gibt sich kunstbeflissen. Bewundert die Exponate an den Wänden. Sollten Inhalte drohen, wendet man sich ab. Die innere Leichtigkeit soll nicht angekratzt werden, während der Zwang der Genusssucht das Herz und den Verstand beherrschen. Wenn ein Mensch so angestrengt wegschauen muss, kann er nicht in sich ruhen. Die demonstrierte Leichtigkeit kann keine sein. Man macht sich etwas vor und strengt sich an, Spaß zu empfinden. Die Langeweile, Öde und Sinnleere quälen den Menschen. Die tägliche Berieselung muss in Anspruch genommen werden, da ernsthafte Themen fehlen. Wer sitzt schon gerne seinem Tischpartner schweigend und genervt gegenüber? Wer kann die Hohlheit ertragen? Wer so viel von der Realität ausblenden muss, hat Probleme, die Wirklichkeit zu erfassen. Der Überfluss, die Zeit, das kollektive Wegschauen hat seinen Preis: Selbstentfremdung, zunehmende Betäubung, Isolation. Wer auf den schönen Schein setzt, verpasst das Du, das eigene Selbst, das Leben an sich. Wenn das irdische Leben zur Last wird, lässt der Realitätsverlust nicht lange auf sich warten. Die verkitschte Lebensweise nimmt den Menschen gefangen. Die Täuschungsmanöver bestimmen das Denken, das Fühlen, den zwischenmenschlichen Kontakt. Der Mensch entfremdet sich von seinem inneren Kern und kann das Du nicht mehr erreichen. Es ist ein Teufelskreis, der in die Sinnleere führt. Wer die Leichen nicht ansehen kann und die Armut, den Tod und das reale Leben verdrängen will, entfernt sich von seiner

Geschichte, in der er jetzt gerade lebt. Die Wirklichkeit wird ausgeblendet und der Realitätsverlust nimmt den Menschen gefangen. Das Traumschiff, auf dem das kollektive Verdrängen gefeiert wird, nähert sich neuen Zielen. Dieses Schiff kommt nirgendwo an, die Menschen auch nicht. Sie wollen bewegt werden, um ihre Stagnation nicht zu spüren. Das Sich-Bewegen-Lassen ist für sie ein Ersatz. Es ist der Stellvertreter für die fehlende Eigendynamik und Lebendigkeit. Der Konsument wird bewegt, er wird unterhalten, abgelenkt und in eine künstliche Stimmung versetzt. Die Bibliothek an Bord mahnt zum Denken. Das ist schrecklich. Die Klassiker der Dichter und Denker sollten besser in der Welt gieriger Konsumenten keinen Platz haben, so denken viele, obwohl sie dies niemals äußern würden. Sie wollen in keinen Spiegel sehen, sie wollen nicht gespiegelt werden. Es wäre sowieso besser, wenn die wirklich Denkenden fehlen würden. Sie stören, wenn es gemütlich wird. »Wir wollen keine authentischen Denker!« Es wird immer mal wieder ein Buch aufgeklappt. Es liegt neben dem weißen Laken. Es soll ein Zeichen sein: »Schaut her, ich lese, ich bin ein Reisender mit kulturellem Anspruch.« Der Autor lebte vor langer Zeit, in einer Phase des menschlichen Seins, in der es Not und Revolutionen gab. »Wer sprach vom Tod? War es Goethe?« Das Buch wird zugeklappt. Die Stimmung darf nicht versaut werden. Der intellektuelle Anspruch wird vermieden und gleichzeitig gibt man ihn vor. Man kennt die Maler, man kennt die Künstler, man ist ein Mäzen. »Wer traut sich, über Inhalte zu sprechen? Wer stört bei der Völlerei und dem gemeinsamen Verdrängen?« Die Leichen und die Denker stören. Heute Abend gehen wir zu einem Vortrag, dort werden wir bestens unterhalten. Es darf keine Langeweile aufkommen, es darf keine betretene Leere entstehen. Niemand soll spüren, erkennen, dass die Kunst nur unterhalten soll. Mehr nicht. Man möchte sie nicht auf sich selbst oder die Zeit beziehen, in der man zufällig lebt. »Lasst uns anstoßen, lasst uns ein paar Kunstpreise ausloben! Wir brauchen die Dichter und Denker!«

Das Schiff gleitet durch die Dunkelheit. Die Leichen treiben am Bug vorbei. Niemand wird sie in dieser Nacht bergen und so haben sie diese Feier nicht stören können.

Das Künstlersein

Das Künstlersein muss geschützt sein. Es muss beschützt werden. Es braucht den Raum, den unbegrenzten Rahmen von Freiheit. Die kreative Aura muss gepflegt werden. Die kreativen Eingebungen können in den feinstofflichen, aufgeladenen Sphären empfangen und sichtbar gemacht werden. Das ist harte Arbeit. Die Empfangsbereitschaft muss gegeben bleiben. Die Ideen ergreifen den Kopf. Der Kopf ist bereit, er sucht nach Möglichkeiten, die Ideen sichtbar werden zu lassen. Die Wege sind vielfältig. Der Künstler ist das Medium. Die Ideen, die Gefühle, die inneren Zustände gelangen zur Darstellung. Dafür braucht der Künstler eine gewisse Durchlässigkeit. Diese kann empfindlich gestört werden zum Beispiel durch Geltungssucht und Neid aus einem ungesunden Umfeld.

Viele meiden die kreative Aura des Künstlers. Einerseits wollen sie mit ihm glänzen, seine Atmosphäre spüren, an seinen Gefühlen und Geistesblitzen partizipieren. Sie suchen nach der Lebendigkeit des Geistes und wollen etwas vom Künstler abbekommen. Die Tristesse und die Widersprüchlichkeit des Alltags veranlassen Künstler, neue Wege einzuschlagen. Nicht selten suchen sie nach Fluchten. Die Langeweile hängt wie Betonklötze in den Räumen. Das Schlagen der Uhr dröhnt in den Ohren, die Zeit scheint stillzustehen. Es ist die Belastung einer erdrückenden Zeit, einer schwermütigen Stimmung, die in der Öde und Langeweile ihren Ausdruck findet. Kein Geld der Welt kann die Bewusstlosen trösten. Sie suchen die Verdrängung und Ablenkung. Die eigene Unfähigkeit, kreativ zu werden, soll kompensiert werden. Die eigene Langeweile, das Kreisen um Güter, die Fremdbestimmtheit quälen. Sie selbst haben nie den Mut gehabt, anders zu sein, sich von der Masse abzusetzen, etwas zu wagen. Der Mainstream wurde bedient, man wollte den leichten Weg gehen, neue Dimensionen wurden nicht zugelassen. Vielleicht wollte man den fremden Ansprüchen genügen. Die Selbstaufgabe führte in die Sackgasse, bevor das Leben wirklich begann. Man hatte nie den Mut aufbringen können, frei zu wählen, frei zu entscheiden, nein zu sagen und sein Selbst zuzulassen. Sollte sich in dem eher fremdbestimmten Leben der pekuniäre Erfolg eingestellt haben, so schmückt man sich gern mit Künstlern, die bereits etabliert sind und in der Szene einen Namen haben. Die gesellschaftliche Stellung des Künstlers ist dabei entscheidend, sein Ruf, sein Ansehen. Die Werke kommen einer Geldanlage gleich, man möchte keinerlei Risiko eingehen und für den erlesenen Geschmack bewundert werden. Das eigene Ansehen soll über die Kunst aufgewertet werden. Man erhofft sich eine Selbsterhöhung über den Besitz eines Kunstwerkes. Von dem Künstlerdasein selbst soll nichts in den eigenen Alltag dringen, denn es könnte die eigenen Trampelpfade hinterfragen. Der eigene Alltag darf nicht durcheinandergeraten, nichts soll chaotisch, unordentlich oder unsicher werden. Soll sich doch der Künstler an die Abgründe der Existenz heranwagen. Der Künstler kann durchaus ein festes Einkommen generieren, aber er soll derjenige sein, der sich bemühen soll und schwitzen und leiden. Der Käufer, der Konsument möchte berührt werden. Vielleicht soll die Kunst die Langeweile vertreiben. Die Impulse des Künstlers sollen wohldosiert, vielleicht am Samstag auf einer Ausstellung kurz anklopfen, danach versenkt, beiseitegelegt werden. Der Alltag darf nicht in Frage gestellt und durcheinander gebracht werden. Der Künstler ist oft vielen Abwertungen und dem Neid sowie einer Überheblichkeit ausgesetzt. Nicht selten muss er sich anhören, zu schrill und zu verrückt zu sein. Der sensible Geist des Künstlers spürt die Vorbehalte und Abwertungen. Er möchte sich nicht dieser Destruktivität aussetzen. Schlechte Schwingungen könnten ihn blockieren, verunsichern. Der Künstler spürt den Neid, die Vorbehalte, die Abwertungen. Er schaut immer wieder in die Augen der Überheblichkeit. Sie können ihn Tage der Kreativität kosten. Der feinstoffliche, mutige Geist des Künstlers möchte seine Antennen bewahren. Er möchte funktionstüchtig bleiben. Er schützt sich, er zieht die Antennen ein, wenn Destruktivität droht. In dieser Situation läuft seine Kreativität auf Sparflamme. Die ausgewogene Aura ist in Gefahr. Die subtilen Gedanken können nicht ungestört fließen. Der Kreative muss aufpassen, dass sein innerer Fluss nicht unterbrochen und blockiert wird. Der erfahrene Künstler weiß, sich zu schützen. Die Jugend ahnt oft nicht einmal diese subtilen Vorgänge. Der junge kreative Geist kennt nicht die Zusammenhänge zwischen den negativen Auren und der Chance auf eine optimale Arbeit. Die Jugend strotzt noch vor Kraft und glaubt, vieles ausgleichen zu können. Doch die Gefahren lauern überall. Die Manipulationen und Einschüchterungen verformen nicht selten den jungen Künstler. Sein Kopf, seine Identität und sein Künstlerleben sind in Gefahr. Verliert er den Bezug zu sich selbst, so kann er alles verlieren. Es kann die Gefahr bestehen, das künstlerische Leben aus den Augen zu verlieren. Die faulen Kompromisse, die Anpassung rauben das kreative Denken, Fühlen, den Flow. Der ganze Mensch ist bedroht. Das eigene Wachstum, die Entfaltung werden behindert. Somit steht der Kreative am Abgrund. Das Geld, der schnöde Mammon, droht als Druck- und Lockmittel. Ist ein Künstler zu schwach, so kann er leicht verbogen werden. Der bequeme Künstler, der sich kaufen lässt, verliert den Kampf um sich selbst. Der inhaltliche Verlust führt zur Sprachlosigkeit. Er fällt in den Schlund der Abhängigkeit und gerät in die Schlucht der Inhaltsleere. Der Selbstverlust führt zum Totalausfall. Ein manipulierter, abhängiger Künstler, wird alles verlieren, da er seinen inneren Kern missachtet, verrät. Es gibt keine Rettung. Er vegetiert und kann auf Grund des Identitätsverlustes nicht an sein inneres Feuer gelangen. Die goldenen Pantoffeln können dabei nicht mehr trösten. Der Pantoffelheld, der angepasste Jasager, der gekaufte Künstler, hat sich selbst verfehlt. Als Jasager, Mitläufer, als ein eingenordeter Zombie, lässt es sich nicht mehr authentisch leben und selbstbestimmt gestalten. Das Leben bietet viele Chancen, der schnöde Mammon lockt. Wenn wir nicht um uns kämpfen, hört das freie Leben, das freie Denken auf. Die Selbstverleugnung führt in die Sackgasse des Vegetierens. Der Neid und die Frustrationen breiten sich aus, wenn der Bezug zum Selbst verloren gegangen ist. Der Manipulierte zappelt an Fäden. Die Stimme zittert, die Bewegungen wirken fremdgesteuert. Die Dynamik fehlt. Der Mensch wirkt puppenhaft und künstlich. Die Fremdbestimmung hat zugeschlagen. Die unsichtbaren Fäden bestimmen das Leben in einer armseligen, angepassten Aura. Das eigene Selbst wurde in vielen wichtigen Bereichen beschnitten. Die innere Unfreiheit führte zur Lähmung. Verbote, Richtlinien und Manipulationen ließen das vollständige Ausreifen der Persönlichkeit nicht zu. Der Anpassungsprozess führte geradewegs in den Leidensprozess. Es ist das Leben der Zombies. Dagegen kann nur eine zentrale Aufforderung gelten:

»Pflege deine kreativen Eingebungen. Sie sind das Gold und entspringen aus deiner Seele! Trau dich »du selbst« zu sein! Male die Bilder, die aus dir strömen, denn es sind die Bilder deiner Seele. Pflege dein Selbst, so wird dein Flow niemals versiegen!«

Die letzte Fahrt

Deine Beine sind müde geworden, dein Gehirn nicht. Du und dein Auto sind alt, deine Augen leuchten. Sie zeigen, dass du noch viel erleben möchtest. Du bist weise genug zu erkennen, dass dir nicht mehr viel Zeit bleibt. Vielleicht bist du deshalb zurückhaltend und friedfertig. Du plusterst dich nicht mehr auf wie die jungen Männer, die um jeden Preis gesehen werden wollen. Doch jedes Alter hat seine Tücken. Jedes Alter braucht die Einsicht, den Klarblick, um zu erkennen, was man besser tun und was man besser lassen sollte. Es geht um die Einsicht in die Notwendigkeit. Der junge Mensch, der nicht nach außen drängt, wird Probleme bekommen, gesehen zu werden. Der alte Mensch, der nicht einsehen will, dass die Beine ihn nicht mehr tragen können, kann fallen, auch wenn sein Kopf noch fit ist. Wir alle müssen uns verabschieden. Es ist ein langer Abschied, ein Lebewohl auf Raten. Während wir von vielen, vielen Zellen unseres Körpers täglich Abschied nehmen müssen, können wir gleichzeitig ein Wachstum vorantreiben. Unsere Erfahrung lässt uns wachsen, wenn wir uns nicht einschüchtern und hemmen lassen. Unsere tiefe eigene Natur, unsere Persönlichkeit, kann aus ihrer ganzen Kraft heraus zur Vollendung streben. Wir können in jedem Frühling neu erblühen, wir müssen es nur zulassen, wollen wir unser Wachstum pflegen. Wir dürfen uns nicht einengen lassen und uns niemals aufgeben.

Du bist alt geworden und dein Auto ebenso. Die Rauchwolken aus deinem Auspuff vernebeln die Luft, du siehst ängstlich aus. Du spürst, dass du schwächer wirst. Bald wirst du auf Hilfe angewiesen sein. Du willst nichts hören von Pflegern und Medikamenten. Dein Lebensmut ist ungebrochen, weil du dich nie hast brechen lassen. Man kann dir ansehen, dass du viele Stürme überlebt hast. Du wirst schnell müde. Doch in dir steckt immer noch das Bedürfnis, zu den

Menschen zu gehen, um ihnen etwas zu geben. Du spürst ganz genau, dass deine Zeit sehr begrenzt ist und es erfordert von dir viel Anstrengung, beweglich zu bleiben. Du möchtest mit kräftiger Stimme zu den Menschen sprechen. Deine Aura und Strahlkraft sind ungebrochen. Du kannst die Menschen erreichen. Du berührst ihre Seelen. Deine Zerbrechlichkeit wirkt vertrauenserweckend und beruhigend. Deine Stimme ist die eines alten Mannes, der noch gern gesehen und gehört wird. Solange du noch etwas Kraft hast, wirst du zu den Menschen sprechen, weil du nicht aufgehört hast, sie zu lieben und weil du noch viel zu sagen hast. In deinen Augen kann man erkennen, dass du viel erlebt und erlitten hast. Dein Lachen ist immer noch ansteckend. Du flutest den Raum. Man könnte annehmen, dass du dem Gesetz der Vergänglichkeit trotzen willst. Doch du gehörtest nie zu den Menschen, die jünger wirken wollten, als sie jemals waren. Du bist viel zu weise, um davon zu laufen. Du willst nicht verdrängen. Du weißt um die Vergänglichkeit, um die Kürze der Zeit, die dir noch verbleibt. Es ist kein Widerspruch, dass du dennoch das Leben liebst, es in vollen Zügen genießt, ohne dich täglich von dem drohenden Tod beeindrucken zu lassen. Du hast das Loslassen geübt und dadurch das Klammern verarbeitet. Du liebst das Leben in vollen Zügen, ohne dich daran zu sehr zu ketten. Deine Augen könnten nicht leuchten, wenn du an allem festhieltest. Niemand leuchtet, der etwas erzwingen, besitzen, beherrschen will. Wir alle müssen lernen loszulassen, den Körper, die Menschen, diejenigen, die wir lieben. Unsere Materie, wir selbst werden uns auflösen. Wir können nichts festhalten. Unser Geld schenkt uns nicht das ewige Leben. Liebe kann man auch nicht kaufen. Unsere Augen leuchten nicht automatisch, weil wir eine dicke Brieftasche haben. Unsere Seele schwingt sich nicht in die Höhe, weil wir Silber und edle Stoffe um uns drapiert haben. All das haucht uns keine Liebe, Wärme und Leidenschaft ein. Doch wir brauchen Liebe, Freiheit und wir brauchen Mut. All das kann uns »zu uns« werden lassen.

Wenn wir lieben, finden wir uns selbst im anderen. Wenn wir die Freiheit leben, dürfen wir uns entfalten. Wenn wir Mut haben, haben wir die Kraft, uns zu verwirklichen. Wir brauchen Wurzeln und wir brauchen Flügel. Die Wurzeln der Liebe sichern uns einen festen Stand. Die Flügel der Kreativität lassen uns immer wieder neu beginnen. Der Mut brennt in uns immerwährend, auch wenn die Kraft manchmal schwindet. Der Mut treibt uns an, Neues zu wagen und in unserer Kraft auf unserem Fundament, etwas aufzubauen. Die Liebe, die wir einmal empfangen haben, tragen wir in uns. Sie lässt uns kräftig bleiben, auch wenn das Leben es einmal nicht so gut mit uns meint. Die Liebe wird uns begleiten und unserer Seele Kraft geben. Sie wird uns am Leben erhalten können. Wenn wir in Freiheit denken können, werden wir neue, angemessene Wege finden. Irgendwann wird die letzte Fahrt auf uns zukommen. Wenn wir uns im Loslassen geübt haben, können wir das Werden und Vergehen akzeptieren. Das Loslassen wird zum Geschenk. Wer gerne gibt und sich verschwendet, wird viel empfangen. Um ihn herum können die anderen wachsen und zur Blüte kommen. »Trau dich zu lieben! Trau dich loszulassen!«

Der Künstler ohne Federn

Ein Künstler ohne Themen ist wie ein Vogel ohne Federn. Er ist bewegungslos, schutzlos, orientierungslos. Er ist kein Vogel. Er kann nicht fliegen, sich nicht hinaufschwingen in die Höhen einer Freiheit, einer Bewegungsfähigkeit, die das Leben garantiert. Der Künstler kann ein Wegweiser sein. Er kann sich in Höhen hinaufschwingen, die einer Gesellschaft und jedem Einzelnen eine Orientierung bietet. Wir brauchen Menschen, die frei denken und handeln können. Die Gesellschaft braucht dringend Mutige, die sich nicht scheuen, in die Abgründe des Menschseins zu sehen. Ohne eine ethisch orientierte Ausrichtung kann keine Gesellschaft, keine Gemeinschaft überleben. Das Streben nach der blanken Materie wird der Menschheit niemals hilfreich sein. Die Ketten der Vorteilsnahme ziehen uns in den Abgrund.

»Besinne dich auf deine Kraft der Solidarität, der Menschenliebe, der Friedfertigkeit! Lasse dich nicht von der Gier beherrschen! Meide die Menschen mit den berechnenden Augen!« Der freie, der ungebrochene Blick ermöglicht die Chance auf eine freie Sicht. Die Freiheit, die Distanz, gibt der Reflexion Raum. Wenn wir gekauft sind, können wir nicht frei denken. Wenn wir den Vorteilen hinterherlaufen, sehen wir die Realität nicht mehr klar, objektiv und unvoreingenommen. Wir brauchen den klaren Blick auf die Welt ohne Dollarzeichen in den Augen. Ohne Ethik, ohne eine gehaltvolle Ausrichtung, ohne eine Orientierung an Werten kann keine Gesellschaft nachhaltig, menschlich und lebenswert geleitet und gelenkt werden. Die Ausrichtung auf die schnöde Materie führt in den Abgrund.

»Schwinge dich auf in die Höhen der Menschlichkeit! Erkenne die wahren Werte, auch wenn die Verstrickungen, die Verlockungen der materiellen Welt dich immer wieder verführen und gefangen nehmen wollen! Lasse dir niemals die Flügel stutzen! Lasse dich nicht wie ein Suppenhuhn rupfen und vertilgen! Pflege deine Federn, deine Schwingen, um die Welt aus der nötigen Distanz zu betrachten! Schwinge dich auf in die Höhen einer globalen Ethik!«

Dein Zentrum – dein Kapital

Dein Leuchten ist dein Kapital. Es ist das Kapital für dein Leben. Wirst du unrechtmäßig verletzt und gedemütigt? Wirst du unberechtigt beschuldigt? Alles um dich herum gerät ins Wanken, weil du zu arm und nicht vorzeigbar bist? Du musst schmerzlich erkennen, dass für viele nur das Geld im Vordergrund steht. Das Menschliche gerät in den Hintergrund, wenn du nicht »flüssig« bist. Das Gesetz wird oft gebeugt, wenn die Mächtigen an ihren Strippen ziehen. Niemand lässt bei dir Gnade walten, weil du arm bist. Du willst weiterleuchten und strahlen, auch wenn die Lügen und die Korruption toben. Du willst die Ecken in einer Gesellschaft ausleuchten. Du bist unbequem für diejenigen, denen alles egal ist, hauptsache sie können daraus Vorteile ziehen. Dabei wird die Realität ausgeblendet, es zählt keine Ethik, kein gesellschaftliches Bewusstsein, sondern nur die Vorteilsnahme. Trotzdem lässt du dir dein Leuchten nicht verbieten. Es ist dein Lebensmotor, deine Art zu sein. Mit deiner Leuchtkraft lässt du alle dunklen Ecken der Lügen und Korruption sichtbar werden. Das ist für viele äußerst unangenehm, denn sie wollen an ihren Vorteilen festhalten. Unbemerkt und durch solche Interessen läuft auf gesellschaftlicher Ebene ein Demokratieabbau auf Hochtouren. Trotzdem lässt du dir deine Leuchtkraft nicht nehmen, denn du fühlst dich der Ethik verpflichtet. Dein Herz und dein Verstand senden dir Signale. Du hast niemals aufgehört, auf diese Signale zu hören, in dich hinein zu hören. Du hast dir die Empfangsbereitschaft nicht abtrainieren lassen. Die vielen Aussichten auf Vorteile und Gewinne konnten dir dein Selbst nicht rauben. Du hast dich nicht schmieren lassen. Dein intakter innerer Kern schenkt dir die Leuchtkraft. Deine Handlungen entspringen aus deinen Überzeugungen. Du bist nicht gespalten, verblendet, gekauft. Diejenigen, die viel zu verbergen haben, suchen das Weite, wenn sie dich sehen. Sie wollen nicht mit ihren Abgründen, der Selbstaufgabe und Fremdbestimmung konfrontiert werden. Ihr Trampelpfad darf nicht hinterfragt werden. Sie fühlen sich unwohl und haben Angst vor der Veränderung. Es fühlen sich viele von deinem Leuchten provoziert. Die Dunkelheit, der Nebel, die Undurchsichtigkeit sollen schützen, alles verstecken. Du lässt dich nicht von deinem Leuchten abbringen, auch wenn die anderen weggucken und dich verleugnen. Du bleibst unbequem und der Ethik verpflichtet. Die pekuniären Verlockungen werden dich niemals zur Selbstaufgabe bewegen, denn dein Ich ist dein Wert, dein Kapital in einer Welt, in der der Gewinn die Menschen immer wieder verleitet und sie von sich selbst entfremdet.»Lasse dich niemals schmieren!«

Dein Idyll

Dein Idyll hat metertiefe Risse bekommen. Eigentlich hat es sich bereits aufgelöst. Doch du willst nicht loslassen. Du hast alles auf eine Karte gesetzt. Du hast dich selbst, deine Existenz, deine Identität mit diesem Idyll verwoben. Du kannst dich nicht mehr losgelöst von diesem Idyll denken. Dir fehlt der Abstand, die Freiheit im Denken, Fühlen, Komponieren. Du kannst keine Lösungen finden, weil du dich nicht lösen kannst. Dein Denken kreist um eine Verbesserung und nicht um eine substantielle Lösung. Du bist blockiert und glaubst nun, mit noch mehr Geld und Ablenkung der Misere entfliehen zu können. An deinen Füßen hängen Bleiklötze, in deinen Gedanken kreisen die Blockaden einer Scheinidylle. Geld muss her. Du brauchst es so sehr, um die Schieflagen erträglicher werden zu lassen. Du greifst nach Strohhalmen, doch sie knicken weg, genauso wie du, weil die Probleme nicht von der Wurzel her angegangen werden. Wenn du am Kern des Übels etwas bewegen sollst, weichst du aus. Die Angst vor der Veränderung blockiert dich. Die Angst vor denjenigen, die alles beim alten lassen wollen, blockiert dich ebenso. Die mit den Scheuklappen, den vollen Gläsern und den überladenen Tischen wollen keine Veränderung. Sie wollen dich nicht sehen und hören. Du störst, wenn du bei ihrem Totentanz nicht mitfeiern möchtest. Sie schauen dich mit aggressiven Blicken an und sprechen Abwertungen und Drohungen aus. Ihre Blicke treffen dich mitten ins Herz. Ihre Drohungen erschüttern dich im tiefsten Inneren. Sie rufen: »Nerve nicht! Sage jetzt nichts! Versau uns nicht die Stimmung! Belustige uns!« Deine Lebensflamme wird bedroht. »Lass dir deine Leuchtkraft nicht nehmen! Du bist stark und du hast eine Stimme! Du kannst denken und kämpfen, denn dein Geist ist hellwach und flexibel. Leuchte auch, wenn es dunkel um dich wird!«

Deine Demokratie – dein Schutzraum

Deine Demokratie, in der du leben darfst, ist keine Selbstverständlichkeit, denn sie ist hart erkämpft, erarbeitet worden. Mut und Tod, Straßenkämpfe, Revolutionen sind der Demokratie vorausgegangen. Du verrätst die Mühen, die Kämpfe, den Schweiß und den Tod Unzähliger, wenn du Errungenschaften gegenüber gleichgültig wirst. Ob Gleichberechtigung, Recht vor dem Gesetz, Wahlrecht, Achtung der Menschenwürde und Rechte und vieles mehr erscheint im Bild einer Selbstverständlichkeit und Normalität, die es früher nicht gab. Wenn du nachgibst, wegschaust, bequem und lethargisch die Früchte früherer Generationen genießt und gleichzeitig alles schleifen lässt, bringst du die historischen Erfolge in Gefahr. Für die Demokratie muss immer gekämpft werden. Nichts ist selbstverständlich. Die Demokratie muss gelebt und dadurch verteidigt werden. Die Demokratie braucht mutige Erneuerer. Sie braucht die Kreativen und nicht die lethargischen Mitläufer. »Seid alle wachsam, denn die Demokratien unserer Welt sind zerbrechlich! Sie können ausgehöhlt und zerstört werden. Lasst es niemals zu! Verteidigt sie, immer und kämpft um sie!«

Der Tunnel, deine Autoritätshörigkeit

Dein Tunnelblick war allumfassend, denn in deinem Kopf war die Autoritätshörigkeit tief verankert. Andere hatten das Sagen und du fühltest dich ausgeliefert. Du entschuldigtest dich bei dir selbst, indem du dir sagtest, du seist auf der richtigen Spur. Doch dein Bauchgefühl meldete sich immer wieder, mal hartnäckiger, manchmal ganz soft, weich und verständnisvoll, als wenn dein Bauch deinen Kopf nicht überfordern wollte. Doch du besaßest nicht den Mut, dich gegen die Autoritäten aufzulehnen, ihnen zu widersprechen. Ein Protest wurde für dich unerreichbar. Du warst verstrickt in Scheinargumenten, in Selbstzweifeln und du misstrautest dir selbst. Irgendwelche Autoritäten hatten Macht über dich, da du es immer wieder zuließest. Dir fehlte die Kraft, der Mut, die Inhalte zu denken und konsequent auf dich zu beziehen. Du warst zu ängstlich, dir die Abgründe anzusehen und du warst zu belastet, um dir die Wahrheit einzugestehen: Man hatte dich immer wieder manipuliert, eingeordnet, schließlich solltest du funktionieren. Du solltest den Bildern entsprechen, die andere für dich entworfen hatten. Bedauerlicherweise ignorierte man deine Vorhaben, Lebensentwürfe und Selbsterkenntnisse. Man hatte »Besseres« mit dir vor. Man wollte dich gebrauchen und verplanen. Deine Meinung störte dabei und sie wurde konsequent überhört. Du warst zu verunsichern, dein Ich stand auf wackeligem Grund. Nach und nach hattest du dich selbst verraten, aufgegeben. Du befandest dich in einem schleichenden Prozess. Es war ein Selbstentfremdungsprozess. Du verabschiedetest dich von deinen inneren Bedürfnissen, Träumen und Entwürfen, die du selbst erdacht, erfühlt hattest. Du warst zu verunsichern. Du warst nicht selten orientierungslos, hilflos. Angst und Selbstzweifel waren an der Tagesordnung. Das Gift, das man dir injiziert hatte, wütete in deinem Körper und in deinem Geist. Die boshaften Worte klangen in deiner Psyche nach:

»Du bist nicht gut, nicht gut und wertvoll genug! Du kannst dem Tunnel nicht entfliehen. Du schaffst es nicht zu bestehen, denn die anderen werden dich wegfegen. Sie sind schöner und wertvoller. Du wirst scheitern, denn deine Konkurrenten sind besser und begehrenswerter. Bleib im Tunnel, entschuldige dich für deine Unvollkommenheit. Trau dich nicht nach oben und auch nicht ans Licht! Mische dich nicht unter die Menschen, denn es wird dir nicht gut bekommen! Du wirst scheitern! Lasse die anderen vor, denn sie haben es verdient, im Mittelpunkt zu stehen. Du machst zu viel falsch, du bist nicht gut und auch nicht richtig. Bleibe im Verborgenen! Du wirst sowieso scheitern! Du kannst nicht erfolgreich sein. Bleib im Verborgenen!«

Niemand sprach offen und direkt zu dir. Niemand nannte Fakten und Beweise, denn du wurdest zu Unrecht abgewertet. Man verunsicherte dich und sprach niemals Klartext. An der Wahrheit schien niemand interessiert zu sein. Deine Fähigkeiten fanden keine Beachtung. Im Gegenteil: Wenn dir etwas gelang, wurde es ignoriert, totgeschwiegen. Du wurdest wie das Aschenputtel versteckt und für niedere Arbeiten angeheuert. Andere sollten erfolgreich sein und du solltest das Aschenputtel bleiben. Neidvolle Blicke verfolgten dich. Dein stilles Leuchten, deine Talente wurden mit Argwohn betrachtet. Gleichzeitig wurdest du als Spinner beschimpft. Du warst anders und erfrischend individuell. Das nervte die Spießer. Es gab keine Fakten, die belegen konnten, dass du es nicht schaffen könntest, dass du nicht gut und wertvoll bist. Man wollte dich klein machen, verunsichern. Niemand wollte das in dir sehen, was du ganz real bist. Deine Talente sollten niemals zum Vorschein kommen. Du solltest das Aschenputtel bleiben. Niemand sprach dir Mut und Zuversicht zu. Niemand wollte deine Größe, dein stilles Leuchten und deine Kraft sehen. Du selber zweifeltest immer mehr. Das Gift der Abwertung schwächte dich. Die Autoritätshörigkeit hatte dich gefangengenommen. Dein Verstand war umnebelt von Einschüchterungen, Drohungen, Versprechungen, die dich auf eine falsche Fährte locken sollten. Zuckersüße Versprechungen umnebelten deinen Geist. Irgendwelche Aussichten auf bessere Tage hielten dich gefangen. Du hattest dich in deiner Verunsicherung sträflich vernachlässigt und du warst immer schwächer geworden. Doch dein innerster Kern glühte noch und das war deine Chance, deine Saat für ein besseres Morgen.

»Glaube an dich! Trau dich hinaus in die Welt! Viele Menschen werden dich erkennen und wertschätzen! Verlasse dein Verlies aus Selbstzweifeln, Angst und Depressionen!«

Der kalte Wind

Der Zombie erscheint cool, locker und immer entspannt. Er kann sich durchsetzen und Vorteile geltend machen. Er gibt vor, den Blick für das Wesentliche zu haben. Berechnungen und Fakten werden mit selbstsicherer Stimme vorgetragen. Die Show ist perfekt eingeübt und kein einziges Haar wagt es, im Wind zu wehen. Die Körperhaltung signalisiert: Ich habe die Lage im Griff. »Schau genauer hin! Es gibt so viele Deckmäntelchen und Täuschungsmanöver.« Wer den unbedingten Vorteil will, wer über Leichen geht, schießt wie ein Pfeil mitten in die Zentren der Macht. Doch was ist der Wert eines Treffers, der nur die Materie im Blickfeld hat? Der Vorteilsbesessene bahnt sich den Weg ohne jeden Skrupel und ohne den Gedanken an eine wahrhaftige Nachhaltigkeit. Ein Zombie ohne Skrupel, Moral und Empathie kennt keine Humanität. Er oder sie rauscht mit der Höchstgeschwindigkeit der Gier an der Menschlichkeit vorbei. Der Vorteilsrausch bestimmt das Denken und Handeln und fordert das schnelle materielle Vorankommen. Menschen haben zu funktionieren, sie sollen dienen und werden nicht selten als Kanonenfutter missbraucht. Der Rausch, die Gier, fordert immer neue Opfer. Menschen werden zu Soldaten, zu Vertriebenen, zu nicht gern gesehenen Flüchtlingen. Der eiskalte Wind der Gier fegt über die Kontinente. Er tötet, er endsolidarisiert und polarisiert.

Der denkende und empathische Mensch taumelt oft an der Grenze zur Resignation. »Kann die Gerechtigkeit noch gelebt und umgesetzt werden?« Der Denkende mahnt die ethischen Normen und Werte an und erkennt gleichzeitig ihren täglichen Verstoß. Der Empathische kämpft gegen die eigene Enttäuschung und möchte den Glauben an die Menschlichkeit nicht verlieren. Er oder sie möchte nicht in Resignation versinken und untergehen. Der kritische Denker möchte nicht zu einem verletzten Einzelgänger mutieren. Darf die Enttäuschung den Glauben an die Werte überdecken? Der Mitfühlende hat Angst, verletzt zu werden. Diese Angst vor immerwährenden Enttäuschungen ist ihnen ins Gesicht geschrieben. Sie tragen nicht selten ein Visier aus Zweifeln und Misstrauen. Unter der Rüstung schlägt das Herz der Humanität. Das Herz des Empathischen schlägt leidenschaftlich. Es schlägt für die Freiheit, Selbstbestimmung und Gerechtigkeit. Der kalte Wind der Gier und Unmenschlichkeit kann die Flamme des gerechten Herzens nicht auslöschen. Die Flamme leuchtet für die anderen und spendet in eiskalten Zeiten Wärme und Orientierung.

»Lasst euch nicht einschüchtern! Lasst euch nicht eure Würde, Empathie und den Sinn für die Gerechtigkeit nehmen!« Der kalte Wind der Gier fegt über die Welt, doch er kann nicht alle Denkenden, Gerechten und Selbstbestimmten auslöschen.

Künstler sein und frei sein

Die Kunst darf alles. Der Künstler sollte frei denken und somit frei arbeiten. Dies ist ein sehr hoher Anspruch, ein hoher Anspruch an den Kreativen. Die Freiheit will erarbeitet werden und als Künstler sollte man sich selbst als ein freidenkendes Kreativzentrum erleben dürfen. Freiräume müssen bleiben. Ein unfreier Mensch kann nicht frei denken und unabhängig handeln. Er oder sie kann nicht aus sich heraus frei und offen Inhalte ansprechen und dem Leser, Hörer, Betrachter verdeutlichen. Das Innere des Künstlers ist der Boden, die Wurzel, die Pflanze der Freiheit. Hier entstehen, wachsen die Pflanzen der unabhängigen Früchte. Die Freiräume, die freien Flächen einer unverbrauchten, nicht vergifteten Aura, einer unverstellten, freien Sicht auf die Welt sind Voraussetzungen für jede authentische Kunst. Der mutige, selbstbewusste Künstler bringt immer wieder die Kraft auf durchzuhalten und gegen alle Widerstände, neue Kreationen zu schaffen. Er muss mit der Kritik und Abwertung leben, denn der kritische, freie Geist wird immer verfolgt und diskriminiert. Er leuchtet die Schattenseiten der Gesellschaft aus und wird nicht selten dafür gehasst. Doch nicht alle Künstler werden gesehen, gehört und gelesen. Viele finden keine Beachtung, sie werden versteckt gehalten, indem man sie übersieht, abwertet, verbannt. Die Methoden sind subtil und wechseln je nach Zeit und Gesellschaftsform. Der aufrichtige Künstler wird, solange er die Kraft hat, sich seiner Kunst widmen. Er lebt mit und durch die Kunst. Diese gehört untrennbar zu ihm. Die Kunst entspringt seinem Selbst, sie zeigt das tiefste Innere dieses Menschen. Er lebt mit und durch seine Kreativität. Er oder sie ist die Kunst. Er oder sie wird sichtbar in ihr. Weil der Kreative in seinem Werk erkennbar wird, ist er auch so verletzlich. Das Innere wird für die Menschheit freigelegt. Aus dem Werk spricht der Künstler. Somit ist er angreifbar. Je nach der Stimmung in einer Gesellschaft wird er entweder kritisiert, gelobt oder abgewertet. Jegliche Form der Abwertung oder Missachtung erntet ein Künstler vor allem dann, wenn er in der Lage ist, die objektiven Schieflagen anzuprangern. Er schwingt sich auf in die Höhen einer Sichtweise ohne Fesseln, ohne betonschwere Abhängigkeiten. Diese Freiheit wird ihm oft geneidet. Der Gefesselte, der Unfreie spürt die Freiheit des Künstlers und gleichzeitig seine eigene Unfreiheit. Das macht betroffen, wütend, aggressiv. Das Künstlerherz muss frei schlagen, frei empfinden und hoch sensibel bleiben. Darum ist es so leicht zu verletzen. Die Abgründe und Verwerfungen werden gesehen und müssen ausgehalten werden. Wer in Abgründe schaut, muss sie verarbeiten. Wer Abgründe sichtbar werden lässt, muss Anfeindungen ertragen.

Der kritische Künstler ist in vielfältiger Art und Weise gefordert: Er oder sie muss einerseits die Schieflagen der Wirklichkeit erkennen und in einem weiteren Schritt sichtbar werden lassen. Der kritische Künstler setzt sich somit permanent mit den Fakten, Verwerfungen und Notständen einer Gesellschaft auseinander und schaut gleichzeitig auf die Welt, auf den globalen Kontext. Diese Fakten, diese Zusammenhänge der globalen Welt, sollte ein kritischer Künstler verarbeiten und aushalten können. In der ausschließlich dekorativen Kunst besteht dieser Anspruch nicht und der Kreative ist somit in anderer Hinsicht gefordert. Da der kreative Akt zu einem großen Teil aus dem Unbewussten gespeist wird, hat die Kunst grundsätzlich eine Berechtigung, da in ihr die Seele des Schaffenden zum Vorschein kommt. Kreative, die sich instrumentalisieren lassen und ihr Handeln einem Diktator, einem Regime unterwerfen, sind ethisch gesehen anzuzweifeln und abzulehnen. Nicht selten bestreiten diese Künstler ihr Wissen um das Regime, wenn es entlarvt wird oder fällt. Man denke in diesem Kontext an das Hitlerregime mit seinen vielen kreativen Zuarbeitern. Die Verstrickung Kreativer mit Diktaturen ist ein immer wieder auftauchendes Phänomen. Kreative lassen sich schmieren, beeinflussen oder werden einer Gehirnwäsche unterzogen. Insofern kann Kunst gefährlich sein und menschenverachtende Inhalte transportieren. Jeder Künstler hat somit eine sehr große moralische Verantwortung. Der Kreative sollte stetig seine Arbeit ethisch überprüfen. Wer die Welt in ihrer unverfälschten Komplexität darstellt, wird nicht immer Applaus ernten. Viele wollen nicht mit den Abgründen, mit dem Tod, mit dem Verbrechen, der Ungerechtigkeit oder der Ausbeutung konfrontiert werden. Sie wollen auch von der Kunst gut unterhalten sein. Sie wollen bespaßt, angeregt und amüsiert werden. Sie wollen das leicht Verdauliche, das Dekorative. Sie möchten ihre Räume ausschmücken, ihren Wohlstand zeigen. Sie werden ihren Kopf angewidert wegdrehen, wenn sie auf eine Kunst stoßen, die ihnen den Spiegel vorhält.

Doch wie kann der Künstler mit so viel Widerstand und Abwehr eine freie Sicht behalten? Er oder sie muss mutig bleiben, muss sich immer wieder in die Höhen aufschwingen, um eine besondere spezielle Perspektive auf das Leben zu erreichen. Die Freiheit der unverfälschten Perspektive und die Freiheit des unverfälschten Ichs bieten den Schutzraum, um kreative Leistungen zu vollziehen. Anfeindungen müssen genauso ausgehalten werden, wie pekuniäre Durststrecken. Dennoch: Dieser Schutzraum beinhaltet nicht das Weggucken und Wegducken. Der authentische Künstler reibt sich an dem irdischen Sein. Nicht selten muss er Widrigkeiten in Kauf nehmen, weil er seine Seele nicht verkauft. Er wird sich nicht an den Hals der Zombies werfen. Er wird sich nicht von den Gierigen, Untoten auslutschen lassen. Er will nicht ihr Eulenspiegel und Kaspar sein. Der mutige Künstler wird alles geben, um frei denken und handeln zu können. Sein Wille zielt ab auf die Freiheit, Mündigkeit und Selbstbestimmung. Er will nicht auf Knopfdruck sinnlose Kunst produzieren. Der authentische Künstler möchte seine Unabhängigkeit, seine innere Quelle bewahren. Deshalb muss er sein

Umfeld überprüfen und die einschränkenden Auren orten. Er muss die Destruktiven enttarnen, um seinen Kopf frei zu behalten. Freie Kunst entspringt der Freiheit, der Selbstbestimmung. Niemand kann aus sich heraus frei arbeiten, der nicht frei und selbstbestimmt leben darf. Die eigene Freiheit, das freie Denken sind die Voraussetzung für das freie Schaffen. Das freie Werk ist ein unverfälschtes Werk. Der pekuniäre Erfolg liegt auf einer anderen Ebene. Von daher bedeutet Kunst zunächst das Sicherstellen eines freien Schaffens-und Lebensraumes. Tagtäglich werden Künstler weltweit verfolgt, gequält und eingesperrt. Einige werden sogar hingerichtet.

»Lasst uns die Kunst als ein sehr hohes Gut schützen! Lasst uns unsere Demokratien achten und bewahren, damit die freie Kunst möglich bleibt!«

Zurück zu den Wurzeln

Du kennst dich aus im Großstadtdschungel. Die Hektik und die Coolness, die Show und der eilige Gang mit dem Blick auf die Uhr sollen deinen Wert unterstreichen. Nichts scheint dir fremd in der Welt des Konsums, der Verdrängung, des hektischen Stillstands. Du sprichst die Sprache der Großstadt und spürst gleichzeitig die Welt der Ursprünglichkeit in dir anklopfen. Es ist die Realität einer anderen Dimension. Du spürst sehr deutlich, dass die Ursprünglichkeit, die Langsamkeit, die Stille, der Tiefgang in dir eine Chance bekommen möchte. Du hörst deine Stimme in dir anklopfen und sie mahnt, sie rebelliert und sie sorgt für eine gewisse Unzufriedenheit in dir. Du empfindest Widersprüche. Du sehnst dich nach Langsamkeit und Stille, während du wie in einem Galopp durch die Straßenschluchten läufst. Du sehnst dich nach Sinn und Tiefgang. Du sehnst dich nach dir, denn du kommst zu selten in deinem Leben vor. Deine innere Welt steht immer häufiger im Widerspruch zu der Schnelllebigkeit, der Beliebigkeit. Die Welt der Stille, der Kontemplation will in dir wahrgenommen und immer wieder beachtet werden. In dieser Welt darfst du atmen, langsam und »du selbst« sein, deine Intuitionen beachten.

Nun empfängst du Botschaften. Es sind die inneren Eingebungen aus der Tiefe deines Ichs. Du kannst über dich erstaunt sein und dich wundern, denn in den leisen Tönen, den Stimmen des Tiefgangs wird dir von den ursprünglichen Bedürfnissen des Menschseins berichtet. Du musst nur zuhören. Du musst dir Zeit nehmen. Du trägst die Gene deiner Vorfahren in dir. Du läufst schnell mit den Stöpseln im Ohr und einem hektischen Blick auf dein Handy. Du gönnst dir keine Pause. Doch gleichzeitig sehnst du dich nach einer Welt der Selbstbestimmung. Dein IPod setzt dich weiterhin unter Druck. Du kannst kaum noch deine eigene Stimme empfangen und 'runterfahren. Der Yoga-Kurs am Abend soll dich retten. Vielleicht kannst du dann einige Botschaften deines Ichs erfahren. Vielleicht kannst du mal wieder über dich selbst erstaunt sein. Du hoffst auf die leisen, kreativen Töne in dir. Du möchtest die Töne des Tiefgangs, des Ursprünglichen empfangen. Du bist ein Mensch und möchtest dich in deiner Menschlichkeit erleben. Du trägst die Gene deiner Vorfahren in dir, sie prägen dich, sie wollen beachtet werden. Du bist ein Teil der Evolution. Der Großstadtdschungel scheint die Evolution zu übertönen. Er lässt die kostbaren Klänge deiner Seele verblassen. Doch du kämpfst, du hast die Klänge deiner inneren Antennen bewahrt. Du weißt es sehr genau, dass du nicht allein bist und viele andere Menschen ebenso die leisen Klänge wertschätzen. Die Ablenkungen toben und zeigen immer neue Gesichter. Der Konsument wurde daran gewöhnt, neue Gesichter zu sehen, neue Anreize zu bekommen. Das Karussell der Reize dreht sich immer schneller. Du willst kein Gefangener des Habenwollens werden, du willst frei sein und auf dein Selbst hören. Doch gleichzeitig tappst du in Fallen. Dir kommt es oft so vor, als seiest du ein Einzelkämpfer, ein Utopist, mitten im Großstadtdschungel. Du willst nicht der Gefangenschaft eines hektischen Stillstandes erliegen und ertappst dich dennoch immer wieder dabei, wie deine Sinne betört und berauscht werden. Die Werbung beeinflusst dein Denken, du kannst dich kaum dagegen wehren. Wünsche werden geweckt, Stimmungen erzeugt und materielle Träume entworfen. Deine Instinkte werden ausgenutzt, missbraucht. Du sollst dem Kaufrauch erliegen. Die leisen kostbaren Töne in deiner Seele können oft nicht wahrgenommen werden. Du wirst zugedröhnt. Du hoffst auf ruhigere Zeiten. Du möchtest wieder die Vielfalt in dir erleben. Du weißt genau, dass du nicht allein bist mit der Hoffnung auf leisere Töne. Die Ablenkung tobt und hat immer neue Gesichter. Die Fratzen der Werbung wechseln und sehen sich zum Verwechseln ähnlich. Die Gehirnwäsche läuft auf Hochtouren. Die faltenfreien Gesichter sind austauschbar, sie wirken hohl und langweilig. Sie sind weichgewischt und sollen dich unter Druck setzen. Du sollst dem Entwurf der Werbungen genügen. Du sollst ebenso gleichgeschaltet, gutgelaunt und oberflächlich rüberkommen. Doch du willst Widerstand leisten. Mittlerweile hast du es langsam satt, auf diese künstlichen Gesichter hereinzufallen. Du sollst immer mehr konsumieren und du sollst dein kostbares Geld verschleudern. Du willst nicht mehr gefangen genommen werden, von dem Habenwollen. Der hektische Stillstand um dich herum hat nichts mit dir zu tun. Du spürst eine andere große Kraft in dir. Dir ist noch ein Rest eines kritischen Bewusstseins geblieben und das willst du nicht aufgeben. Du willst dich selbst nicht aufgeben und deshalb suchst du die Oasen der Ruhe. Du hast erkennen müssen, dass niemand um dich herum mit dem Schneller, Neuer, Lauter weiter gekommen ist. Die Nachrichten und Horrorbotschaften wechseln schnell und schneller. Die Marken und must haves ändern sich stetig. Du fühlst dich ohnmächtig. Du kommst aus einer anderen Zeit. Du trägst die Gene einer anderen Welt in dir. Deine Vorfahren waren Sammler und Läufer. Du sollst still sitzen, konsumieren und dich selbst überhören. Doch du weißt, dass du deine Wuzeln, die dich in deiner Natur erden und wachsen lassen, nicht verraten darfst. Du staunst über deine Kreativität, wenn du dir Freiräume und Ruhe gönnst und deshalb suchst du die Oasen der Kontemplation. Du willst kein fremdgesteuerter, billiger Konsument sein. Du willst den Anschluss an dein Selbst finden und dazu brauchst du Zeit und Ruhe. Die Eigendynamik, die eigenständigen Gedanken kommen wieder, wenn die Fremdsteuerung nachlässt. »Suche den Kontakt zu dir! Höre auf deine Stimme!« Du liebst die leisen Töne auf dem Weg zu dir und ziehst die Stöpsel aus den Ohren. Du hast den Kampf um dich selber noch lange nicht verloren, denn dir ist bewusst, dass du um dich kämpfen musst.

Die gefährliche Eigendynamik

Die Männchen plustern sich auf, die Weibchen beeindrucken durch ihr Äußeres. Der moderne Dschungel kommt einem gnadenlosen Kampf gleich. Es geht um Geld, Macht, die Machtzentrierung. Der Geldkreislauf tobt in einer globalen Welt, in der die Märkte im Sekundentakt neu sortiert werden. Computer steuern die Spekulationen und haben zu einem großen Teil das Ruder übernommen. Der Mensch hat eine Welt erschaffen, die er nicht mehr unter Kontrolle hat. Das Spekulieren um den Mehrwert hat eine unübersichtliche Stufe erreicht. Die Verantwortlichen in ihren exponierten Positionen fühlen sich meistens überfordert. Man kann es an den verzweifelten Scheinlösungen ablesen. Wir alle kennen die Auswirkungen dieser spekulativen Märkte. Wir kennen die vernichtenden Auswirkungen für den Menschen, für die Natur, für die Menschen als Teil der Natur, der Evolution. Diese Fakten scheinen für viele Verantwortliche weit weg, solange sie nicht von der Realität, den Auswirkungen ihrer Politik eingeholt werden. Die Realität scheint übergangen zu werden, scheinbar nicht vorhanden zu sein. Sie wird ausgeblendet und unter den Teppich gekehrt, wenn sie nicht passt, stört oder von dem scheinbaren Vorteil abhalten könnte. Die Wahrheit wird gebeugt, sie wird kompatibel gemacht. Die Computer, die Rechner kennen keinen Schlaf und kein Mitgefühl, keine Ethik. Sie sind nicht moralisch programmiert. Eine gefährliche Eigendynamik tobt. Ihre Programme laufen nach anderen Gesetzmäßigkeiten, während viele Politiker den Anschein einer Bemühung zur Rettung des Globus, der Hungernden vor sich hertragen. Die Programme laufen ununterbrochen weiter und - es läuft viel schief und aus dem Ruder. Die Programmierer arbeiten ihre Aufträge ab, während in einer Zeit der Spezialisierung kaum noch jemand die Tragweite seiner Handlungen kennt. Überall hört man den Satz: »Das Geld arbeitet für sich.« So ziehen sich viele Menschen aus der Verantwortung und tauchen ab in die Anonymität, die sie sich auf Grund ihres Geldes leisten können. Währungen werden anonym und kurzfristig gerettet, ohne die langfristigen Folgen zu kennen.

Der Zahlungskräftige scheint sich alles leisten zu können. Er darf auch unmoralisch handeln und seine Taten für ethisch erklären. Der Zahlungskräftige beugt die Fakten und bestimmt die Abläufe. Schnell abrufbare Inhalte werden gebetsmühlenartig heruntergeleiert. Kurzfristige Scheinlösungen sollen den Eindruck von Nachhaltigkeit erwecken. Die Sprache wirkt hölzern, ausgewogene Inhalte fehlen. Die Politiker ringen um kurzfristige Lösungen, da nachhaltige Konzepte fehlen. Eine Umkehr findet nicht statt und so müssen neue Scheinlösungen herhalten. Der Mensch stumpft ab, da sich eine Krise der anderen anschließt. Man gibt sich den Anschein von Seriosität. Gegenseitige Schuldzuweisungen sollen vom eigenen

Fehlverhalten ablenken, schließlich ist immer irgendwo Wahlkampf. Die Anzüge sind vom Feinstern, die blütenweißen Westen sehen gepflegt und modern aus, man will beeindrucken, seriös erscheinen. Der Machtpoker geht ungehindert und unverhohlen voran. Die Täuschungsmanöver wechseln. Nachhaltige Konzepte sucht man bei dieser Flickschusterei vergebens.

Wenige verdienen viel an dem Elend sehr vieler. Häuschen und Urlaube sollen den Bürger beruhigen. Die Aktionäre globaler Firmen vergessen, dass auch sie saubere Luft benötigen. Sie denken scheinbar nicht an ihre Nachkommen. Auch sie sind abhängig vom Klima, von der Ozonschicht. Oft wird eine Anteilnahme geheuchelt. Es kommt immer gut an, wenn man ein nachdenkliches Gesicht aufsetzt. Man gibt sich friedfertig, gerecht, ehrlich. Man gibt sich engagiert. Der Mantel der Tugend wird übergeworfen. Ein Heiligenschein soll hell leuchten, blenden. Niemand möchte sich die Stimmung verderben lassen. Lieber schaut man weg, solange die Wellen der Meere noch nicht gegen die eigene Haustüre schlagen. Die atomare Verstrahlung sieht man nicht, riecht man nicht, schmeckt man nicht. Unsere Medien sollen uns bei Stimmung halten. Sensationsgier verbunden mit dem täglichen Gruseln auf dem sicheren, warmen Sofa garantiert den nötigen Nervenkitzel. Nachhaltigkeit, Klimawandel, Weltfrieden verkommen zum tagtäglichen Mediengeschäft. Es lässt sich mit dem Elend ordentlich Kasse machen. Der Mensch verkommt zum Zuschauer, zum abgestumpften Medienkonsumenten, der nicht nachhaltig eingreift und die Probleme von der Wurzel her analysiert. Es ist »in«, um die Welt zu jetten, beim Strom zu sparen. Die teuersten Alligatorenhandtaschen baumeln am Handgelenk, während der nächste Spendenaufruf getätigt wird.

Es ist chic, Schnäppchen zu jagen, während die nächste dekadente Show geplant wird. Derjenige ist clever, der billig und viel konsumiert. Billige Flüge, Hotels, die beste Lage mit den sauberen Pools inmitten von krisengeschüttelten Regionen. Der Mensch verdrängt, er lässt kaum ein Bewusstsein zu. Die Konsumenten sollen möglichst auf beiden Augen blind sein und nicht nach links und rechts gucken. Sie mögen unbehelligt konsumieren und nicht denken. Das Denken verdirbt den Sinnestaumel und Menschen, die zu viel denken, verderben die Stimmung. Wozu haben wir all die Spezialisten im feinen Zwirn? Wozu wählen wir und wozu delegieren wir? Geld regiert die Welt, Geld beugt allzu oft das Recht. Wer Geld hat, kann einen seriösen Eindruck hinterlassen. Der Reiche kann blenden, der Superreiche sich nach Belieben verstecken. »Lasse dich nicht länger blenden! Schwinge dich auf in die Höhen der Menschlichkeit! Bediene nicht immer deinen trägen Bauch, denn so wirst du schwächer und schwächer! Entgehe der gefährlichen Eigendynamik der Fremdbestimmung!«

Die Frömmelei

Die Frömmelei dient in erster Linie der Selbstbeweihräucherung und einer dubiosen Selbstdarstellung. Nicht selten geht es um eine Selbsterhöhung. Sie dient der Ablenkung, der Vermeidung einer kritischen Selbstreflektion. Sie wird nicht selten zum Freizeitspaß in Anspruch genommen. Der Frömmelnde zeigt sich gern als Gläubiger mit einer lupenreinen Weste. Er möchte die Mitmenschen beeindrucken und vermittelt einen Selbstentwurf der eigenen Person: »Schaut her, ich bin ein Gutmensch!« Soziale Aktivitäten werden nur dann umgesetzt, wenn ein Publikum zusieht, denn nichts soll im Verborgenen geleistet werden, da es nicht um die soziale Aktivität um ihrer selbst willen geht. Es dreht sich alles um das Beeindrucken-Wollen, um den Schein. Der Frömmelnde ist in der Kirche ein gern gesehener Gast, denn er hat Unterhaltungswert. Er spielt oft und gern das Unschuldslamm und setzt somit andere Gemeindemitglieder unter Druck. »Schaut her, es geht noch frommer, sozialer und engagierter.« Vielleicht spekuliert der Frömmelnde sogar laut auf einen Ehrenplatz im Paradies, alles ist möglich. Die Aussicht auf einen unmittelbaren Gewinn steht im Vordergrund. Sehen und Gesehen-Werden spielen eine erhebliche Rolle. Das eigene Ansehen steht im Vordergrund, wenn im Verborgenen andere Regeln gelten. Dem Wohltäter soll gehuldigt werden. Er möchte die höchstmögliche Anerkennung. Nicht selten setzen die Frömmelnden andere unter Druck, die zum Beispiel nicht gläubig oder nicht in einer Gemeinde aktiv sind. Die Selbsterhöhung wird getragen von einer Zurschaustellung des Glaubens und einer Gottesnähe. Wer Gott an seiner Seite weiß, wird wohl kaum in Frage gestellt. Der Frömmelnde erlebt eine Aufwertung und wähnt sich in Sicherheit. Dabei spielt der Aspekt des Geldes eine nicht unerhebliche Rolle. Spenden werden gesammelt und vor den Augen der anderen großzügig verteilt. Alle sollen den Eindruck der Warmherzigkeit gewinnen. Der Frömmelnde wertet sich somit über sein Geld auf. Man möchte sich positionieren. Dem Wohltäter soll gehuldigt werden. Die Selbstdarstellung wird perfektioniert. Nichts wird dem Zufall überlassen. Es gilt der Maßstab: Mehr Schein als Sein. Es wird sich wohl niemand trauen, den Frömmelnden in Frage zu stellen, seine Handlungen genauer zu analysieren. Wer sich selbst erhöht, wer aus Eitelkeit der Frömmelei verfällt, verfehlt einen ethischen Anspruch. Du willst dich ändern?

»Suche den ethischen Anspruch, auch wenn niemand zuhört, niemand zusieht! Versuche, die Gerechtigkeit und Menschlichkeit zu denken, auch religionsübergreifend. Das globale Bewusstsein eröffnet dir neue Horizonte und du wirst nicht in einer vordergründigen Frömmelei steckenbleiben.«

Die Scheinheiligkeit

Die Gutmenschen, diejenigen, die die Weisheit gepachtet haben, die das Recht auf ihrer Seite sehen, verfallen überwiegend der Intoleranz. Die Scheinheiligkeit führt nicht nur heute zu der Bereitschaft für seine Religion, in den Krieg zu ziehen oder Andersgläubige zu ignorieren. Auf ihr basiert nicht selten die Diskriminierung Andersgläubiger, Andersdenkender. Der Scheinheilige kompensiert häufig eigene Traumata, Frustrationen, und möchte sich nun durch die Zugehörigkeit zu einer Gruppe selbst erhöhen, aufwerten. Viele Scheinheilige pflegen eine gefährliche, destruktive Haltung anderen Glaubensausrichtungen gegenüber, so dass selbst Glaubenskriege möglich werden. Das Leben der Andersgläubigen wird nicht wertgeschätzt. Wer so denkt, kann nicht friedlich mit Andersdenkenden kommunizieren und leben. Nicht selten äußert sich das intolerante Denken in einer fundamentalistischen Grundhaltung, die in einem Glaubenskrieg münden kann. Fehlende Bildung und ein daraus resultierendes mangelndes Bewusstsein führen nicht selten zum Terrorismus. Wir brauchen die Bildung, die zur Mündigkeit und Toleranz erzieht, befähigt. Wer für seine Taten, sein Handeln, selbst die Verantwortung übernimmt, wer reflektiert genug ist, tolerant zu denken und zu handeln, wer mündig, eigenverantwortlich und frei leben kann, der wird nicht zum Fundamentalismus neigen. Fremdgesteuerte Menschen ohne Bewusstsein kennen keine Ethik. Sie können sich selbst nicht in der Globalität denken, begreifen. Der Unmündige reagiert ferngesteuert wie ein Roboter. Das Ausmaß der Gewalt, zu dem Ferngesteuerte fähig sind, ist unkalkulierbar, unberechenbar hoch. Wenn das kosmopolitische, ethische Bewusstsein fehlt, können Menschen zu Opfern und Tätern werden. Das Handeln wird zu einer nicht überschaubaren Größe, denn es ist keiner globalen Ethik verpflichtet. Jeder Ferngesteuerte kann in Glaubenskriege geschickt werden, er oder sie kann zu terroristischen Gewalttaten angestiftet werden. Das Handeln Fremdbestimmter ohne globales, ethisches Bewusstsein, ist nicht voraussehbar. Menschen ohne ethisches Bewusstsein können zum Täter und Opfer zugleich werden. Sie werden nicht selten zum Empfänger einer Gehirnwäsche, die in Gewalttaten mündet. Sie können zu menschenverachtenden Taten missbraucht werden. Menschen ohne Bewusstsein werden zu tickenden Zeitbomben, wenn globale, ethische Kontexte fehlen. Sie zappeln an den Fäden irgendwelcher Führer.

»Erarbeite dir eine globale Ethik! Wir sind alle Menschen und wir sollten den Frieden, die Gerechtigkeit und Toleranz anstreben. Lasst uns miteinander in Freude unser Leben gestalten!«

Die Verblendung

Du warst jung, mutig, dynamisch und nichts schien dich aufzuhalten. Du fühltest dich unbesiegbar und unverwundbar. Die Reize des Gefährlichen und des Verbotenen ließen dich über dich hinauswachsen und sie gaben dir einen Kick. Vielleicht wolltest du dir etwas beweisen, dich spüren und dein Selbstbewusstsein stärken. Du fühltest dich kräftig genug, Neues zu wagen, auf fremde Menschen zuzugehen, neue Inhalte zu durchdenken, fremde Kulturen und Mentalitäten in dir aufzusaugen. Nichts schien unmöglich. In deinen Adern pulsierte das Leben und du liefst immer wieder zur Höchstform auf. Du warfst dich ins Leben, in die Liebe, in die Wellen, das Auf und Ab des Lebens. Die vielen Eindrücke brannten sich ein in dein Gehirn, einiges schriebst du auf und du rettetest deine Erfahrungen für das Leben, das noch kommen sollte. Die Neugier war ungebremst, riesengroß und sie verhalf dir in einer großen Geschwindigkeit, das Leben kennenzulernen. Vielleicht ahntest du, dass es andere Zeiten in deinem Leben geben wird, in denen du still und ungesehen leben würdest. Dein Lebenshunger war riesengroß und du konntest dir täglich beweisen, was alles in dir steckt. Die Menschen liebten dich und du liebtest das Leben. Du konntest dich auf deine natürliche und intellektuelle Intelligenz verlassen. Du liebtest die Abenteuer und die Bücher. Alles war willkommen, denn du hast das Leben täglich eingeladen. So wurdest du zu einem erfahrenen Menschen. Du branntest dich in die Gehirne anderer, weil du ohne zu taktieren offen und ehrlich sprachst und du an der Wahrheit interessiert warst. Du sprachst in ehrlicher Absicht, ohne Hintergedanken und Manipulationen. Deine Worte berührten die Seelen der anderen. Deine Sätze brachten andere zum Nachdenken, zum Forschen. Du hinterließest Spuren. Du überprüftest die Trampelpfade der Mächtigen, der Wortgewandten, die auf ihrem Recht beharrten und anderen ihren Stempel aufdrücken wollten. Alles wurde in Frage gestellt, denn dir war sehr schnell klar, dass viele Prämissen der Logik entbehrten. Ekel und Abscheu durchdrangen dich, wenn die Lüge als die Wahrheit verkauft werden sollte. Du wolltest niemals deine Seele verkaufen und auch nicht das Denken den anderen überlassen. Nichts war dir mehr zuwider als die schleimigen Sprüche und Worthülsen der Wendehälse. Lieber würdest du auf den nackten, steinigen Wegen des Lebens gehen, als dich an den schleimigen Hals eines Lügners, eines Vorteilsnehmers zu werfen. Dir war sehr früh bewusst, dass die Wendehälse die Wahrheit beugen. Selbst die Liebe wurde für die Bequemlichkeit verraten. Gefühle wurden unterdrückt, missachtet, um eine lohnende Heirat einzufädeln. Das Geld, das Ansehen, der Status regierten in vielen Köpfen, während die Wirklichkeit ausgeblendet wurde. Vorteilsnehmer kennen nur ihren vordergründigen Vorteil und sie sind durchgängig keiner Ethik verpflichtet. Bequem und denkfaul suchen sie ihre Privilegien und verraten jeden, der sich in den Weg stellen könnte, der die Wahrheit oder nur die Realität an sich aussprechen, betrachten möchte. Sie verkaufen ihre Seele. Dir war sehr früh deutlich geworden, dass die Menschen der Vorteilsnahme nicht nachhaltig, kontinuierlich an der Wahrheit interessiert sind. Sie fordern sie ein, sie pochen auf eine Gesetzmäßigkeit, wenn es um ihr Recht geht, doch die Wahrheit wollen sie nicht hören. Sie wollen sich weder mit dem Elend noch mit der Gerechtigkeit an sich beschäftigen. Es könnte die Stimmung verhageln. Es könnte zu eigenen Einbußen kommen. Der Vorteil lockt und der bequeme Bauch will gefüttert werden. Andere sollen beeindruckt, geschmiert und in Schach gehalten werden. Das Dienen und Kämpfen überlässt man gern den anderen. Die eigenen Hände sollen nicht schmutzig werden. Doch so wird das Leben zu einem großen Teil ausgeklammert, ausgesperrt. So kann man sich nicht ins pralle Leben werfen. Das Leben aus zweiter Hand war dir zuwider. Um dich herum konnten es viele nicht eilig genug haben, ihr »Ich« zu verraten, bevor sie überhaupt richtig begannen zu leben, selbstbestimmt zu sein. Vorteile nahmen sie gefangen, irgendwelche Aussichten auf Gewinne und Scheinsicherheiten vernebelten ihr Gehirn. Sie waren Gefangene, ehe ihr Leben richtig begann. Sie verloren ihre Selbstbestimmung und Mündigkeit. Sie waren verblendet, teilweise regelrecht blind und sehr bequem. Du konntest den Mitläufern nicht vertrauen, nicht glauben. Sie verrieten sich selbst für Geld, Ansehen, irgendwelche Vorteile. Es kommt einer Bestechlichkeit gleich. Die Käuflichkeit verbiegt den ganzen Menschen. Sie löscht ihn im tiefsten, inneren Kern aus. Der Mensch wird zum Durchlauferhitzer irgendwelcher Genüsse. Zum billigen Konsumenten, der willenlos ist. Er wird zum Zombie, zum Hampelmann, zum Mitläufer. Dies ist gefährlich. Wie soll ein Mensch die Demokratie schützen, wenn er sich selbst nicht beschützen kann? Die reine Reproduktion des biologischen Körpers kann nicht als Selbsterhalt gelten, wenn man die eigene Seele verrät. Es geht um Selbstbestimmung, Freiheit und Humanität. Es geht also um viel mehr, als um ein Haus, ein Konto oder schöne Reisen. Der Selbstverlust ist überall anzutreffen und

Wendehälse werden eine Demokratie nicht retten können. Ein Mensch, der sich selbst nicht retten kann, ist zu schwach für den Demokratieerhalt. Wenn die eigene Haltung von einer Vorteilsnahme dominiert wird, handelt es sich nicht mehr um eine gerade Haltung, der Mensch ist verbogen und im tiefsten Inneren gebrochen. Er ist geschmiert. Er kennt keine Ethik. Der Mitläufer dreht sein Fähnchen nach dem Winde, ist verführbar und leicht zu täuschen. Der Verblendete kann die Welt nicht mehr erfassen. Er oder sie ist süchtig nach Vorteilen, dem schnellen Kick, nach immer mehr Ablenkung. Er oder sie kann nicht zu einem klaren Bewusstsein kommen. In diesen Strudel der Fremdbestimmung wolltest du niemals geraten, du wolltest dich für nichts in der Welt aufgeben. Dein authentischer Lebensweg war oft einsam und entbehrungsreich. Du sahst nicht selten in die Augen von Verrätern. Viele wollten dich einschüchtern, dir drohen, denn sie sahen in dir eine Gefahr. Deine Wahrheitsliebe machte dich für sie unberechenbar. Der Verblendete hat keinen realistischen Zugang zur Welt und zu sich selbst. Überheblichkeit und Größenwahn wechseln sich ab. Die Sucht nach dem Kick führt zu einem Leben ohne Sinn. Der Verblendete kann die Welt und sich selbst als Teil der Welt nicht erkennen.

»Suche den Kontakt zu dir! Wirf dich ins Leben! Genieße die wahren Gefühle und suche die echte Liebe! Lebe nicht aus der Konserve der Industrien, denn die authentischen Begegnungen lassen dich reifen und stark werden. Dein starkes Ich wird die Demokratie beschützen können!«

Das Chamäleon

Langsam aber sicher entwickelst du dich immer mehr zu einem Chamäleon. Keiner weiß, woran er bei dir ist. Deine Farben wechseln, deine Stimmungen ebenso. Blitzschnell veränderst du dich, wenn Inhalte drohen. Du fühlst dich unter Druck gesetzt, wenn du auf Menschen triffst, die ein kritisches Bewusstsein pflegen. Du willst nicht inhaltlich denken. Das Nachdenken wird für dich immer mehr zur Last, zu einer schrecklichen Belastung. »Wann hatte das große Verdrängen begonnen? Wann war der entscheidende Punkt in deinem Leben? Wann stelltest du die Weichen auf Weggucken, Wegducken?« Wahrscheinlich gab es nicht die eine, alles entscheidende Weiche, das einzelne Trauma, die einmalige herbe Enttäuschung. Wahrscheinlich waren es Stimmungen, Auren, die dich umgaben, dir Angst machten und dich auf die Spur der Flucht trieben. Es war ein schleichender Prozess aus Anpassung, Verdrängung und Betäubung. Ein bewusstes Denken und Handeln war nicht mehr möglich. Du suchtest die Ablenkung wie ein Süchtiger. Du passtest dich immer mehr an und deine Rollenspiele ließen dich zu einem Chamäleon werden. Du versprachst dir Vorteile, irgendwelche Chancen auf eine Karriere, eine vorteilsbringende Beziehung. Inhalte interessierten dich nicht und die Anpassung schritt rasant voran. Es wäre harte Arbeit gewesen, dir die Welt der Inhalte zu erschließen. Die Zusammenhänge und Bedingungsgefüge des menschlichen Seins schienen dir zu kompliziert. Deine Bequemlichkeit stand dir im Weg und du wolltest dir die komplexe Welt nicht mit den Sinnen und dem Verstand klar und deutlich erschließen. Irgendwie suchtest du den Weg der Schmerzvermeidung und der Verdrängung. Du wolltest den ungetrübten Spaß, den Genuss und die Abwechslung. Das Karussell drehte sich immer schneller. Du wechseltest die Farben im Minutentakt. Du wurdest immer unberechenbarer und unkenntlicher. Niemand wusste, woran er bei dir ist, denn deine Vorteilsnahme überschattete alles. Die Zusammenhänge des menschlichen Seins erschienen dir zu kompliziert, zu unwichtig und nicht vorteilsbringend. Du wolltest nicht unnötig belastet werden. Deine Zielorientierung lag woanders, ohne jemals ein wirkliches Ziel benennen, begreifen zu können. Dir ging es um Abschlüsse, Noten und Bewertungen anderer für dein auswendig gelerntes, abrufbares Scheinwissen. Nichts sollte dein Bewusstsein streifen. Die Fakten sollten sich auf der Oberfläche deines Gehirns einen Platz suchen, ohne ins Bewusstsein vorzudringen. Es hätte dich sonst belasten können und das wolltest du intuitiv vermeiden. Du wolltest nicht leiden, nicht denken und nichts problematisieren. Menschen mit Problemen waren für dich Versager. Der Spaß lockte und das Verdrängen sollte dir deinen Lebensgenuss garantieren. Die Rechnung ging nie auf. Die Jahre verflogen genauso wie die Jugend, wie die Lebenszeit. Die Überholspur des Spaßes wurde glitschiger, unübersichtlicher. Freunde starben, der Tot meldete sich. Geldsorgen und Krankheiten klopften täglich an und die Verdrängung brauchte nun eine größere Portion Betäubung. Das blasse Gesicht benötigte mittlerweile eine Extraportion Puder. Der Körper brauchte Ruhe, denn es war ihm zu viel angetan worden. Das Weggucken wurde immer mehr zum Stress, denn der Aufwand schraubte sich hoch in sehr kostspielige Höhen. Du warst immer noch ein Chamäleon mit dem pausenlosen Farbenwechsel, denn es war zu deiner Natur geworden. Deine Persönlichkeit hatte sich an das Farbenspiel gewöhnt. Du ducktest dich weg und verfärbtest dich sehr schnell, um immer wieder Beute zu machen. Diese schlechte Gewohnheit blockierte nun das gesamte Leben. Wenn das natürliche Sein anklopfte, wechseltest du die Farbe. Es gab für dich keine Alternative. Sinnfragen wurden konsequent ausgeblendet, die Fragen des Menschseins missachtet. Der hektische Alltag des Geldes, des Spaßes, der Verdrängung forderte nun den ganzen Menschen. Die eingetretenen Trampelpfade ließen kaum noch eine Möglichkeit der Flexibilität. Die schnelle Spur des Spaßes machte bereits Angst und keinen Spaß, denn das Alter klopfte an. Die Überholspur wurde nun im Alter immer unerträglicher und das Flickwerk eines inhaltsfernen Lebens wurde lebensbedrohlich. Die Dosis der Betäubung musste größer werden und du stürztest immer häufiger ab, in ein tiefes, dunkles Loch.

So machte das Leben keinen Spaß mehr. Jede Betäubung wurde nun zur Last, zur Folter. Der Aufwand für den schnellen Kick wurde größer und größer, anstrengender und stressiger. Die Lust blieb aus und der Frust dehnte sich aus. Die Lebenszeit wurde knapp und dir wurde klar, dass nicht mehr viel Zeit blieb, sich dem Leben ernsthaft zuzuwenden. Es wurde dringend Zeit, sich das Handwerkszeug zum klaren Denken und Handeln zu erarbeiten. Du wolltest kein Chamäleon mehr sein, du wolltest zum Menschen werden.

»Suche den ehrlichen Zugang zu dir! Verleugne nicht dein Selbst! Versuche nicht immer zu gefallen, denn sonst fällst du sehr tief!«

Die Fremdbestimmung

Du hast das Gefühl, nicht mehr vorzukommen in deinem Leben. Die Fremdbestimmung hat dich geschluckt. Dein Pflichtbewusstsein und dein Perfektionsdrang ließen dir angeblich keine andere Wahl. Du wolltest immer alles richtig machen, den anderen gefallen. Nun bist du abgestürzt. Dein Sinkflug verlief schleichend, wie eine unentdeckte Krankheit. Dir glückte vieles und der Applaus machte dich süchtig nach einer nie endenden Erfolgswelle. Doch der große Brecher, die Sturmflut veränderte dich und du warst ihr nicht gewachsen. Du wandeltest immer mehr auf einem fremdbestimmten, gefährlichen Pfad und deine Leiden wurden immer schlimmer und schlimmer. Dein innerer Druck wuchs. Du hattest dich viel zu lange vernachlässigt, bei all deinen nicht enden wollenden Verpflichtungen. Deine Identität konnte nicht ausreifen, während du Tag und Nacht wie ein Rädchen im Getriebe funktioniertest. Du wurdest bei dem Stress kaum wahrgenommen. Die Verdrängung setzte sofort ein, wenn sich innere Impulse anmeldeten. Es war ein gefährliches Spiel mit dem Leben, denn du setztest immer häufiger die Betäubung ein. Du wolltest dich nicht deinem Ich stellen. Dieses fremdbestimmte Leben höhlte dich mehr und mehr aus. Manchmal dachtest du an vergangene Zeiten, in denen du noch spontan und selbstbestimmt gehandelt hast. Das alles ist schon sehr lange her und es kostet dich immer mehr Kraft und Mut, dich in diese Zeit zurückzuversetzen. Es schmerzt, es macht dich traurig zurückzublicken, und es bedarf einer immer grösser werdenden Extraportion Verdrängung. Heute loben dich die anderen für Taten, Aktivitäten, die mit dir selbst wenig zu tun haben. Du arbeitest die Erwartungsmodelle anderer ab. Es ist ein fremdbestimmtes Leben ohne Erfüllung. Dein Leben ist durch den Weichspülgang geflossen, weggelaufen, es ist dir abhanden gekommen. Du selbst lächelst tapfer, geradeso, als wolltest du mit deiner erstarrten Fröhlichkeit allen anderen etwas beweisen. Du willst zwanghaft überspielen, dass du in deinem Leben kaum noch vorkommst. Deine Authentizität hat sich unmerklich verflüchtigt, während du sehr angestrengt den Applaus gesucht hast. Du bist auf dem Boden der Realität aufgeprallt, während dein vordergründiges Leben durchaus funktioniert. Dein Geld und dein bürgerliches Ansehen könnten nicht besser sein. Dein Selbstverlust schmerzt gleichzeitig immer stärker. Alles um dich herum ist geordnet, säuberlich sortiert und eingeordnet. Die Leidenschaften haben sich aufgelöst, du selbst drohst dich aufzulösen. Es ist ein gefährlicher, bedrohlicher Zustand, der krank macht. Leidenschaften lösen sich schneller auf, als man denkt. Gefühle verfliegen, sie lassen sich nichts befehlen, nicht einsperren und künstlich am Leben erhalten. Sie gehen, während du deinen Perfektionsdrang kultivierst. Alles sollte sauber und gepflegt sein, doch du pflegst nicht dein Selbst. Es ist bedroht, es droht zu zerbrechen. Du wolltest geliebt werden, doch wer kann einen Menschen lieben, der nicht er selbst ist? Du lässt es nicht zu, dich offen und ehrlich zu zeigen. Niemand soll deinen wahren Zustand erahnen und so schlitterst du geradewegs in deinen Untergang. Niemand kann immer stark sein und niemand sollte grundsätzlich eine perfekte Show liefern. Deine Anpassung, dein Erfolgsdruck führten dich weg von dir selbst und du warst zu oft bereit, dein Selbst zu verraten. Dein Kontakt zu dir wurde immer schlechter. Du hattest bereits den Respekt vor dir verloren. Heute arbeitest du die Erwartungen anderer ab, du suchst ab und zu nach Schlupflöchern, nach Möglichkeiten, »du selbst« zu sein. Die Anerkennung der anderen für deine fremdbestimmten Taten kannst du schon lange nicht mehr ernst nehmen, denn das alles hat gar nichts mit dir zu tun. Du fühlst dich häufig wie in einem schlechten Film, in dem du irgendeine Rolle übernommen hast. Immer wieder ertappst du dich dabei, wie du einen anderen Charakter annimmst. Deine Rollen sollen dir helfen, ans Ziel zu kommen. Leider kennst du deine wahren Ziele nicht, denn du lebst in einem fremdbestimmten Leben, in dem der äußerliche Schein, der Erfolg und das Geld regieren.

»Wer kennt dich eigentlich noch? Wem zeigst du dein wahres Gesicht? Wem kannst du noch vertrauen?« Du lächelst tapfer, niemand soll etwas merken, niemand soll deine Traurigkeit sehen. Ein trauriger Mensch könnte in Frage gestellt werden und du möchtest über jeden Zweifel erhaben sein. Du möchtest oben stehen. Deine erstarrte Fröhlichkeit ist keinesfalls ansteckend. Du bist nicht stark genug zuzugeben, dass du fremdbestimmt und leidenschaftslos lebst, vegetierst. Der schleichende Anpassungsprozess nahm dir jegliche Authentizität. Die Leidenschaft verfließt unbemerkt, denn das innere Feuer will vom Mut gespeist werden. Von einem mutigen Nein, von einem leidenschaftlichen: »Auf keinen Fall, mit mir nicht, ich will das nicht.« Diese Sätze kamen in deinem Leben genauso wenig vor wie ein beherztes: »Ich will.« Du warst zu einem schlängelnden Wurm geworden. Deine Anpassungsfähigkeit hatte dich innerlich zerfressen. Deine Blusen waren immer blütenrein, doch du pflegtest dich nicht. Immer wieder hast du deine innere Stimme überhört und nicht ernst genommen. Du siehst hoffnungslos und traurig aus, und dein krampfhaftes Lächeln lässt erahnen, wie es um dich steht. Dein innerer Schmerz ist unerträglich, denn die Selbstverleugnung führt zum Selbstverlust. Dein Leuchten gehört der Vergangenheit an. Um leuchten zu können, braucht man Selbstbestimmung und Freiheit. Jeder braucht Luft zum Durchatmen, Platz zur Entfaltung, verarbeitete Erfahrung, um ein würdiges, mündiges Leben zu führen. Dein Verzicht führte zur Selbstaufgabe. Deine psychischen Schmerzen haben dich stark altern lassen. Schon morgens im Halbschlaf überfiel dich eine lähmende Traurigkeit. Sie mahnt deinen Stillstand an. Du hattest dein Leben nicht mehr im Griff. Der Stillstand verhinderte dein Wachstum. Du verkümmertest immer mehr. Deine Augen strahlten nicht, deine Gedanken signalisierten Hoffnungslosigkeit. Der aalglatte, hochpolierte Käfig hielt dich gefangen und entsprach gleichzeitig der Werbung mit den genormten Gesichtern. Er entsprach den künstlichen Welten irgendwelcher Banken, Versicherungsidealen, Putzmittelherstellern und Süßigkeitswerbungen. Das alles hatte mit deinem Ich nichts zu tun. Eigentlich wolltest du frei sein. Die Selbstbestimmung wollte andere Wege gehen. Du konntest dich nicht wiederfinden, du fühltest dich ausgelaugt, traurig und teilnahmslos. Du wolltest frei und mündig leben. Du wolltest selbstbestimmt denken und handeln, ohne Angst und ein schlechtes Gewissen leben, sprechen, zu den Menschen gehen und ihnen dein Ich zeigen. Du wolltest dich frei und unverkrampft präsentieren, dein Ich den Menschen offenbaren. Du suchtest die Spiegelung. Die Anpassung war ihr Feind. Dein Pflichtbewusstsein lähmte dich immer noch. Du hattest in all den Jahren nicht genug um dich gekämpft. Die genormten Pflichtabläufe hingen wie eine Eisenkette um deinen Hals. Immer wieder sprachst du von Pflicht und Ordnung, Sauberkeit und bürgerlichem Ansehen. Du hattest keine Luft, keine Sicht, keine Freiheit. Alles kostete zu viel: Zeit, Hoffnung, Geld und dein Selbst. Deine Lebenszeit verrann genauso wie deine Perspektive auf ein selbstbestimmtes Leben. Du hast dich zugerödelt mit Pflichten, Raten, Krediten, Nippes und Versicherungen. Der Sicherheitswahn hat dein Leben zu einem Mausoleum werden lassen. Du bist lebendig begraben und klopfst gegen deine Holzbalken und Sargnägel. Es ist ein verzweifeltes Klopfen. Dein Beeindrucken-Wollen hatte sich wie eine Krankheit über dein Ich gelegt. Während du den Applaus suchtest, hast du dich selbst unter der Schicht deiner Scheinpflichten begraben. Manchmal schaust du voller Angst und Neugier durch die Ritzen deiner Balken. Du willst den Himmel sehen, die frische Luft einatmen und vor allem willst du die Freiheit spüren. Du schaust in das Blau, und deine Phantasie geht mit dir durch: Du lebst, du bist noch nicht tot. Hinter dem Zaun kann ein freies Leben beginnen, wenn du nicht mehr gefallen willst. Du hast eine Chance, denn in dir glüht noch eine kleine Flamme der Leidenschaft, des Mutes und der Kreativität.

»Gib ihr Nahrung, schenke ihr die volle Aufmerksamkeit. Es ist nie zu spät! Befreie dich!«

Trennung, Tod, Abschied

Du wurdest älter und dein Leben kam dir immer mehr wie ein langer Abschied vor. Du hast viele Freunde verloren, weil du die Kontakte nicht hast pflegen können. Vieles war mit Schmerz verbunden, denn die Leben, die Lebenswege passten nicht mehr zueinander. Du klammertest nicht, denn die Freiheit und Selbstbestimmung ist dir schon immer sehr wichtig gewesen. Was nützte dir die Anwesenheit eines Menschen, wenn dieser lieber etwas anderes planen und unternehmen möchte? Deine Beziehungen waren nur solange für dich intakt und aufrecht zu erhalten, solange du eine Freiwilligkeit und Freiheit leben konntest. Vorschriften und Zwänge ersticken jede Liebe und jede ehrliche Freundschaft. Sie zerstören die freiheitlichen Bestrebungen, den authentischen Austausch. Dies hattest du bereits als junger Mensch intuitiv erfasst und deshalb liebtest du die Authentischen, die frei lachen und weinen konnten. Die Taktiker waren dir ein Greul, denn sie lachten nur, wenn es sich lohnte. Sie taten sowieso nur etwas, wenn es sich lohnte, wenn unter dem Strich etwas blieb. Diese Berechnung konnte nicht ethisch sein, sie musste der Lüge entspringen. Niemand war dir widerwärtiger als die Speichellecker. Sie gingen über die Freiheitsbestrebungen der anderen hinweg, weil sie die anderen beherrschen wollten, sie vor ihren Karren spannten. Du hattest immer wieder unter den Dominanten gelitten, denn sie wollten dich gängeln und gefügig machen. Wenn dich jemand brechen wollte, musstest du Abschied nehmen. Du wolltest genau hinsehen, denn du hieltest nichts von der Selbsttäuschung. Die Abschiede erlebtest du wie kleine Tode. Diese Trennungen in ihrer Endgültigkeit bohrten sich tief in dein Herz und in deine Seele. Der Schmerz war oft übermächtig. Mit viel Disziplin und geistiger Arbeit schafftest du immer wieder einen Neuanfang. Eine Trennung war wie ein kleiner Tod, denn du spürtest, dass es kein Zurück gab. Du wolltest dich niemals verbiegen lassen, du wolltest die anderen nicht verbiegen und deshalb argumentiertest du auch nicht gegen den Willen der anderen. Du nahmst somit die kleinen Tode an, denn es war das Loslassen, das Abschied-Nehmen. Du sichertest gleichzeitig deinen inneren Kern. Die Stärke lag in der Akzeptanz, im Respekt vor der Entscheidung anderer. Der Kern des anderen sollte genauso bewahrt bleiben wie dein eigener. Herzen sollten sich freiwillig berühren. So konnte man sich auf Augenhöhe begegnen. Der Respekt ermöglichte die Liebe, ohne sich aufzugeben. Der innere Kern des Menschen sollte wertgeschätzt und bewahrt bleiben. Du lerntest zu lieben, ohne dich aufzugeben. Ein Mensch, der dich liebte, brauchte sich nicht zu verbiegen. Freizügig zu sein und gleichzeitig Gefühle zu bewahren, zu pflegen, ohne Angst vor dem Abschied, ist eine besondere Lebenslektion. Die Zeit lässt Wunden verheilen, während die Erinnerungen an die großen Gefühle im Inneren weiterleben. Sie bleiben ein kostbares Gut der Innenwelt. Du konntest somit erfahren und erleben, was die anderen wirklich wollten, denn sie brauchten sich nicht zu verstellen. Du respektiertest deren Persönlichkeit. Es waren kostbare Lebensgeschenke an dich. Es waren Angebote, Chancen, dich zu spiegeln, dein Selbst zu erfahren, es zu stärken. Du lasest in den anderen wie in einem offenen Buch. Das Leben war somit immer spannend, ein Abenteuer. Du nahmst die Schmerzen, die Abschiede an. Es war deine Art zu leben. Das große Loslassen war immer allgegenwärtig und du konntest somit deinen inneren Kern bewahren. Nichts sollte dich verkrampfen, verformen, entfremden. Die Unkenrufe, Einschüchterungen vieler sollten den freien Fluss deines Lebens nicht fehlleiten. Du wolltest zur Entfaltung kommen und du wolltest die anderen in ihrer Entfaltung sehen, bestärken. Dein Feuer, dein innerer Kern sollte lodern, brennen und seine Empathie niemals verlieren. Du lebtest im Respekt vor dem innersten Kern des anderen, mit dem du Gefühle und Leidenschaften teiltest. So lerntest du zu lieben, ohne dich aufzugeben. Du erarbeitetest dir die Möglichkeit, freizügig zu sein, eigene Gefühle wachsen zu lassen, ohne Angst vor einem drohenden Abschied.

Es war eine Lektion im Leben, denn nichts ist sicher, während pausenlos von der Sicherheit gesprochen wurde. Gefühle vergangener Zeiten prägten dich. Sie blieben ein Teil von dir, denn sie haben dich reifen lassen. Deine Erfahrenheit, dein Schmerz, alles war in deinem Gesicht zu sehen, doch du hattest die Gabe, aus dem

Schmerz Gold werden zu lassen. Das Gold der Reife. Du wurdest niemals zu einem verbitterten, gierigen und ausgehöhlten Menschen. Jeder Mensch muss psychisch überleben. Die Trauer will verarbeitet werden. Um das eigene Überleben zu sichern, um psychisch gesund zu bleiben, sollte man sich nicht sträuben, andere gehen zu lassen. Sei es, weil ein Mensch stirbt, oder weggeht, andere Pläne hat oder sei es, weil die Herzen nicht mehr gemeinsam schlagen und der Blick nicht länger in eine Richtung gerichtet ist. Menschen werden aus den Augen verloren. Das Leben tobt. Es wirft jeden von uns hin und her. Der Sturm, der Lebenssturm rast, die Wellen schäumen wild und heftig. Nur der flexible Surfer reitet geschmeidig auf den großen Brechern. Solange wir den Lebensmut nicht aufgegeben haben, laufen, segeln und schwimmen wir. Wir wollen an der irdischen Existenz teilhaben und werfen uns ins Leben. Die Hoffnung trägt uns, sie leuchtet in den dunklen Stunden. Der Lebensmut, die Kraft wird aus der Hoffnung gespeist. Wir alle müssen irgendwann gehen. Solange die innere Flamme weiterlodert, solange wir träumen, lieben und hoffen, solange werden wir weiterkämpfen. Die Lebenskämpfe werden uns herausfordern. Wir können lebenslang kleine und größere Neustarts feiern. Wir alle brauchen viel Kraft und Mut, um Abschied zu nehmen, um neu zu beginnen, um aktiv zu bleiben, neu durchzustarten. Ablösungen können die Chance für ein lebenswertes Weiterleben bedeuten. Es sind die Häutungen, Metamorphosen, Brüche, großen und kleinen Veränderungen. Der Stillstand würde unser Verkümmern bedeuten. Er kann eine Lebensferne beinhalten, die uns lähmt und blockiert. Wir dürfen uns nicht lähmen lassen. Wir sollten niemals verknöchern. »Schau in die Natur! Alles verändert sich.« Du bist ein Teil der wilden Natur. Du bist ein Teil des Kosmos. Alles verändert sich, verfällt, vergeht. Solange du lebst, partizipierst du am dem Großen, am Werden und Vergehen. Du bist ein Mensch, du kannst denken und fühlen.

»Lass los, was dich zerstört! Lass los, was dich klein macht, was dich schwächt und unsichtbar werden lässt! Lass los was dich in deinem Kern bedroht! Klammer dich nicht an diejenigen, die gehen wollen! Klammer dich nicht an diejenigen die ihr Leben nicht großzügig mit dir teilen wollen! Akzeptiere den großen Lebensfluss, mit seinen Stationen, Abschieden und auch den Tod. Bewahre deine Geschmeidigkeit, deine Einzigartigkeit, deine Natur! Sie kann dein Überleben garantieren! Wer das Leben gern mit dir teilt und dich frei atmen lässt, ist stets willkommen.«

Die Fortsetzung finden Sie im Band 2 mit demselben Titel:
«Leuchte durch dein Leben!» Band 2
*Reihe: **Leben mit Verantwortung 8-12***

Inhaltsverzeichnis Band 2

Die Kopfarbeit

Die Verseuchung

Das Älterwerden

Hunger und Durst

Der Schuhkarton

Deine Chance

Die Welt ist bunt

Der Filter

Bewahre den Indianer in dir

Die scheinbare Logik

Du spürst den Tod

Der Rebell in dir

Im Abseits und im Mittelpunkt

Die Blockade

Die Unkenrufe

Mein Kopf gehört mir

Lippenbekenntnisse

Neue Spielplätze

Du bist deine Supernova

Das Kreideschlucken

Gegenwind

Nichts ist für die Ewigkeit
Der Friedensreiter
Die Mission
Die Tugendferne
Die Selbsterhöhung
Geld, Macht und Vertrauen
Der Schein, der Kommerz
die Unmenschlichkeit
Wir rocken das
Der Entfremdete
Deine inneren Filme
Jeder muss abtreten
Zwischen den Fronten
Solange du fit bist
Unversehrtheit und Mündigkeit
Die schnell abrufbaren Inhalte
Die Kröte im Verließ
Verstrickungen
Die scheinbar schnelle Lösung
Der Peitschenhieb
Der Kick, die Dröhnung, die innere Leere
Wann sind wir da?
Die Scheinvernunft

Die innere Leere
Lebenstabus
Die verbotene, unbequeme Frucht
Die Zweifel an dir
Der doppelbödige Herrscher
Der Verwundete
Das Loslassen
Der tägliche Spagat
Nichts geschieht ohne Grund
Der Sensible
Der Gerechte
Der Hoffende
Der Ängstliche
Der Getriebene
Nach mir die Sintflut
Die großen Gefühle
Vorbeigerauscht
Du kokettierst mit dem Tod
Lass dich los
Die Entfaltung
Der Lebenskünstler
Zu gemütlich
Du machst dein Ding

Zeckenalarm
Irritationen
Frei sein
Der Weltfrieden Die Duftmarke
Der Sockelmensch
Die Künstlichkeit
Verpasste Chancen
Der Weg zur Quelle
Der Stachel im Fleisch
Der Laufstall
Die Spuren der Evolution
Die Armut
Das Auslöschen
Armut und Überheblichkeit
Armut, Wissen und Bewusstsein
Die Sinnfrage
Dein Bauch, dein Herz, dein Selbst
Sei frei!
Kein Mittelmaß
Hohle Sprüche
Ungerechtigkeit, Verdrängen, Massenmord
Die explosive Mischung
Die Kettenreaktionen

Der Botschafter des Friedens und der Gerechtigkeit
Das starke Selbst, die starke Demokratie
Macht, Krieg, Terror
Die Halbherzigkeit
Der Botschafter des Vertrauens
Der Gerechte, der Kreative
Dein Geschenk an Dich
Verletzte Menschen in einer zerstörten Welt
Mein Anliegen

Beate Reinecker

Lass dich nicht verbiegen!
Lass dich nicht brechen!

*Ratschläge & Ermutigungen
aus der praktischen Philosophie*

VERLAG
AUF DER
WARFT

DAS ERSTLINGSWERK VON BEATE REINECKER

Lass dich nicht verbiegen!
Lass dich nicht brechen!

Autorin: Beate Reinecker

Ausgabe: 1. Auflage
ISBN/EAN: 978-3-939211-86-0
Seitenzahl: 438
Format: 21 x 14,5 cm
Produktform: Taschenbuch/Softcover
Gewicht: 380 g, Preis: 19,80 €

Bestellung bei : www.buchhandel.de
E-Mail: info@buchhandel.de
oder
beim ADW-Verlag:
PD Dr. phil. habil. Klaus Siewert
Rudolf-von-Langen-Straße 29 48147 Münster
E-Mail: adw-verlag@gmx.de